günter **martin**

**power**präsentation
mit **powerpoint**

book@web

günter martin

# powerpräsentation mit powerpoint

**Für PowerPoint-Versionen 97, 2000, 2003**

GABAL

Die Deutsche Bibliothek verzeichnet diese Publikation in der Deutschen Nationalbibliografie; detaillierte bibliografische Daten sind im Internet über http://dnb.ddb.de abrufbar.

ISBN 3-89749-365-9

**Projektmanagement:**
Ute Flockenhaus, Fischerhude
**Lektorat:**
Dr. Christiane Gierke, Köln (www.text-ur.de)
**Umschlaggestaltung, Layout, Satz:**
Koemmet Agentur für Werbung, Wuppertal (www.koemmet.com)
**Druck und Bindung:**
Salzland Druck, Staßfurt

## book@web – More success for you!

In der Reihe **book@web** erscheinen junge Karriereratgeber zu aktuellen Businessthemen mit eigener Internetanbindung.

Zu jedem **book@web**-Buch gibt es unter **www.book-at-web.de** einen kostenlosen Workshop, in dem Sie Ihr Wissen aktiv trainieren und sich mit anderen Teilnehmern austauschen können.

Ihr Kennwort für den **book@web**-Workshop lautet:
**MagischeFolie8.**

**b@w Dieses Signet kennzeichnet auf den folgenden Buchseiten die Workshop-Themen im Internet.**

Sie haben auch an anderen **book@web**-Themen Interesse, aber keinen Zugang zum geschlossenen Bereich unserer Homepage? Kein Problem! Auch außerhalb der geschlossenen Sites gibt es für alle Interessenten viele nützliche Informationen und Services zum Themenbereich Beruf und Karriere. Dazu gehören Diskussionsforen, Newsletter, Bücher, Glossar, Seminare und zum Schnuppern ein Demo-WBT. Sobald Sie registriert sind, stehen Ihnen alle Funktionen unserer Business-Community frei zur Verfügung.

Wir freuen uns auf Sie und wünschen Ihnen viel Erfolg!

Ihr **book@web**-Team

Sie haben nicht die Zeit, langatmige Texte zu lesen? Daher hier nur ein kurzes Vorwort, was Sie erwartet, nämlich:

**vergnügliche Arbeit mit hohem Return of Investment, mit persönlichem Gewinn.**

Vergnügen wird Ihnen der Lerneffekt bescheren: Sie erfahren Neues und erkennen, wie Sie es gleich in die Praxis umsetzen können. Zum Vergnügen soll außerdem der Stil beitragen: Das Buch ist leicht verständlich geschrieben – und bei aller Seriosität und Korrektheit wird der Humor nicht zu kurz kommen. Humor – das ist auch schon der erste Tipp für den garantierten Erfolg Ihrer eigenen Vorträge.

Arbeit werden Sie trotzdem in dieses Buch investieren, denn Sie müssen sich die Tipps erarbeiten. Die meisten können Sie gleich direkt in PowerPoint ausprobieren. Sie brauchen dafür idealerweise PowerPoint ab Version XP (2002) oder zumindest die Vorgängerversion PowerPoint 2000. Der Erfolg beim Ausprobieren sichert das Lernergebnis. Dabei entstehen Vorlagen, die Sie direkt in Ihre Vorträge übernehmen können. Nutzen Sie auch die Unterstützung aus dem book@web-Internetworkshop.

Mit einem hohen persönlichen Gewinn können Sie rechnen, weil das Buch Ihnen nicht nur Zeit und Anstrengung erspart, sondern auch Blamagen und verpatzte Chancen bei Vorträgen. Lernen Sie hier, vor Gruppen Ihr Anliegen mit voller Power zu präsentieren und Powerpräsentationen mit PowerPoint zu halten.

Ich danke Bill Gates, ohne den dieses Buch nie entstanden wäre. Ich danke besonders all meinen Zuhörern in mittlerweile über 20 Jahren Vortragspraxis – die letzten zehn davon mit PowerPoint-Unterstützung. Dabei habe ich gelernt, wie man Präsentationen ausarbeitet und vorträgt. Eine gereifte Erfahrung aus der Praxis, die ich mit diesem Buch weitergeben möchte.

**Günter Martin**

# Arbeitsumgebung einrichten

Wenn Sie noch keine oder erst wenig Erfahrung mit PowerPoint haben, führt Sie der folgende »Schnellstart für Einsteiger« in das Programm ein. Doch auch regelmäßige Anwender werden noch so manchen Kniff kennen lernen, um die Arbeitsumgebung so einzurichten, dass Sie künftig schnell, effizient und erfolgreich mit PowerPoint arbeiten können. Mit den Anwendern sind hier natürlich auch die Anwenderinnen gemeint; aus Gründen der Lesbarkeit wird im Folgenden auf die doppelgeschlechtliche Anrede verzichtet.

Erfolg buchstabiert sich T – U – N, also tun Sie sich selbst den Gefallen und führen Sie beim ersten Durchlesen die Übungen parallel zum Lesen aus. Dann haben Sie nach dem Durcharbeiten nicht nur Ihr PowerPoint-System praxisgerecht eingestellt, sondern auch eine Musterdatei erstellt, die Sie als Ausgangspunkt für Ihre künftigen Präsentationen nutzen können.

## Schnellstart für Einsteiger

► Um mit einem Programm, sei es PowerPoint oder ein anderes, erfolgreich arbeiten zu können, müssen Sie nicht alle seine Befehle im Detail kennen. Es reicht, wenn Sie das Prinzip und die grundlegenden Eigenschaften verstanden haben. Dann finden Sie sich selbst leicht zurecht.

## //1: PowerPoint starten

Starten Sie PowerPoint wie jedes andere Programm auch. Möglicherweise müssen Sie sich zunächst durch einen Startdialog kämpfen, das hängt von den Einstellungen im Programm und der Version ab. Vielleicht fragt das Programm Sie auch, ob und wie Sie eine neue Folie entwerfen möchten. Dann werden Sie gleich mit Begriffen wie *Entwurfsvorlage, AutoInhalt-Assistent* oder *Folien-Design* konfrontiert. Damit brauchen Sie sich zunächst nicht zu beschäftigen. Später werden Sie sehen (Tipp //12), wie Sie damit aufräumen können, um einen zügigen Start zu ermöglichen.

Beantworten Sie daher den ersten eventuell von PowerPoint angezeigten Dialog in dem Sinn, dass Sie eine neue, leere Präsentation erstellen wollen. Fragen nach dem Folienlayout beantworten Sie mit *Titelfolie*.

Dann wird auf Ihrem Bildschirm eine Titelfolie zu sehen sein, wie in Abb. 1. Falls sich noch weitere offene Fenster in PowerPoint auf Ihrem Bildschirm befinden, können Sie diese schließen. Ab PowerPoint XP geht das wie üblich mit dem X oben rechts im Fenster, bei PowerPoint 2000 klicken Sie an den Fensterrand und schieben ihn bei gedrückter Maustaste weg.

## //2: Titelfolie

Nach Ausführung von Tipp //1 sehen Sie eine leere Titelfolie mit Platzhaltern, in die Sie Text einfügen können. Welche Platzhalter auf einer Folie stehen, ist durch das *Folienlayout* festgelegt. Sie können das Folienlayout für jede Folie individuell wählen. Dabei kommen Sie meist mit zwei bis drei Layouts aus, die hier gleich vorgestellt werden. Was Sie derzeit sehen, ist das Layout für eine Titelfolie. PowerPoint geht davon aus, dass Ihre Präsentation mit einer Titelfolie beginnt, und zeigt Ihnen im Normalfall freundlicherweise automatisch gleich deren Layout an.

Seien Sie auch nett zu PowerPoint und tragen Sie als Titel ein: Ich mag PowerPoint. Als Untertitel schreiben Sie Ihren Namen.

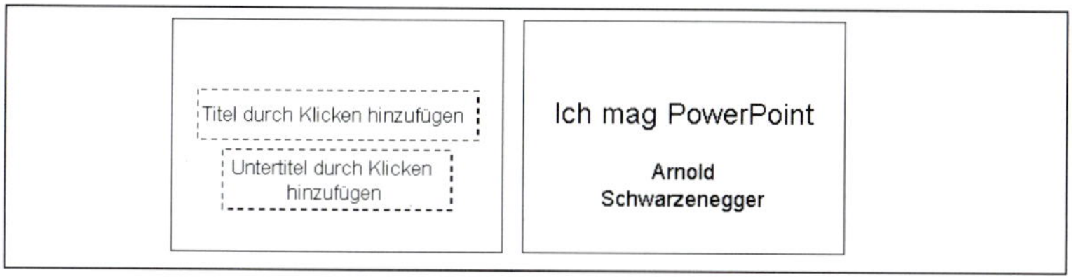


**Abb. 1:** Das Folienlayout *Titelfolie* (links) ist der übliche Einstieg in PowerPoint. Füllen Sie es freundlich aus (rechts). Falls Sie nicht Arnold Schwarzenegger sind, tragen Sie Ihren Namen ein.

## //3: Textfolie

Um die nächste Folie zu beginnen, klicken Sie auf *Einfügen – Neue Folie.* Je nach Einstellung erscheint dann automatisch ein Folienlayout wie im linken Teil der Abb. 2 oder Sie wählen es in einem Fenster aus, das sich beim Klicken auf *Einfügen – Neue Folie* öffnet. Das Layout heißt in PowerPoint 2000 *Aufzählung* und in PowerPoint XP und 2003 *Titel und Text.* Es ist das übliche Standard-PowerPoint-Layout.

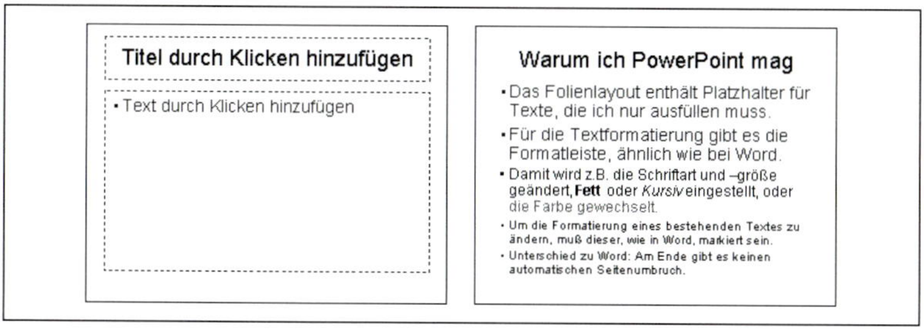


**Abb. 2:** Das übliche Layout für Textfolien (links).

Füllen Sie die Folie beispielsweise so aus wie in Abb. 2. Die Icons (Schaltflächen) zur Textformatierung stehen oben in der Formatleiste (Abb. 3) und werden Ihnen aus Word oder anderen Textverarbeitungsprogrammen bekannt vorkommen.

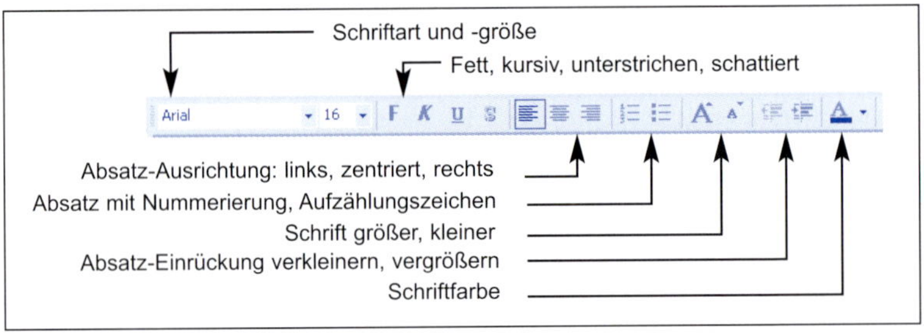


**Abb. 3:** Die Formatleiste oben am Bildschirm ist für die Textformatierung zuständig.

Wenn Sie das geschafft haben, können Sie PowerPoint bereits zum Erstellen von Textfolien benutzen.

Werfen Sie jetzt einen Blick auf die Menüleiste. Die Menüs *Datei, Bearbeiten, Ansicht* usw. ähneln denen üblicher Textverarbeitungsprogramme. Es fehlen die komplexeren Textfunktionen von Word wie *Autotext, Feld* oder *Referenz*. Dafür sind die Menüs um einige präsentationsspezifische Befehle erweitert. Benutzen Sie jetzt erst mal einen altbekannten Befehl und speichern Sie Ihre Präsentation mit *Datei – Speichern unter*, bevor Sie im nächsten Punkt die dritte Folie erstellen. Gelegentliches Speichern während der Arbeit verhindert, dass Sie Ihre gerade bekundete gute Meinung über PowerPoint verlieren, falls es doch mal abstürzt.

## //4: Grafikfolie

Die Stärke von PowerPoint liegt darin, dass Sie damit nicht nur Texte, sondern auch eindrucksvolle Business-Grafiken erstellen können. Diese können dreidimensional gestaltet, sie können bewegt und mit anderen Medien, wie Videos, kombiniert werden. Damit befassen sich spätere Kapitel in diesem Buch.

Jetzt erstellen Sie eine Grafikfolie und lernen dabei ein drittes Folienlayout kennen: die leere Folie. Klicken Sie auf *Einfügen – Neue Folie* und, wenn nicht automatisch eine Abfrage nach dem Folienlayout erfolgt, anschließend auf *Format – Folienlayout*. Wählen Sie die leere Folie. Darauf gibt es keine Platzhalter für Text; auf ihr können Sie sich austoben und erste Versuche mit Grafik machen.

Spätestens jetzt wird ein Shortcut hilfreich. Shortcuts sind Tastenkombinationen, mit denen Sie häufig benutzte Befehle aufrufen. Sie werden später in Tipp //15 die wichtigsten kennen lernen. Jetzt vorab der Shortcut [Strg] Z, mit dem Sie Ihre letzte Aktion rückgängig machen können. Sie aktivieren den Shortcut durch gleichzeitiges Drücken der Tasten [Strg] und Z. Das [Strg] Z können Sie mehrfach anwenden: im Standardfall bis 20-mal hintereinander, um die letzten 20 Aktionen rückgängig zu machen. Für die Grafik zuständig ist die untere Symbolleiste am Bildschirm, die Grafikleiste (Abb. 4). Klicken Sie dort auf das Icon [Rechteck], gehen Sie dann mit der Maus auf die Folienfläche und ziehen Sie das Rechteck bei gedrückter Maustaste auf. Genauso funktioniert das zum Beispiel mit der [Ellipse], [Linie] oder dem [Pfeil].

**Hinweis:** Falls das nicht zu klappen scheint, dann sind wahrscheinlich bei Ihnen Linien- oder Füllfarbe auf Transparent gestellt. Spicken Sie in diesem Fall voraus auf Tipp //57 und stellen Sie eine Farbe ein.

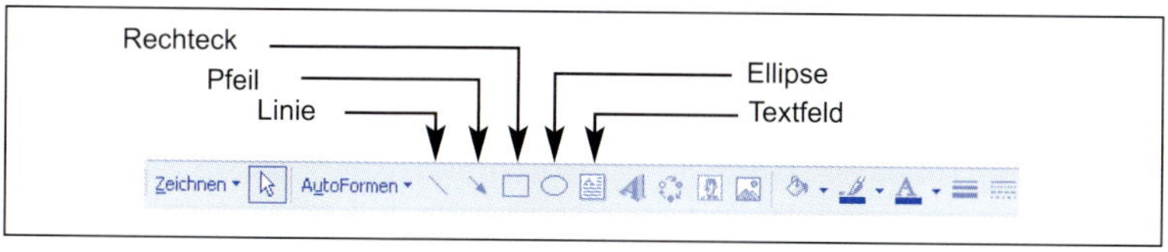


**Abb. 4:** Die Grafik-Symbolleiste unten am Bildschirm steht für die Grafikerstellung zur Verfügung.

Was machen Sie jetzt mit den gezeichneten Objekten? Um ein Objekt zu bearbeiten, müssen Sie es markieren: Das erreichen Sie durch einen Mausklick auf das Objekt oder den Rand des Objekts, falls es nicht mit einer Farbe gefüllt ist. An den Kanten eines markierten Objekts erscheinen kleine runde oder quadratische Ziehpunkte, wie in der folgenden Abb. 5.

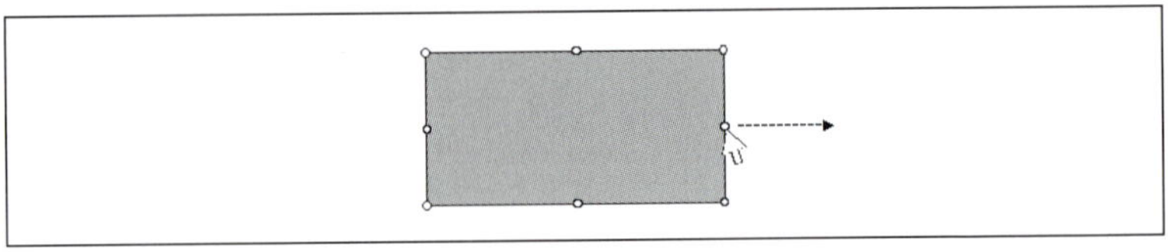

**Abb. 5:** Markierte Objekte erkennen Sie an den kleinen Ziehpunkten (Kreise oder Quadrate) an den Kanten.

Klicken Sie auf einen der Ziehpunkte und ziehen Sie bei gedrückter Maustaste daran. Das verändert die Objektgröße. Um das Objekt zu verschieben, markieren Sie es, halten die Maustaste gedrückt und bewegen es an die gewünschte Stelle. Und um das Objekt schließlich wieder zu entfernen, markieren Sie es und drücken die [Entf]-Taste.

**Text in Grafiken einfügen**

Eine Business-Grafik enthält natürlich auch Text. Um ihn in das Rechteck oder die Ellipse zu schreiben, markieren Sie das Objekt und tippen Sie drauflos. Wenn Sie mit der Eingabe fertig sind, klicken Sie mit der Maus auf irgendeine Stelle außerhalb des Objekts.

Um einen Text beliebig auf der Folie zu platzieren, klicken Sie erst auf das Icon [Textfeld] (Abb. 4), dann auf die gewünschte Stelle auf der Folie und schreiben den Text. Das fertige Textfeld können Sie, wie die anderen Objekte auch, verschieben. Zur Formatierung des Textes stehen Ihnen die oben erwähnten Funktionen der Formatierungsleiste zur Verfügung.

**Übung:** Fügen Sie einen beliebigen Text wie oben beschrieben in Grafikobjekte ein und erstellen Sie eine einfache Business-Grafik wie in Abb. 6.

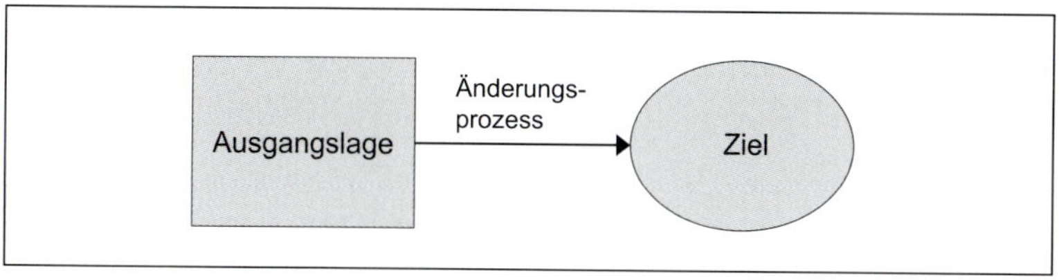


**Abb. 6:** Ihre erste Business-Grafik mit Autoformen und Text.

## //5: Platzhalter verändern

Im letzten Tipp haben Sie Textfelder kennen gelernt. Die Platzhalter in den vorgestellten Folienlayouts sind nichts anderes als Textfelder mit bestimmten Einstellungen. Daher können Sie Platzhalter auf einer Folie wie alle anderen Objekte auch verändern oder löschen: Klicken Sie auf den Rand des Platzhalters, um ihn zu verschieben oder an seinen Ziehpunkten größer oder kleiner zu machen. Mit der [Entf]-Taste löschen Sie den markierten Platzhalter.

**Hinweis:** So hätten Sie statt dem Folienlayout *leere Folie* im letzten Tipp auch das Standard-Text-Layout aus Tipp //3 benutzen und den Platzhalter für Text und Titel löschen können. Oder Sie können den Titeltext-Platzhalter kleiner machen und damit mehr Platz für den darunterliegenden Textkörper schaffen.

**Hinweis:** Alle Veränderungen, die Sie so vornehmen, haben nur auf die gerade bearbeitete Folie Auswirkung.

## //6: Weitere hilfreiche Befehle

### Zoom

Beim exakten Zeichnen oder wenn Sie mit kleineren Schriftgrößen arbeiten, ist die Darstellung auf dem Bildschirm zu klein. Sie können dann oben in der Standard-Symbolleiste, wie auch in Word oder Excel, im Feld *Zoom* das Bild vergrößern und damit einen Ausschnitt betrachten.

### Foliensortierung

Wenn Sie im Gegensatz dazu mehrere Folien auf einmal sehen wollen, um eine Übersicht zu gewinnen, gehen Sie auf die *Ansicht Foliensortierung*. Das geht über das Menü *Ansicht* oder über ein Icon unten am Bildschirmrand (Abb. 7).

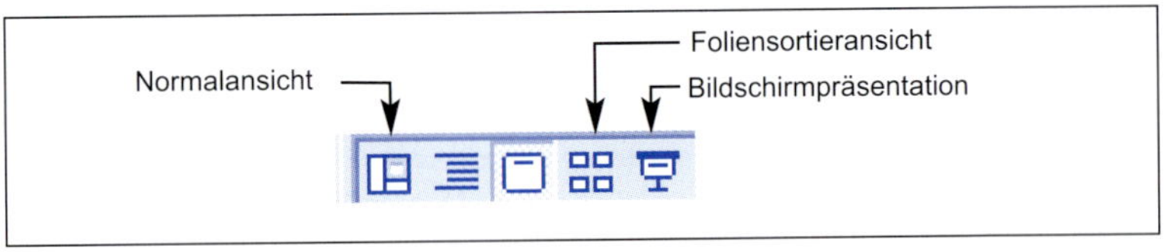


**Abb. 7:** Gebräuchliche Ansicht-Icons, unten links am Bildschirm. Das Bild zeigt PowerPoint 2000, bei XP und 2003 sind die nicht bezeichneten Icons entfernt.

In dieser Ansicht können Sie auch bequem die Reihenfolge der Folien verändern, indem Sie auf eine Folie klicken und sie an die gewünschte neue Position ziehen. Um die Foliensortier-Ansicht zu verlassen, klicken Sie einfach doppelt auf die Folie, zu der Sie gehen wollen. Das ist der schnellste Weg. Alternativ können Sie auch über das Menü *Ansicht* oder das entsprechende Ansicht-Icon wieder in die *Normal-* oder *Folienansicht* wechseln.

Auch das Löschen einer Folie ist in der Foliensortieransicht möglich. Klicken Sie auf die Folie und drücken Sie [Entf]. In der

Normalansicht entfernen Sie die gerade angezeigte Folie mit dem Menü *Bearbeiten – Folie löschen.*

**Einfügen**

Das Gegenteil des Löschens, das Einfügen, haben Sie bereits benutzt. In der Praxis spart es aber oft Arbeit, wenn man nicht einfach eine neue Folie einfügt, sondern die angezeigte Folie dupliziert und dann das Duplikat verändert. Dies geht über *Einfügen – Folie duplizieren.*

## //7: Präsentieren

In den bisherigen Schritten haben Sie Folien bearbeitet. Um Ihre Folien zu präsentieren, können Sie sie ausdrucken, wie üblich mit *Datei – Drucken.* Oder Sie können sie über Ihren Rechner vorführen, üblicherweise mit angeschlossenem Beamer. Für die Vorführung wechseln Sie vom Bearbeiten- in den Präsentations-Modus. Klicken Sie dafür oben in der Menüleiste auf *Ansicht – Bildschirmpräsentation* oder kürzer auf das Icon [Bildschirmpräsentation] unten links (Abb. 7).

Die Präsentation startet ab der aktuellen Folie. Mit Drücken auf [Return] oder auf die linke Maustaste gehen Sie zur nächsten Folie. Mit der [ESC]-Taste beenden Sie die Präsentationsansicht und sind wieder in der Normalansicht.

Bei der Bildschirmpräsentation nimmt die Folie den ganzen Schirm ein. Aber das ist nicht der einzige Unterschied zur Normalansicht. Bewegte Objekte oder auch Hyperlinks (Verknüpfungen mit anderen Folien oder Objekten), die Sie im Laufe des Buches noch kennen lernen werden, sind nur in der Bildschirmpräsentation aktiv.

## //8: Version herausfinden

Wahrscheinlich ist auf Ihrem Rechner PowerPoint in der Version 2000, 2002 (auch XP genannt) oder bereits die Version 2003 installiert. Um die Tipps im Buch optimal nutzen zu können, sollten Sie Ihre Version kennen.

Um herauszufinden, welche PowerPoint-Version auf Ihrem PC läuft, rufen Sie PowerPoint auf, klicken auf das »?« oben in der Menüleiste und wählen Info. Die Version steht in der obersten Zeile des Registerblatts Info. Auf dem Registerblatt ist auch ein Button [Software Service]. Dahinter stecken hilfreiche Dinge, wie die Telefonnummer der PowerPoint-Hotline, Update-Informationen und Links zu Microsoft.

Die Beschreibungen im Buch beziehen sich auf die Version 2002 (XP), wobei darauf hingewiesen wird, wenn es beim Vorgänger (2000) oder Nachfolger (2003) einen wesentlichen Unterschied gibt. Zusätzlich finden Sie im Anhang 2 eine kurze Auflistung, was in den verschiedenen PowerPoint-Versionen neu ist, jeweils mit Verweis auf den entsprechenden Tipp. Sie können das Buch also für alle drei Versionen nutzen.

## PowerPoint praxisgerecht einstellen

► PowerPoint gehört zu dem Typ der hoch entwickelten Software, die nicht unbedingt das tut, was Sie wollen. Nein, sie ist so intelligent, dass sie das tut, von dem sie glaubt, was Sie wollen oder bezwecken könnten. Das kann einen zur Verzweiflung treiben. Bevor das passiert, ist es besser, Sie bringen die unerwünschten Automatismen ein für alle Mal zur Vernunft. Das erreichen Sie durch die im Folgenden beschriebenen Einstellungen.

Damit Sie es leichter beim Einstellen haben, sind alle genutzten Registerkarten mit den jeweiligen Einträgen auf den nächsten beiden Seiten auf einen Blick dargestellt.

## Alle Einstellungen auf einen Blick

*a) Extras – Autokorrektur-Optionen – Autoformat …*

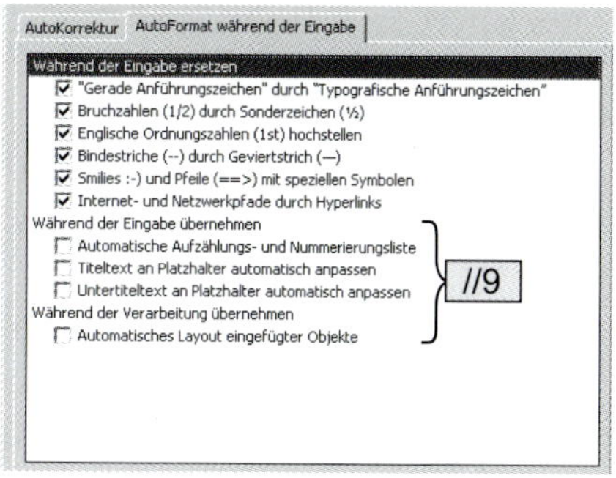


*b) Extras – Autokorrektur-Optionen – Autokorrektur*

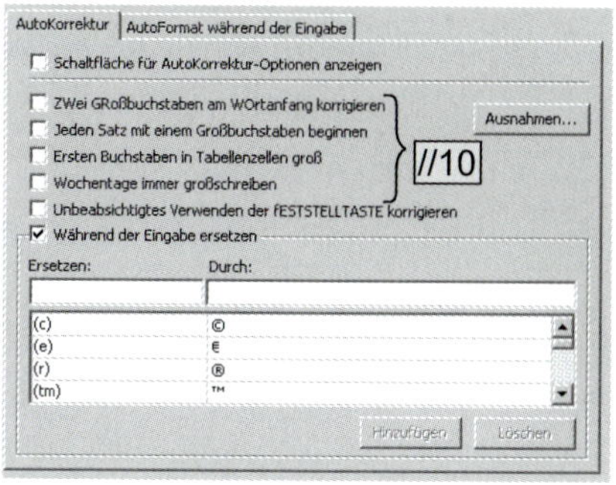


*c) Extras – Anpassen – Optionen*

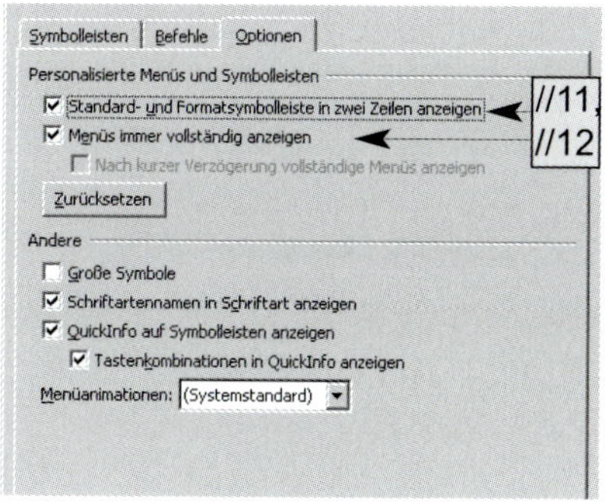


*d) Extras – Optionen – Ansicht*

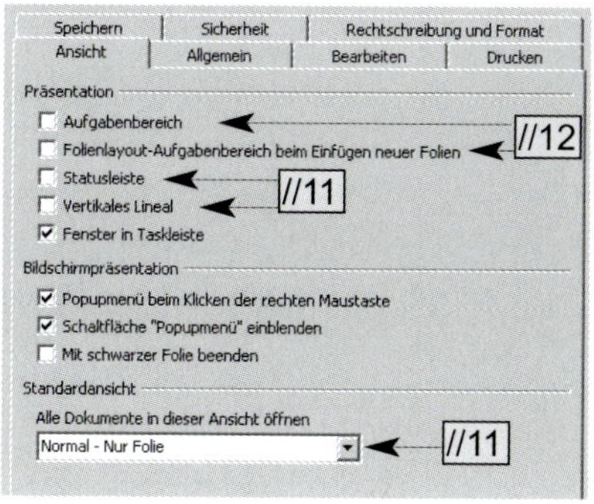


**Abb. 8 a:** Praxisgerechte Einstellungen im Menü *Extras* auf einen Blick. Die Registerkarte *Sicherheit* (nicht dargestellt) bleibt unverändert.

## Alle Einstellungen auf einen Blick

*e) Extras – Optionen – Allgemein*

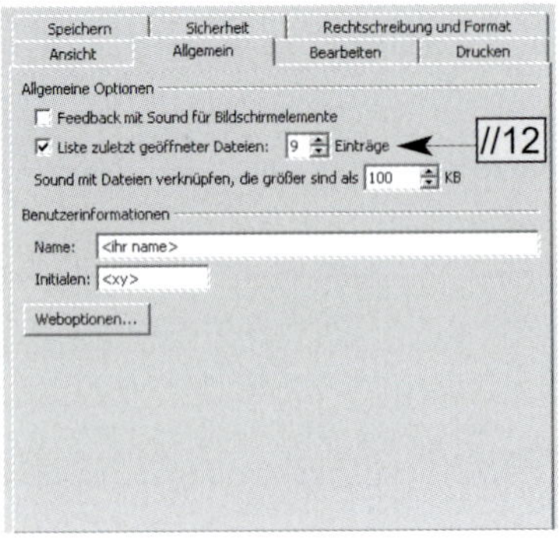


*f) Extras – Optionen – Bearbeiten*

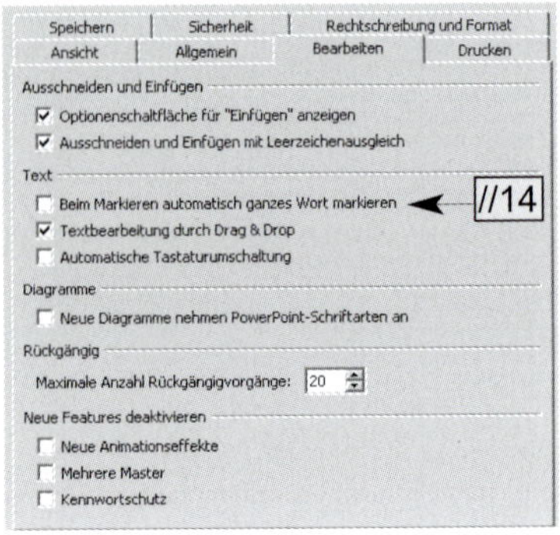


*g) Extras – Optionen – Speichern*

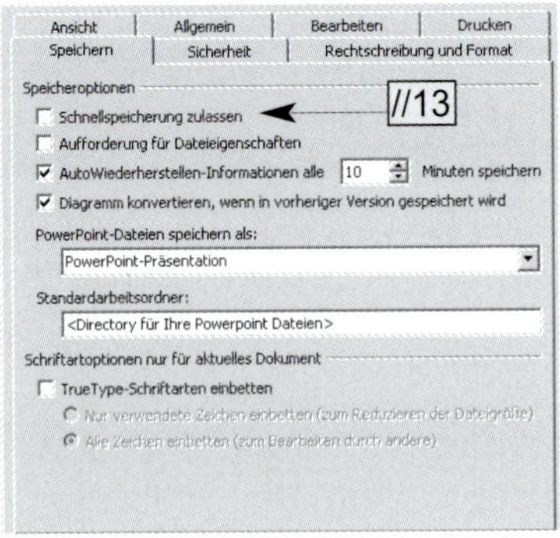


*h) Extras – Optionen – Rechtschreibung u. Format*

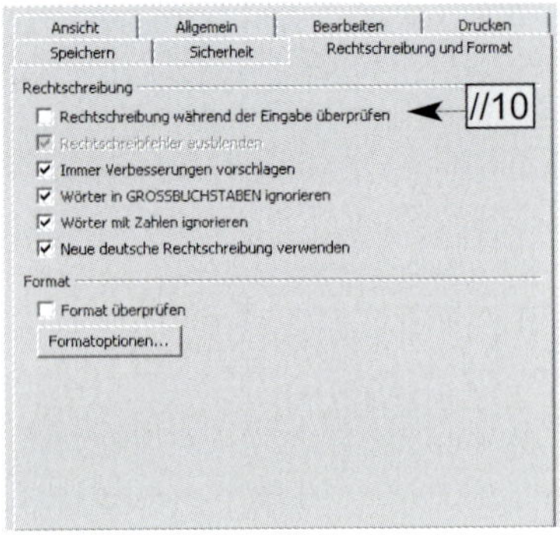


**Abb. 8 b:** Weitere praxisgerechte Einstellungen im Menü *Extras* auf den übrigen Registerkarten.

## //9: Autoformat zur Vernunft bringen

Fängt eine erste Textzeile mit einer Zahl an, z. B. dem Datum *1. Januar*, beginnt PowerPoint automatisch eine neue Zeile mit einer »2«. Die Software glaubt, Sie schreiben eine Aufzählung, und gibt Ihnen freundlicherweise die Nummerierung automatisch vor. Oft wollen Sie das aber gar nicht und deswegen bringen wir die automatische Formatierung jetzt zur Vernunft.

**Hinweis:** Wenn doch mal eine nummerierte Aufzählung benötigt wird, genügt ein Mausklick auf das Icon [Nummerierung]. Die markierten Absätze werden dann durchnummeriert.

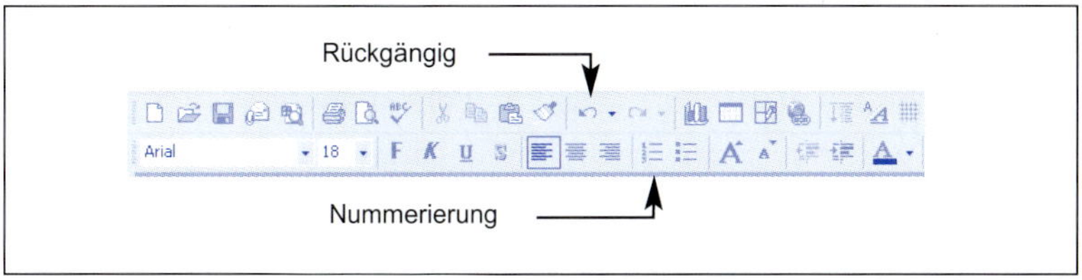


**Abb. 9:** Automatische Nummerierung zurücknehmen oder einschalten.

Ihre Kollegin oder Ihr Kollege im Büro lässt plötzlich einen lauten Schrei los? Dann hat wahrscheinlich die automatische Formatierung oder Korrektur mitten in der Eingabe so zugeschlagen, dass plötzlich die ganze schöne eigene Formatierung kaputt ist. Wenn Sie die Tabulatortaste an unpassender Stelle drücken, kann dies passieren. Häufig werden so auch Einrückungen oder Schriftgrößen verändert.

Erste Hilfe gleich nach dem Aufschrei leistet das Drücken auf das Icon [Rückgängig] oder – gleichbedeutend und schneller – [Strg] Z. Die letzte Aktion, auch wenn diese automatisch von PowerPoint durchgeführt wurde, wird zurückgenommen. Eventuell müssen Sie die letzten zwei oder drei Aktionen rückgängig machen, wenn nach der automatischen Aktion während der Schrecksekunde vom

Anwender noch ein paar Buchstaben eingetippt wurden. Deren Eingabe müssen Sie dann wiederholen.

Zur endgültigen »Genesung« wählen Sie das Menü *Extras – Autokorrektur-Optionen – Autoformat während der Eingabe* (Abb. 8 a, Buchstabe b).

**Hinweis:** Schalten Sie dort nicht nur die *Automatische Aufzählungs- und Nummerierungsliste* aus, sondern deaktivieren Sie mutig auch die nachfolgenden drei Kontrollkästchen: *Titeltext an Platzhalter automatisch anpassen, Untertiteltext an Platzhalter automatisch anpassen* und *automatisches Layout eingefügter Objekte.*

## //10: Autokorrektur richtig stellen

PowerPoint beginnt in der Standardeinstellung jeden Satz mit einem Großbuchstaben und korrigiert Sie automatisch, falls Sie einen Satz mit einem Kleinbuchstaben beginnen. Das ist zwar gut gemeint, nur orientiert sich PowerPoint ausschließlich an dem Punkt als Satzende. Das führt dazu, dass in einem solchen Satz mehrere Begriffe fälschlicherweise großgeschrieben sind: »Bei 1. Direkter Eingabe von Dr. Med. Und weiteren Punkten ... Haben Sie gleich vier Fehler.«

Über die Groß- und Kleinschreibung hat PowerPoint sowieso spezielle Vorstellungen. In der Folien-Überschrift möchte es jedes Wort großgeschrieben sehen. Im Englischen ist das noch korrekt, aber im Deutschen reicht die Rechtschreibreform doch nicht so weit, wie es Microsoft vorgibt. PowerPoint ändert zwar nicht automatisch die Schreibweise, weist Sie aber mit einem Glühbirnen-Symbol auf den vermeintlichen Fehler hin.

Die automatische Großschreibung am vermeintlichen Satzanfang gewöhnen Sie PowerPoint ab, indem Sie unter *Extras – Autokorrektur-Optionen – Autokorrektur* das Häkchen bei *Jedem Satz mit einem Großbuchstaben beginnen* entfernen (Abb. 8 a, Buchstabe b). Schauen

Sie sich auch die anderen Optionen an. Sie treffen zwar nur selten zu, überraschen dann aber umso mehr, wenn Sie mal »zuschlagen«. Um PowerPoint berechenbar zu halten, deaktivieren Sie alle außer *Während der Eingabe ersetzen.*

**Vermeintliche Rechtschreibfehler**

Andere vermeintliche Schreibfehler markiert PowerPoint mit »roten Kringeln«. Die stören mehr, als sie helfen. Natürlich darf Ihre Präsentation keine Rechtschreibfehler enthalten, das wirkt unprofessionell. Aber es ist besser und effizienter, am Ende einmal die Rechtschreibprüfung durchzuführen, als jedes Mal durch die roten Markierungen vom eigentlichen Inhalt abgelenkt zu werden. Ganz schlimm wird es, wenn Sie beim Präsentieren vor Publikum nicht in der Präsentationsansicht, sondern in der Normalansicht eine Folie zeigen. Dann achtet Ihr Publikum nur noch auf die roten Kringel und nicht mehr auf die Präsentation.

Rufen Sie also unter *Extras-Optionen* die Registerkarte *Rechtschreibung und Format* auf (Abb. 8 b, Buchstabe h). Entfernen Sie das Häkchen bei *Rechtschreibung während der Eingabe überprüfen* und bei *Format überprüfen*. Das erspart Ihnen die roten Kringel und einige Formatie-rungsüberraschungen; unter anderem auch das Verlangen von PowerPoint, in Überschriften alle Wörter großgeschrieben sehen zu wollen.

## //11: Platz schaffen

Für das Arbeiten mit PowerPoint brauchen Sie am besten einen ganz großen Bildschirm, damit Sie die bearbeitete Folie schön groß sehen können und das Editieren darauf nicht zur Fummelei mit der Maus wird. Natürlich werden Sie trotzdem nicht umhinkommen, in der Standard-Symbolleiste oben rechts im Feld Pulldown-Menü *Zoom* Ausschnittsvergrößerungen zu wählen, aber je größer Sie sie wählen, umso wahrscheinlicher ist es, dass gerade das, was Sie noch sehen wollen, nicht mehr auf dem Bildschirm ist.

Räumen Sie deshalb auf Ihrem PowerPoint-Bildschirm auf. Geben Sie der Arbeitsfläche, d. h. der Folie, möglichst viel Platz, in dem Sie unnötige Platzräuber ausblenden. So gewinnt die Arbeitsfläche auch an Übersichtlichkeit.

Gefahrlos ausblenden können Sie die *Statusleiste* und das *vertikale Lineal*, die beiden geben Ihnen für den Normalfall keine relevanten Informationen. Deaktivieren Sie dafür im Menü *Extras – Optionen – Ansicht* diese beiden Einträge (Abb. 8 a, Buchstabe d).

Ganz große Platzräuber sind die *Gliederung* und die *Notizen*. Sollten diese bei Ihnen in der Normalansicht immer mit erscheinen, gewöhnen Sie das den beiden ab: Wählen Sie dafür ab Power-Point XP auf der Registerkarte *Extras – Optionen – Ansicht* unten bei der Standardansicht den Eintrag *Normal – Nur Folie* (Abb. 8 a, Buchstabe d). Damit legen Sie fest, dass Sie in der Normalansicht nur die Folie sehen.

**Hinweis:** Wenn Sie gelegentlich die Gliederung oder die Notizen brauchen, klicken Sie einfach in der Normalansicht auf das Icon [Normalansicht], und beide werden eingeblendet. Mit nochmaligem Klick werden sie aber leider nicht wieder ausgeblendet. Dafür müssen Sie das Beenden-Icon [X] oben rechts im Gliederungsfenster anklicken.

In der Vorgängerversion, PowerPoint 2000, gibt es die beschriebene Möglichkeit für die Einstellung der Normalansicht noch nicht. Stattdessen haben Sie in der Version noch ein Icon, Folienansicht, unten links auf der Symbolleiste der Ansichts-Icons. Klicken Sie darauf und Gliederung und Notizen geben Platz auf dem Bildschirm frei.

### Symbolleisten ausschalten

Kontrollieren Sie als Ñächstes unter dem Menü *Ansicht – Symbolleisten*, welche Symbolleisten eingeschaltet sind. Sie brauchen nur die Leisten *Standard, Format* und *Zeichnen*. Weitere können Sie getrost deaktivieren, sie erscheinen bei Bedarf automatisch.

Die beiden erstgenannten Leisten, *Standard und Format*, hat Microsoft in eine Zeile gezwängt. Damit will auch Bill Gates Ihnen helfen, Platz zu sparen; allerdings sind damit einige häufiger gebrauchte Symbole nicht mehr sichtbar. Nun können Sie entweder die Symbolleisten anpassen, indem Sie nicht benötigte Icons mit *Extras – Anpassen – Symbolleisten* entfernen, damit eine Zeile ausreicht. Das ist der gründliche Weg. Bequemer und einfacher ist es, PowerPoint anzuweisen, die beiden Symbolleisten in zwei Zeilen anzuordnen. Das geht unter *Extras – Anpassen – Optionen* (Abb. 8 a, Buchstabe c).

## //12: Durchstarten: Zeit sparen

Neben den Platzräubern gibt es noch die Zeitdiebe. Die Dialoge beim Starten von PowerPoint und beim Einfügen einer neuen Folie gehören dazu. Sie helfen nicht wirklich bei der Arbeit und werden schnell lästig. Schalten Sie das ab, in dem Sie auf der Registerkarte *Extras – Optionen – Ansicht* die Kontrollkästchen bei *Aufgabenbereich* und *Folienlayout Aufgabenbereich beim Einfügen* deaktivieren (Abb. 8 a, Buchstabe d). Sie werden diese Dialoge nicht vermissen.

### Untermenüs und Dateianzeigen erweitern

Was Sie aber vermissen werden, ist die vollständige Auflistung der Untermenüs, wenn Sie einen der Menüpunkte wie *Datei, Bearbeiten* oder *Ansicht* in der obersten Zeile anklicken. Deren Untermenüs erscheinen nicht vollständig, sondern immer nur die zuletzt benutzten Punkte. Erst nach einer Wartezeit wird das Menü vollständig aufgelistet. Die verkürzten Menüs sollen eigentlich Zeit sparen, kosten aber den Nichtvollprofi mehr Zeit, bis er den benötigten Befehl gefunden hat. Der Vollprofi wiederum arbeitet sowieso mehr mit Shortcuts (Abb. 10) und selbst entwickelten Menüs. Also gilt für alle, vom Anfänger bis zum Profi: Stellen Sie PowerPoint so ein, dass die Menüs immer vollständig erscheinen.

Die Option dazu steht unter *Extras – Anpassen – Optionen* (Abb. 8 a, Buchstabe c).

Wenn Sie eine vorhandene Datei öffnen wollen, ist das meist eine von denen, die Sie erst kürzlich bearbeitet haben. PowerPoint und auch die anderen Microsoft-Anwendungen merken sich die letzten vier geöffneten Dateien. Erweitern Sie PowerPoints Gedächtnis auf den Maximalwert 9 unter *Extras – Optionen – Allgemein* (Abb. 8 b, Buchstabe e). Sie sehen dann die Dateinamen der neun zuletzt bearbeiteten Dateien beim Klicken auf *Datei* in der sich öffnenden Untermenü-liste am Ende aufgelistet. Durch Anklicken oder Eingabe der jeweiligen Ziffer wird die gewählte Datei geöffnet. Noch schneller geht das mit [Alt] D 1, um zum Beispiel die Datei zu öffnen, die sie zuletzt bearbeitet hatten.

## //13: Speicherfresser zügeln

Nach den Platzräubern und Zeitdieben kommen nun die Speicherfresser. PowerPoint-Dateien können ganz schön groß werden. Das wird spätestens dann ein Problem, wenn Sie die Datei per Mail verschicken oder auf Diskette speichern wollen.

Ursache für große PowerPoint-Dateien sind meist Bilder. Wenn Sie in PowerPoint ein 500-MB-Bild einfügen, was bei hoher Auflösung schnell zusammenkommt, wird die PowerPoint-Datei etwa 500 MB größer. Wenn Sie das Bild wieder entfernen, bleibt, je nach PowerPoint-Einstellung, die Datei trotzdem gleich groß. So entstehen, je länger an ihnen gearbeitet wurde, leicht mehrere Gigabyte große Dateien – selbst wenn sie am Ende gar keine Bilder mehr enthalten!

Ursache dafür ist die Schnellspeicherung. PowerPoint speichert nur die Änderungen und gibt keinen Speicherplatz frei. Das spart ein wenig Zeit beim Speichern. Bei den heute üblichen schnellen PCs fällt diese Einsparung aber kaum auf. Weisen Sie PowerPoint an, immer komplett aktualisiert zu speichern, indem Sie unter

*Extras – Optionen – Speichern* das Kontrollkästchen *Schnellspeicherung zulassen* deaktivieren (Abb. 8 b, Buchstabe g).

**Hinweis:** Mehr über den Speicherplatzverbrauch von Bildern erfahren Sie später im Buch in Tipp //161.

## //14: Markieren mit Manieren

Stellen Sie sich vor, Sie möchten eine chemische Formel schreiben, $H_2O$. Sie werden »H2O« schreiben, dann die »2« markieren und sie über *Format – Zeichen – Tiefgestellt* tiefer stellen. Eventuell wird es Ihnen aber nicht gelingen, die »2« einzeln zu markieren, sondern immer nur das gesamte Wort. PowerPoint zeigt keine Manieren und gehorcht Ihnen einfach nicht. Wenn dem so ist, liegt das an der Einstellung *Beim Markieren automatisch ganzes Wort markieren* im Menü *Extras – Optionen – Bearbeiten* (Abb. 8 b, Buchstabe f). Diese Funktion funktioniert sowieso nicht immer nachvollziehbar. Schalten Sie sie ab.

## //15: Shortcuts nutzen

b@w

Shortcuts, also Tastenkombinationen, sind ideale Assistenten für Ihre Arbeit. Drücken Sie [F1] für Hilfe und wählen Sie das Hilfethema *Tastenkombinationen*. Es gibt rund 250 Tastenkombinationen! Die wichtigsten für Ihre Arbeit sind in der folgenden Tabelle dargestellt. Sie erleichtern sich damit nicht nur die Arbeit mit PowerPoint, denn die ersten elf Shortcuts funktionieren in allen Office-Anwendungen und vielen anderen Programmen. Gewöhnen Sie sich diese Shortcuts an, das lohnt sich!

**Hinweis:** Im Internetworkshop zu diesem Buch sind die Shortcuts als Liste verfügbar, die Sie als Spickzettel neben Ihre Tastatur legen können.

| Shortcut | Wirkung | Eselsbrücke |
|---|---|---|
| <STRG> O | Datei öffnen | **O**pen |
| <ALT> D | Dateimenü,<br><ALT> D 1 öffnet zuletzt bearbeitete Datei | **D**atei |
| <STRG> S | Datei speichern, öfters mal zwischendurch drücken | **S**peichern |
| <STRG> C | kopieren | **C**opy |
| <STRG> X | ausschneiden | **X** wie Schere |
| <STRG> V | einfügen | ein**V**ügen |
| <STRG> Z | letzte Aktion rückgängig machen | **Z**urück |
| <STRG> Y | letzte Aktion wiederholen | w**Y**derholen |
| <STRG> F | Suchen | **F**inde |
| <STRG> H | Suchen und Ersetzen | |
| <STRG> P | Drucken | **P**rint |
| <STRG> M | Neue Folie (nur PowerPoint) | **M**ehr |
| <STRG><br><SHIFT> D | Folie duplizieren (nur PowerPoint) | **D**upliziere |

**Abb. 10:** Diese Tastenkombinationen (Shortcuts) helfen Ihnen bei Ihrer täglichen Arbeit.

## Der Umgang mit Schriften, Farben, Formaten

► Eine normale PowerPoint-Installation kennt 100 bis 200 Schriftarten, in manchen Unternehmen kommen sogar noch firmensspezifische Schriftarten dazu. Wie gehen Sie damit um? Welches Format und welche Farbe sollten Ihre Folien haben?

## //16: Schriftart richtig und risikofrei wählen

Beschränken Sie sich auf eine Schriftart, am besten *Arial* oder auch *Verdana*, aber nicht beide zusammen.

Vermeiden Sie auf jeden Fall exotische Schriftarten, die nicht im üblichen Lieferumfang von Microsoft enthalten sind. Diese werden sonst beim Präsentieren auf einem PC, auf dem diese Schriftart nicht geladen ist, durch »ähnliche« ersetzt. Dann passt aber die Schrift meist nicht mehr richtig in Textboxen, der Umbruch ändert sich und das ganze Layout der Seite geht verloren.

Dies können Sie auf Präsentationen bei Konferenzen und Messen immer wieder erleben: Unternehmen haben sich eigene Schriftarten entwickeln lassen und blamieren sich dann, weil auf dem Präsentations-PC des Veranstalters ihre Exoten-Schrift nicht geladen ist und so die ganzen Formatierungen zerschlagen werden.

Wenn Sie mit firmenspezifischen Schriftarten arbeiten, geraten Sie auch immer in Probleme, sobald Ihre Präsentation die Unternehmensgrenzen verlässt – was durchaus Sinn einer Präsentation sein kann. Jedem, dem Sie Ihre Präsentation schicken, ob im eigenen Unternehmen oder außerhalb, muss auf seinem PC die Schriftarten geladen haben. Selbst das Einbinden der Schriftart in die Präsentationsdatei unter *Extras – Speichern – True Type Schriftarten einbetten* bietet keine Sicherheit davor. Wenn Sie bereits mit PowerPoint 2003 arbeiten, gibt es jedoch einen sicheren Weg, der in Tipp //218 beschrieben ist.

Fazit: Für Broschüren mögen firmenspezifische Schriftarten noch sinnvoll sein. Für PowerPoint-Vorträge ist das unpraktisch. Auch deshalb, weil durch die deutlich geringere Auflösung am Bildschirm oder Beamer gegenüber dem professionellen Druck selbst für den CI/CD-Experten die firmeneigene Schriftart von einer Standard-Schriftart kaum noch zu unterscheiden ist. Dagegen ist das Risiko, dass die firmenspezifische Schriftart zu Pannen bei wichtigen Präsentationen führt, ungleich höher. Vermeiden Sie also, wenn möglich, den Einsatz firmenspezifischer Schriftarten.

## //17: Schriftarten als Ausdrucksmittel

Wenn Sie in Ihrer gesamten Präsentation konsequent bei **einer** Schriftart, beispielsweise *Arial*, bleiben, können Sie ab und an eine zusätzliche Schriftart nutzen, um damit etwas grafisch auszudrücken.

- Wenn ein Text handgeschrieben wirken soll, zum Beispiel in einer Sprechblase oder als ausgefüllter Eintrag eines Formulars, ist *Comic Sans MS* zu empfehlen.

- Gut macht sich *Courier New,* wenn etwas maschinengeschrieben oder behördlich antiquiert erscheinen soll. Wenn Sie zum Beispiel eine Dienstanweisung als bürokratisch kritisieren wollen, schreiben Sie diese in eine vom übrigen Text abgesetzte Box mit *Courier New*. Seien Sie vorsichtig mit historisch wirkenden und verschnörkelten Schriftarten, wie *Justice*. Diese sind nicht bei allen PowerPoint-Installationen vorhanden.

- Für Zitate und längere Fließtexte, die allerdings im Normalfall in einer Präsentation nichts zu suchen haben, wählen Sie die Schriftart *Times Roman*.

- Für Symbole benutzen Sie möglichst keinen anderen Zeichensatz als den üblichen *Wingdings*, auch nicht *Wingdings 2* oder *3*, denn nur der einfache ist praktisch überall mit der gleichen Symbolbelegung verfügbar. Ansonsten laufen Sie Gefahr, dass Ihr Symbol auf einem fremden PC nicht so erscheint, wie Sie es sich vorgestellt hatten, zum Beispiel statt eines freundlichen Smileys ein grimmiger Totenkopf.

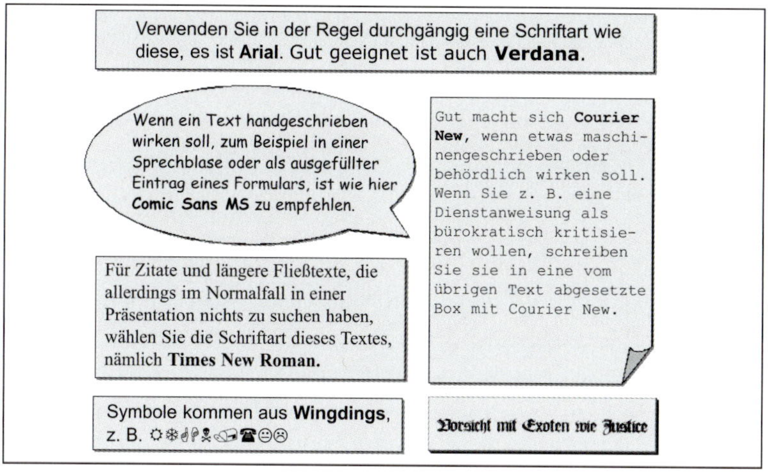


**Abb. 11:** Schriftarten und ihre Einsatzmöglichkeiten.

Welche Schriftart Sie auch immer verwenden, beschränken Sie sich auf Normal- und Fettschrift und verzichten Sie in der Regel auf Unterstreichung und Kursiv-Setzen. Vermeiden Sie »optische Overkills«, wie die Kombination von fett und unterstrichen oder kursiv und fett – oder gar alles zusammen.

Auch bei den Schriftgrößen beschränken Sie sich auf wenige Größen; und setzen Sie die Schriften immer so groß wie möglich. Unter Schriftgröße 14 sollten Sie nie gehen, bei Präsentationen in großen Räumen »kein Zutritt unter 18«! Noch größer – noch besser.

## //18: Schriftfarbe

Auf weißem Hintergrund hat eine schwarze Schrift den besten Kontrast und liefert damit die beste Lesbarkeit. Dieser starke Kontrast wirkt aber auch hart. Es sieht eleganter aus, wenn Sie mit einem tiefdunklen Grau arbeiten.

Auf andere Schriftfarben sollten Sie für normalen Text verzichten, es sei denn, Sie wollen etwas besonders hervorheben.

**Hinweis:** Vermeiden Sie es vor allem, den ganzen Text in Blau zu schreiben, das erinnert an die alten Zeiten der Blaupause.

## //19: Hintergrundfarbe

Als Hintergrundfarbe ist weiß am unproblematischsten. Damit können Sie sowohl auf dem Overheadprojektor als auch auf dem Beamer problemlos präsentieren und die besten Ausdrucke machen, vor allem, wenn Sie in Schwarz-Weiß ausdrucken oder kopieren. Wenn Sie in Farbe ausdrucken, geht es richtig ins Geld, wenn Sie einen farbigen Hintergrund verwenden: Der Ausdruck verbraucht sehr viel Toner oder Tinte, und die ist ja fast teurer als der Drucker selbst. Auch das Einfügen von Diagrammen, Grafiken oder Bildern aus anderen Quellen ist vor weißem Hintergrund am einfachsten, da die meisten Quellen auch einen weißen Hintergrund haben.

Viel edler wird jedoch bei Beamer-Präsentationen häufig ein dunkler Hintergrund, besonders ein tiefdunkles Blau mit gelber oder weißer Schrift, empfunden. Mit einem zusätzlichen Farbverlauf von Dunkelblau zu noch dunklerem Blau, der sich in zwei bis drei Wellen als Hintergrund diagonal über die gesamte Folie zieht, erhöht sich noch der edle Eindruck. Aber denken Sie daran, dass Hintergrundfarben auch eine Aussage transportieren können: Ein weinroter Hintergrund beispielsweise erscheint weihnachtlich. Wenn es Ihnen also nicht entscheidend auf eine aristokratische Wirkung ankommt, bleiben Sie besser bei Weiß. Aristokraten, die dem nicht folgen wollen, finden die Farbeinstellung weiter hinten bei Tipp //33.

## //20: Folienformat

Während Sie in einem Textverarbeitungsprogramm wie Word üblicherweise im Hochformat schreiben, ist bei PowerPoint das Querformat üblich. Das entspricht auch dem Präsentationsformat auf Leinwänden oder Großmonitoren, die eben breiter als hoch sind.

Es ist aber nicht nur eine Frage des Projektionsmediums, sondern auch der Schriftgröße. Sie müssen in PowerPoint fast doppelt so groß schreiben wie in einem ausgedruckten Word-Text, damit Ihr Publikum es lesen kann. Die Proportion von Schriftgröße und Breite der Seite erfordert also auch das Querformat. Bleiben Sie daher beim Querformat, das im Standardfall bereits eingestellt ist.

## Die Geheimnisse des Folienmasters

► Eine PowerPoint-Folie enthält im Standardfall einen Titel, einen Textkörper und einen Fußzeilenbereich (Abb. 13). Wie diese Bereiche aussehen, von der Position und Größe bis zur Schriftart und Art der Aufzählungszeichen, ist im Folienmaster durch Platzhalter festgelegt. Die Festlegung beeinflusst auch die Texte, die Sie in Textfelder schreiben, die mit dem Icon [Textfeld] von Ihnen selbst erstellt wurden. Auf Texte in Grafikformen hat der Folienmaster keine Auswirkungen.

Zusätzlich kann der Folienmaster Elemente enthalten, die auf allen Folien der Präsentationen in gleicher Form und am gleichen Platz erscheinen sollen, zum Beispiel Ihr Firmenlogo.

Der Folienmaster ist ein zentraler Punkt in PowerPoint und nicht nur die Quelle für manche scheinbar unerklärliche Phänomene bei der Erstellung der Präsentation. Er kann auch die Quelle für Pannen während Ihrer Präsentation sein, wenn Sie sich damit nicht gründlich auskennen. Deswegen wird er hier ausführlich behandelt.

## b@w //21: Der richtige Umgang mit dem Folienmaster

Der Folienmaster besteht meist aus einer Seite und ist in jeder PowerPoint-Datei enthalten. Sie sehen ihn über das Menü *Ansicht – Master – Folienmaster*. Oder ab PowerPoint XP viel einfacher durch Anklicken des Icons [Normale Ansicht] bei gleichzeitigem Drücken der [Shift]-Taste. Unter PowerPoint 2000 benutzen Sie [Shift] und [Folienansicht] (Abb. 12):

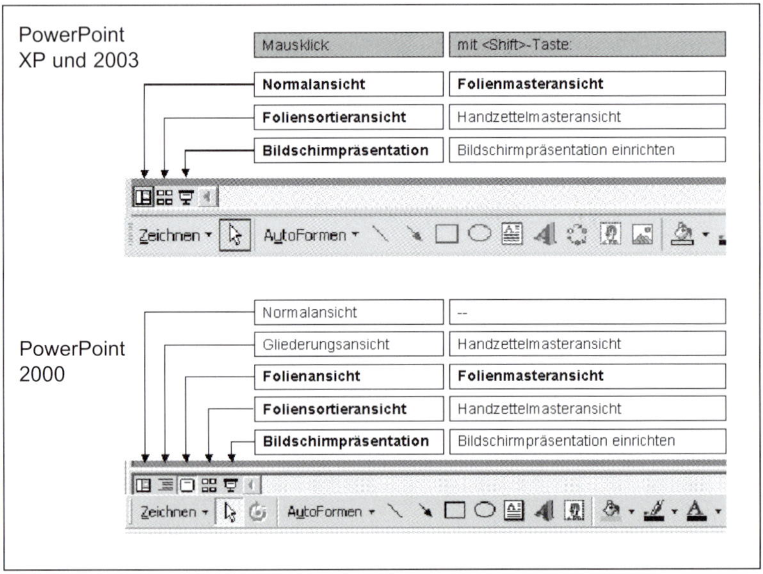


**Abb. 12:** Schneller Zugriff auf den Folienmaster über die Ansichts-Icons bei gedrückter [Shift]-Taste. Die meisten Ansichts-Icons sind doppelt belegt; die wichtigsten sind hier fett gedruckt.

Wenn Sie über *Datei – Neu* eine neue PowerPoint-Datei anlegen, sieht der Folienmaster unbearbeitet etwa so aus wie in der nächsten Abbildung.

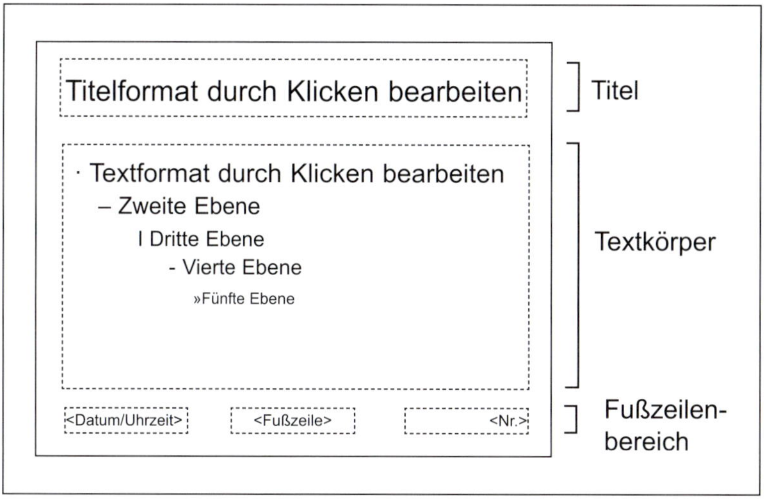


**Abb. 13:** Folienmaster.

Warum sollten Sie überhaupt etwas am Folienmaster ändern? Weil Sie sich die Arbeit damit erleichtern können. Das leuchtet sofort ein, wenn Sie z. B. ein Firmenlogo so platzieren wollen, dass es auf allen Folien an der gleichen Stelle erscheint. Aber Sie werden hier auch noch weitere Anwendungen kennen lernen.

**Hinweis:** Wenn Sie Ihren Folienmaster einmal passend eingestellt haben, speichern Sie die Präsentation mit dem angepassten Folienmaster als Musterdatei, z. B. *muster.ppt* für künftige Präsentationen. Wenn Sie dann in Zukunft Präsentationen entwickeln, starten Sie nicht mit *Datei – Neu*, sondern öffnen *muster.ppt,* speichern sie gleich unter neuem Namen und bearbeiten diese Datei dann weiter.

**Hinweis:** Das Abspeichern unter neuem Namen wird häufig vergessen und damit *muster.ppt* unbeabsichtigt verändert. Um in einem solchen Fall trotzdem für die nächste Präsentation noch eine allgemeine Vorlage zu haben, ist es eine gute Idee, eine Kopie von *muster.ppt* zu haben, etwa *muster-backup.ppt*.

**Hinweis:** Eine Musterdatei, in der alle im Folgenden behandelten Punkte berücksichtigt sind, finden Sie im Internetworkshop zu diesem Buch unter www.book-at-web.de. Diese können Sie gleich für Ihre eigene Arbeit anpassen und nutzen!

In vielen Unternehmen gibt es bereits fertige Musterdateien. Der Folienmaster ist darin so angepasst, dass er den optischen Standards, der CI (Corporate Identity) und dem CD (Corporate Design), des Unternehmens entspricht. Leider zeigt die Erfahrung, dass diese Vorlagen häufig so unprofessionell erstellt sind, dass sie mehr schaden als helfen. Oft verzichten Mitarbeiter dann auf die Nutzung der vorgegebenen Musterdateien. Das sollten Sie in der Regel nicht tun, aber Sie sollten wissen, wie der Folienmaster »tickt«, wie das Ihre Arbeit beeinflusst – und wie Sie Verbesserungen anbringen können.

**Hinweis:** Arbeiten Sie dabei nicht sofort am (schlechten) Muster, das Ihr Unternehmen Ihnen zur Verfügung stellt. Erstellen Sie sich eine private Musterdatei mit Folienmaster in einer neuer PowerPoint-Datei, an der Sie die folgenden Tipps ausprobieren. Anschließend können Sie dann Ihre Unternehmens-Musterdatei kritisch unter die Lupe nehmen, die Effekte verstehen und gegebenenfalls eingreifen.

## //22: Schriftgröße einstellen

Auf dem Folienmaster stehen im Titel und im Textkörper beliebige Texte. Auf den Textinhalt kommt es dabei nicht an, nur auf das Format. Dieses Format, also die Schriftart und -größe, mit denen der Text hier geschrieben ist, wird in allen Folien der Datei im Titel und Textkörper benutzt.

Der Text im Titelfeld des unveränderten Masters hat meist Schriftgröße 44 Punkt, das ist ordentlich groß. Wenn Sie eine neue Folie erstellen, wird der Titeltext dort in dieser Größe erscheinen.

Natürlich können Sie das auf jeder Folie aufs Neue verändern. Sinnvoller ist es allerdings, im Master gleich den passenden Wert einzustellen.

**Hinweis:** Passend ist ein Wert von 28, notfalls – wenn Sie einen langen Titel unterzubringen haben – auch 24 Punkt. Das ist noch groß genug, damit der Titel gut zu sehen ist, und klein genug, um aussagekräftigen Text in die Titelzeile zu bekommen.

Zum Einstellen der Schriftgröße gehen Sie auf die *Folienmaster-Ansicht,* markieren Sie den Titeltext und wählen in der Format-Symbolleiste den *Schriftgrad* 28. Analog stellen Sie die Schriftgrößen für die einzelnen Ebenen im Textkörper ein. Praxistaugliche Werte dafür zeigt die nächste Abbildung.

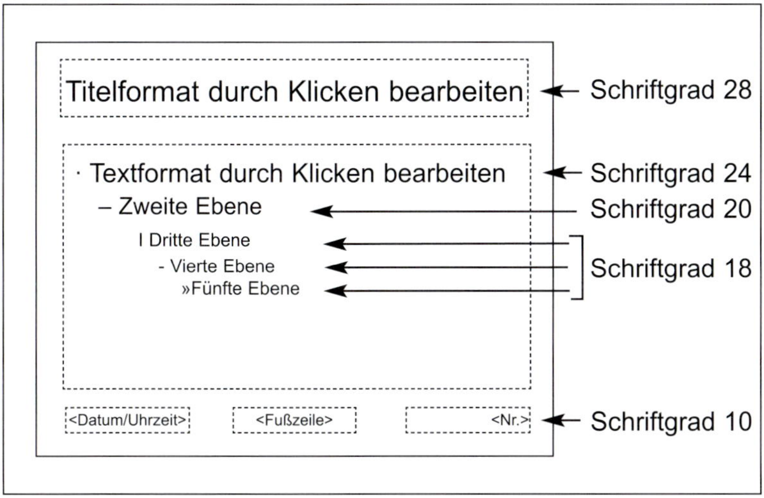


**Abb. 14:** Praxistaugliche Schriftgrößen-Einstellungen für den Folienmaster.

## //23: Risiken und Nebenwirkungen der Schriftgrößen-Einstellung

Die Änderungen im Folienmaster haben auch Auswirkungen auf bereits erstellte Folien der Datei. Wenn Sie zum Beispiel im Titeltext mit Größe 44 gearbeitet haben und am Ende merken, dass 28 doch besser gewesen wäre, müssen Sie die Schriftgröße nur im Folienmaster umstellen und nicht jede einzelne Folie ändern. Eine schöne Eigenschaft, die viel Zeit sparen kann! Das gilt allerdings wirklich nur für die Titeltexte, die in Größe 44 geschrieben waren.

Achtung gebietet jedoch die relative Größenanpassung: Die anderen Schriftgrößen sind auch verändert, jedoch nicht auf Größe 28, sondern relativ zur vorgenommenen Anpassung im Folienmaster. Dort haben Sie die Schriftgröße um gut ein Drittel verkleinert.

**Hinweis:** Diese relative Größenanpassung erfolgt auch bei der Übernahme von Folien aus anderen Vorträgen in Ihre Präsentation. Die übernommenen Seiten werden an die Einstellungen Ihres Folienmasters angepasst.

Aber: Was eigentlich als Arbeitserleichterung gedacht ist, kann folgenden Effekt haben: Angenommen, bei Ihnen im Unternehmen wird mit einer Musterdatei gearbeitet, in der Schriftgröße 44 im Folienmaster eingestellt ist. Weil das eigentlich zu groß ist, schreiben alle Kollegen Ihre Überschriften kleiner, indem sie bei jeder einzelnen Folie die Schriftgröße auf beispielsweise 28 reduzieren. Nur Sie waren so schlau, das direkt im Folienmaster zu ändern. Wenn Sie jetzt Folien von Kollegen in Ihre Präsentation einfügen, wird die Schriftgröße an den Vorgaben Ihres Folienmasters angepasst. Und zwar nicht, indem die Titeltexte die bei Ihnen eingestellte Größe bekommen, also 28, sondern in der relativen Größenanpassung: Der Text erscheint in Schriftgröße 18, für eine Überschrift zu klein.

Wie kommt das zustande? Sie können sich das so vorstellen: PowerPoint speichert die Schriftgröße in der Präsentation Ihres Kollegen nicht als Größe 28, sondern als »35 % kleiner als im entsprechenden Folienmaster«. Wenn Sie seine Folie in Ihre Präsentation übernehmen, wird die Schrift 35 % kleiner als in Ihrem Folienmaster dargestellt, also in 18 Punkt.

Umgekehrt kann dies auch problematisch werden: Wenn ein Kollege Ihre Folie in seine Präsentation übernimmt, sprengt der Text seinen Rahmen, obwohl er in Ihrer Präsentation in Größe 28 gut passte. Der Text wurde übernommen als »100 % Größe des Folienmasters«, bei Ihnen waren das 28, bei ihm sind es 44 Punkt.

**Hinweis:** So erklären sich also viele »unerklärliche« Phänomene. Was folgt daraus für Ihre Arbeit? Einen eigenen Folienmaster zu erstellen, macht besonders dann Sinn, wenn es in Ihrem Unternehmen entweder keine Musterdatei gibt oder wenn Sie Präsentationen erstellen, in denen Sie nur selten Folien von Kollegen einfügen. Wenn es aber in Ihrem Unternehmen eine eingeführte Musterdatei gibt und Sie Ihre Präsentation überwiegend aus vorhandenem Material zusammenstellen, dann behalten Sie die eingestellte Schriftgröße im Folienmaster bei. Dies ist dann ökonomischer.

## //24: Zeilenabstand

Auch der Zeilenabstand im Titeltext und im Textkörper wird im Folienmaster vorgegeben, und zwar anhand der Zeilenabstände der Beispieltexte. Klicken Sie auf den Titeltext oder Textkörper im Folienmaster, dann können Sie den Abstand über den Menüpunkt *Format – Zeilenabstand* einstellen. Wenn nichts geändert wurde, steht dort ein Zeilenabstand von einer Zeile und zusätzlich 0,2 Zeilen vor einem Absatz. Zeilenabstände zwischen 0,9 und 1,5 Zeilen und zusätzliche Abstände zwischen Absätzen von null bis zu einer Zeile sind akzeptable Werte.

**Hinweis:** Aufpassen müssen Sie, wenn in Ihrem Master der Zeilenabstand nicht in *Zeilen,* sondern in *Punkte* eingetragen ist. Der Punkt ist eine heute noch gebräuchliche typographische Einheit: Ein Punkt entspricht 0,376 mm, also ganz grob 1/3 mm. Ein normaler Zeilenabstand liegt etwa 20 % über der Schriftgröße in der Zeile, bei Schriftgröße 28 ist der Zeilenabstand 34 Punkte. Der angemessene Zeilenabstand hängt also von der verwendeten Schriftgröße ab. Ist der Zeilenabstand aber auf beispielsweise 34 Punkt festgelegt, dann gilt das absolut für alle Schriftgrößen. Für eine Schriftgröße um die 28 ist das passend. Bei größerer Schrift überschneiden sich die Zeilen, bei kleinerer ist der Zeilenabstand viel zu groß. Diese nervigen Effekte ersparen Sie sich: Wenn in Ihrem Folienmaster p *Punkte* eingestellt sind, ändern Sie es in z *Zeilen,* mit z = p / (Schriftgröße * 1,2). Die Umrechnung von z in p macht PowerPoint beim Umstellen im Menü *Format – Zeilenabstand* freundlicherweise selbsttätig.

## //25: Schriftart

Die Schriftart, mit der der Text auf dem Folienmaster im Titel und im Textkörper geschrieben ist, wird als Standard für alle Folien der Datei übernommen. Auch wenn Sie aus einer anderen Präsentation Folien in Ihre Präsentation kopieren, wird deren Schriftart daran angepasst. Das kann allerdings Texte schmaler oder breiter machen und den Zeilenumbruch verändern. Eventuell passt der Text dann nicht mehr in die Formen. Am einfachsten kann das vermieden werden, wenn alle Mitarbeiter Ihres Unternehmens mit der gleichen Schriftart arbeiten. Das entspricht zudem dem CI/CD-Interesse des Unternehmens, nach außen einheitlich aufzutreten. Doch stehen im Folienmaster firmenspezifische Schriftarten, die nur in Ihrem Unternehmen eingesetzt werden, kann es beim Außenauftritt schon mal blamabel werden, wie Tipp //16 ausführt.

Die beste Wahl für die Standard-Schriftart ist Arial (Tipp //16). Sie ist für Präsentationen angemessen und generell am weitesten verbreitet. Das erleichtert die Übernahme anderer Folien in Ihre Präsentation und umgekehrt. Wenn es keine dem entgegenstehenden Vorgaben in Ihrem Unternehmen gibt, wählen Sie Arial für den Titel und den Textkörper. Im Titel kann es Fettdruck sein. Verzichten Sie auf unterstrichen und kursiv.

Die Schriftart wird eingestellt, indem Sie den Text im Titel bzw. im Textkörper markieren und das Menü *Format – Zeichen* aufrufen.

Etwas schneller geht es über die Format-Symbolleiste (Abb. 9) im linken Feld [Schriftart], [Schriftgrad] und bei Bedarf mit dem Icon [Fett].

Was auch immer im Master steht, Sie können natürlich auf jeder Folie individuell die Schriftart umstellen. Sogar für jedes einzelne Zeichen separat.

**Hinweis:** Bleiben Sie aus Gründen der Einheitlichkeit und der leichten Übernahmemöglichkeit von Folien jedoch während Ihrer ganzen Präsentation bei einer Schriftart. Es sei denn, Sie wollen mit der Schriftart spezielle Aussagen unterstreichen (Tipp //17).

## //26: Ausrichtung

Als Ausrichtung für den Titeltext ist in PowerPoint standardmäßig *zentriert* eingestellt. Zeitgemäßer wirkt es, wenn Sie den Titel linksbündig schreiben. Dies ist heute bei fast allen Zeitschriften und Zeitungen üblich. Markieren Sie den Mustertext im Titel auf dem Folienmaster und stellen Sie im Menü *Format – Ausrichtung* linksbündig ein. Für Maus-Faule: Schneller geht es mit dem Icon [Linksbündig] oben in der Formatleiste oder durch Drücken von [Strg] L.

Im Titel ist es vielleicht noch Geschmackssache, aber beim Textkörper muss die Ausrichtung unbedingt linksbündig sein.

Das ist auch die Standardeinstellung. Vermeiden Sie den Blocksatz, den Ihnen manche Marketingleute schmackhaft machen wollen. Präsentationsfolien enthalten keine langen Textabsätze, sondern schlagwortartige und kurze Aussagen, die am besten von links ins Bild laufen. Außerdem kann PowerPoint keine automatische Silbentrennung ausführen, was den Blocksatz praktisch ausschließt.

## //27: Aufzählungszeichen

Einrückungen zeigt der Folienmaster im Standard so an: Im Textkörper auf dem Master stehen fünf Zeilen mit zunehmender Einrückungstiefe. Für jede können Sie die Formatierung festlegen, also Schriftgröße, Einrückungszeichen und Einrückungstiefe. Die Schriftgröße haben Sie bereits unter //23 festgelegt. Als Aufzählungszeichen sind der so genannte Dot »•« und der Bindestrich üblich. Über den Menüpunkt *Format – Nummerierung und Aufzählungszeichen* können Sie für die markierte Ebene das entsprechende Aufzählungszeichen auswählen. Beispielsweise für die erste Ebene die Option *ohne*, also kein Aufzählungszeichen, für die zweite den Dot und für die dritte bis fünfte den Bindestrich.

**Hinweis:** Die vorgeschlagenen Aufzählungszeichen sind, zugegeben, seriös, aber langweilig. Um Möglichkeiten mit mehr Pep kennen zu lernen, klicken Sie im Menü *Format – Nummerierung und Aufzählungszeichen* auf die Option *Benutzerdefiniert*. Es erscheint die Registerkarte *Symbol*. Dort stehen Ihnen alle Symbole aller Zeichensätze zur Verfügung. Wählen Sie auf der Registerkarte als *Schriftart Wingdings,* dann finden Sie unter anderem Pfeil, Hand, Kerze, Glocke, Brille oder den Smiley. Den Smiley gibt es natürlich in allen Stimmungslagen. Wenn Ihnen seine böse Variante nicht reicht, stehen Ihnen als Steigerung noch die Bombe und der Totenkopf zur Verfügung, die Sie in *Größe* und *Farbe* festlegen können. Unter der Option *Bild* im genannten Menü gibt es zusätzlich über 150 punktähnliche Bildsymbole – vielleicht ist da etwas für Sie dabei.

Verzichten Sie jedoch im Folienmaster auf die originellen Aufzählungszeichen und nutzen Sie sie jeweils im Einzelfall dann auf einer Folie, wenn es dort zum Textinhalt passt. Beschränken Sie sich bei der Auswahl der Symbole auf den Zeichensatz *Wingdings*. Der ist auf jedem PC verfügbar. Wie unter //16 bereits erwähnt, laufen Sie sonst Gefahr, dass Ihr freundliches Aufzählungszeichen auf einem fremden PC durch ein anderes Symbol ersetzt wird.

## //28: Das Drama mit den Einrückungen

Einrückungen sind ein Drama in mehreren Akten. Der erste Akt wird bei vielen Präsentationen aufgeführt: Wenn auf einer Folie ein mehrzeiliger Absatz steht, dann sind die zweite und nachfolgende Zeilen ein Stück nach rechts eingerückt. Das sieht gut aus, wenn dem Text in der ersten Zeile ein Aufzählungszeichen vorangestellt ist. Wollen Sie aber ohne Aufzählungszeichen arbeiten, bleibt trotzdem die Einrückung ab der zweiten Zeile bestehen, wie im linken Teil von Abb. 15. Das sieht dann weniger gut aus.

Der zweite Akt: Einem Text können mehrere Unterpunkte und diesen auch wiederum Unterpunkte usw. folgen. Jede Ebene ist ein Stückchen weiter eingerückt als die Vorgängerebene. Das Aufzählungszeichen der nächstniedrigeren Ebene steht aber nicht genau da, wo der Text der höheren Ebene beginnt (Sichtlinie). Hier haben sicher schon Hundertschaften von Ästheten versucht, die Einrückungstabulatoren passend zu verschieben, aber Letztere wehren sich dagegen und lassen ihre Verschiebung nicht ohne weiteres so zu, wie es notwendig wäre.

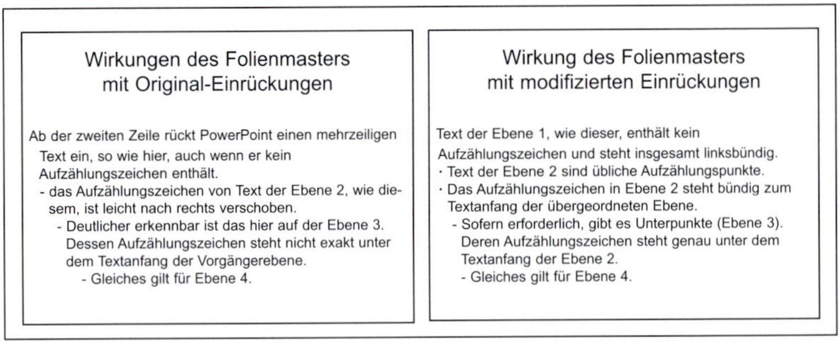


**Abb. 15:** Bei Standardeinstellungen gibt es unschöne Effekte auf den Textfolien (links). Durch Anpassungen im Folienmaster lässt sich das beheben.

Im dritten Akt endlich das Happy End: Gehen Sie auf den Folienmaster, markieren Sie einen beliebigen Text im Textkörper und blenden Sie das Lineal mit *Ansicht – Lineal* ein. Es sieht im Standard-fall so aus wie im oberen Teil der folgenden Abb. 16. Jedes Paar von Reitern, einer oben und einer unten, zum Beispiel 1 a und 1 b, legt jeweils die Einrückungstiefe einer Ebene fest: der obere Reiter für die 1. Zeile der Ebene, der untere für die Folgezeilen.

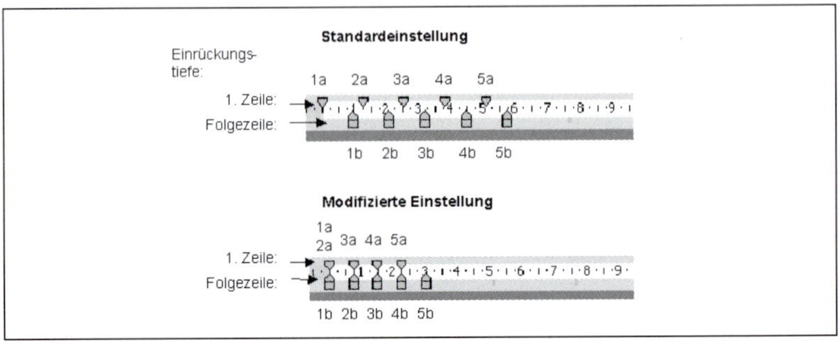


**Abb. 16:** Am Lineal können Sie die Einrückungen einstellen. Die Skalierung ist in Zentimetern.

Verschieben Sie die Reiter so wie im unteren Teil der Abbildung, wobei sich Reiter 1 a und 2 a an der gleichen Position, bei 0 cm, befinden. Das Verschieben geht nur – und das ist das oben genannte Problem der Ästheten –, wenn Sie mit der Maus auf den Reiter klicken und ihn bei gedrückter Maus und gleichzeitig gedrückter [Strg]-Taste verschieben. Die [Strg]-Taste ist hier der Geheimtipp.

Die Wirkung sehen Sie im rechten Teil der Abb. 15: Die erste Ebene ist künftig Ihre Ebene für Texte ohne Aufzählungszeichen. Das Aufzählungszeichen haben Sie bei Tipp //27 bereits herausgenommen. Und durch die Reitereinstellung von 1 a und 1 b auf »Position 0 cm« steht der gesamte Text linksbündig. Die zweite Ebene sind die üblichen Aufzählungspunkte; es folgen Unterpunkte, die jeweils bündig zum Textanfang der Vorgängerebene beginnen. Mit dieser Einstellung lässt sich jetzt gut arbeiten.

**Hinweis:** Mit den beiden Icons [Einzug vergrößern] und [Einzug verkleinern] in der Format-Symbolleiste können Sie für einen markierten Absatz ganz einfach festlegen, ob er linksbündig ohne Aufzählungszeichen stehen soll (Ebene 1), ob er ein Aufzählungszeichen enthalten soll (Ebene 2) oder noch zusätzlich eingerückt sein soll (weitere Ebenen). Dabei muss die jeweilige Vorgängerebene nicht belegt sein. Soll auf der Folie vor allen Absätzen ein Aufzählungszeichen stehen, setzen Sie einfach alle Absätze auf Ebene 2 oder tiefer.

## //29: Firmenlogo

Der Folienmaster ist der richtige Platz, Ihr Firmenlogo oder andere Elemente zu platzieren, die auf allen Folien erscheinen sollen. Wenn es in Ihrem Unternehmen eine Musterpräsentation gibt, ist das Logo im Folienmaster sicher bereits eingetragen. Wenn nicht, dann wählen Sie für Ihr Logo am besten einen Platz am unteren Rand. Ihr Logo soll die Folie nicht dominieren und dem eigentlichen Folieninhalt auch nicht viel Platz wegnehmen. Logo und Text dürfen sich auf keinen Fall überschneiden. Verkleinern Sie das Logo entsprechend oder passen Sie notfalls den Titel- oder Textkörper an (Tipp //31).

Das Logo wird in der Regel als Grafikdatei vorliegen, die Sie mit *Einfügen – Grafik – Aus Datei* auf Ihren Folienmaster übernehmen. Aufpassen müssen Sie, wenn das Logo nicht als Grafik auf dem Master steht, sondern als Text in einem firmenspezifischen Zeichensatz geschrieben ist. Wenn Ihre Präsentation dann auf einem PC abläuft, auf dem dieser Zeichensatz nicht geladen ist, wird das Aushängeschild Ihres Unternehmens, das Logo, falsch dargestellt. Im schlimmsten Fall wird es zu einer Ansammlung von Sonderzeichen, die in eine Sprechblase von Asterix passen würden, wenn ihm ein Hinkelstein auf den Fuß gedonnert ist.

**Hinweis:** Falls also Ihr Firmenlogo nicht als Grafik, sondern als Text mit einem Spezialzeichensatz vorliegt, ersetzen Sie den Text durch eine Grafik. Diese bekommen Sie mit großer Wahrscheinlichkeit von der PR-Abteilung. Wenn Sie da gerade niemanden erwischen, sollten Sie trotzdem das Logo nicht einfach von der Internet-Homepage herunterkopieren. Es wird in der Auflösung wahrscheinlich zu schlecht sein. Machen Sie stattdessen aus dem Logo-Text selbst eine ordentliche Grafik: Vergrößern Sie dafür zunächst das Logo auf dem Master, indem Sie die Schriftgröße drastisch erhöhen. Es darf die ganze Seite einnehmen. Schneiden Sie es aus ([Strg] X) und fügen Sie es als GIF-Grafik mit *Bearbeiten – Inhalte einfügen – Bild (GIF)* wieder ein. Durch die Vergrößerung des Originals vorab hat die Grafik eine ausreichend gute Auflösung. Verkleinern Sie das GIF-Bild noch passend und positionieren Sie es dort, wo das Logo stehen soll.

## b@w //30: Fußzeilenbereich

Unten auf dem Folienmaster sind drei Platzhalter: Datumsbereich, Fußzeilenbereich und Seitenzahlenbereich.

Falls sie bei Ihnen fehlen, können Sie sie einfügen: Gehen Sie in die *Folienmaster-Ansicht* und dann in das Menü *Format – Masterlayout*. Setzen Sie Häkchen in die Kontrollkästchen für die genannten Platzhalter. Wenn Sie einen der Platzhalter wieder löschen wollen, markieren Sie ihn, indem Sie auf den gestrichelten Rand klicken und die [Entf]-Taste drücken. Dort, wo Ihr Logo steht, soll natürlich kein Platzhalter sein. Auf dem Folienmaster können Sie die Größe und Position der Platzhalter und deren Inhalt festlegen.

Damit die Inhalte der Platzhalter auch auf den Folien erscheinen, stellen Sie dies für jede Folie individuell oder für alle Folien gemeinsam ein. Gehen Sie dafür in die *Normalansicht* auf eine Folie – ohne dort etwas zu markieren – und wählen Sie das Menü *Einfügen – Foliennummer* oder gleichwertig *Einfügen – Datum und Uhrzeit*. Unter PowerPoint 2000 erscheint dann noch eine Abfrage, die Sie mit OK beantworten. Beide Menüs öffnen ähnliche Registerkarten, auf denen Sie im Vorschaufenster die drei genannten Platzhalter als kleine Balken wiedererkennen. Je nachdem, welche der Optionen auf der Registerkarte Sie wählen, sind die Balken hervorgehoben, um anzuzeigen, dass der Platzhalter-Inhalt erscheint.

**Hinweis:** Unbedingt einschalten sollten Sie die Seitennummerierung. Sie heißt auf der Registerkarte *Foliennummer*. Erstellen Sie keine Präsentationen ohne Seitenzahlen.

**Hinweis:** Außerdem sollten auf jeder Folie folgende Angaben erscheinen: zum Ersten Ihr Name aus Gründen des Eigenmarketings. In kleiner Schriftgröße, aber doch lesbar. Etwas weniger aufdringlich wirkt Ihre E-Mail-Adresse, erfüllt aber den gleichen Zweck. Zum Zweiten der Anlass der Präsentation und der Präsentationstermin, z. B. »VIP-Tagung 24.12.2003«. Das erweckt den Eindruck, Sie hätten die Präsentation extra zu diesem Anlass erstellt, obwohl Sie sie schon ein Dutzend Mal an anderer Stelle präsentiert haben. Sie müssen lediglich vor jeder erneuten Präsentation im Folienmaster die Angabe verändern.

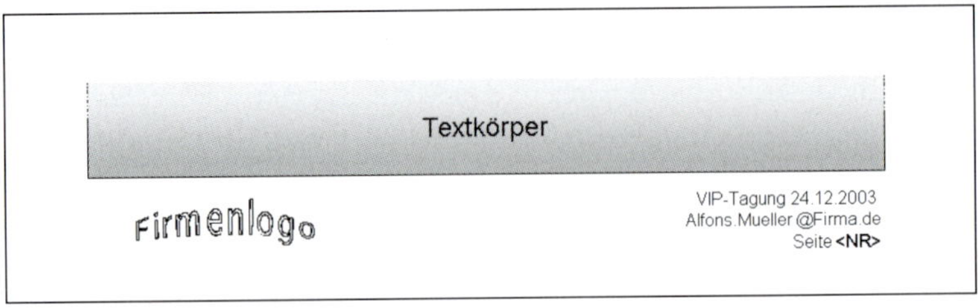


**Abb. 17:** Beispiel für Fußzeilengestaltung im Folienmaster.

Die Fußzeile ist auch gut geeignet für Einträge wie »Entwurf« und für die ganze Palette von »intern« über »vertraulich«, »streng vertraulich« bis »top secret«. Letztere machen selbst die banalste Präsentation scheinbar interessanter, sollten aber wirklich nur dann verwendet werden, wenn es zutrifft.

**Hinweis:** Autotexte für die Fußzeile, wie Sie sie vielleicht von Microsoft Word gewohnt sind, suchen Sie in PowerPoint vergeblich. Sie können nicht automatisch den Dateinamen anzeigen oder die Gesamtseitenzahl in der Art »Seite x von y«. Entweder tippen Sie das als Text selbst ein und passen ihn bei jeder Änderung an oder Sie arbeiten mit Makros. Deren Programmierung setzt allerdings Visual-Basic-Kenntnisse voraus. Im Internetworkshop zu diesem Buch unter www.book-at-web.de stehen für Sie die Makros fertig in der Mustervorlage zur Verfügung. Ganz so elegant wie bei Word geht es allerdings auch mit Makros leider nicht: Sie müssen das Makro für jede Aktualisierung manuell aufrufen.

## //31: Platzhalter für Textkörper und Titel verändern

Sie können im Folienmaster die Größe und Position aller Platzhalter verändern. Das geht einfach wie bei jedem anderen Objekt und ist in Tipp //5 beschrieben. In der unveränderten Standardeinstellung in PowerPoint ist der Titel in der Höhe etwas überdimensioniert. Sie können ihn um gut einen halben Zentimeter auf rund 2,5 cm verringern. Dann passen zwei Zeilen in Schriftgröße 24 oder 28 gut hinein. Den gesparten halben Zentimeter spendieren Sie dem Textkörper. Beim Erstellen von Folien sind Sie später für jeden Platz dankbar. Wenn Sie von Ihrem Unternehmen eine Musterpräsentation erhalten haben, in der die Platzhalter nicht gut angelegt sind, ändern Sie die Platzhalter gleich im Master, nicht auf jeder Seite aufs Neue.

## //32: Hintergrundbild

Wenn Ihre Folien nicht nur einfach einen weißen Hintergrund haben sollen, sondern ein Bild als Hintergrund dienen soll, dann fügen Sie es mit *Einfügen – Grafik – Aus Datei* in den Folienmaster ein und ziehen es über die ganze Folienfläche groß auf.

Alle Folien der Datei haben dann dieses Bild als Hintergrund. Wenn Sie dann bei der einen oder anderen Folie auf den Hintergrund verzichten wollen, geht das mit *Format – Hintergrund – Hintergrund aus Master ausblenden*.

Ein thematisch passendes Hintergrundbild kann eine Präsentation schmücken. Trotzdem sollten Sie in der Regel darauf verzichten, denn das Hintergrundbild macht den Text schwerer lesbar. Außer es ist sehr blass. Dann aber wird es bei der Präsentation am Beamer meist überstrahlt; übrig bleiben die dunkleren Stellen, die dann wie vereinzelte Schmutzflecken wirken. Auch beim Ausdrucken kann das, was am Monitor als Hintergrundbild gut aussieht, so wirken, als hätte die Druckerwalze eine Reinigung nötig.

**Hinweis:** Wenn Sie es doch nicht lassen können, gibt es noch einen alternativen Weg, Hintergrundbilder einzufügen. Nehmen Sie das im nächsten Tipp beschriebene Menü *Format – Hintergrund – Fülleffekte* mit anschließender Auswahl des Registerblatts *Grafik*. Das auf diese Weise eingefügte Hintergrundbild erscheint, im Unterschied zur oben beschriebenen Vorgehensweise, nicht auf dem s/w-Ausdruck.

## //33: Hintergrundfarbe und Farbschemata

Am besten arbeiten Sie, wie in Tipp //19 empfohlen, mit weißem Hintergrund. Das macht das Leben einfacher. Wenn Sie das Leben aber nicht einfach, sondern lieber farbig haben wollen, hier der Weg zum Regenbogen und darüber hinaus:

Gehen Sie in die Folienmaster-Ansicht und klicken Sie auf *Format – Hintergrund.* Es öffnet sich das Fenster *Hintergrund.* Unter dem kleinen Bild »Hintergrundfüllbereich« ist ein Pop-up-Menü, mit dem Sie die Hintergrundfarbe und Fülleffekte auswählen können. Die Fülleffekte können Sie nutzen, wenn Ihnen eine einfache gleichmäßige Hintergrundfarbe zu langweilig ist und Sie Farbverläufe oder Muster einstellen wollen. Der Regenbogen ist übrigens auch dabei, sogar in zwei Varianten. Sie finden ihn bei *Format – Hintergrund – Fülleffekte* auf der Registerkarte *Graduell* unter *Voreinstellung* in dem Pop-up-Menü *Voreingestellte Farben.* Natürlich eignet sich ein Regenbogen für einen Business-Vortrag nicht, da passt eher ein dezenter Farbverlauf z. B. in Dunkelblau (Tipp 58).

**Hinweis:** Bleiben Sie in der Regel in der gesamten Präsentation bei dem eingestellten Hintergrund. Falls eine Ausnahme erforderlich wird, können Sie auf der betreffenden Folie über *Format – Hintergrund* den Hintergrund speziell für diese Folie umstellen.

Von der Hintergrundfarbe ist natürlich auch die Farbe der Objekte abhängig, die darauf erscheinen. Auf dunkelblauem Hintergrund müssen Sie mit hellen Schriften arbeiten. Die Schriftfarbe können Sie im Folienmaster (Tipp //21) ändern. Oder Sie nutzen einen weiter gehenden Automatismus von PowerPoint:

Entfernen Sie dafür zunächst den gegebenenfalls gerade eingestellten Hintergrund oder öffnen Sie einfach eine neue Datei. Gehen Sie in die *Folienmaster-Ansicht,* klicken Sie in PowerPoint XP und 2003 auf *Format – Foliendesign* und wählen Sie in dem sich öffnenden Dialogfeld *Foliendesign* den Punkt *Farbschema.*

In PowerPoint 2000 führen Sie *Format – Folienfarbskala* aus. Sie sehen mehrere verkleinerte Beispielfolien, die die verschiedenen Farbschemata präsentieren:

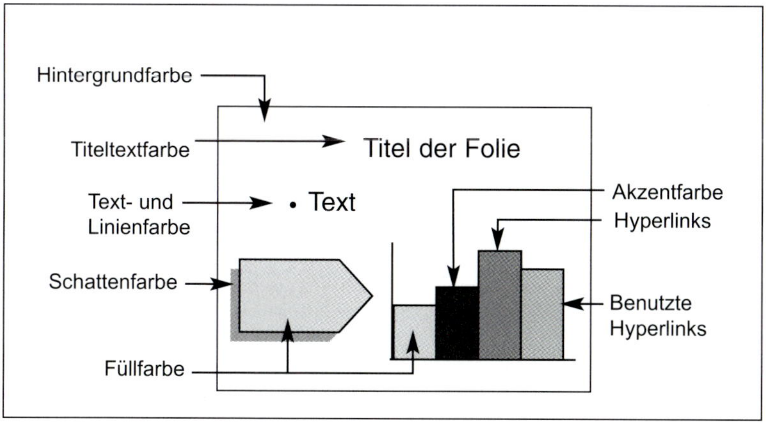


**Abb. 18:** Unter *Format – Foliendesign – Farbschema* sind die Farbschemata durch Bilder dieser Art dargestellt.

Ein Farbschema enthält acht Farben: für den Hintergrund, Texte und Linien, Schatten, Titeltext, Füllbereiche, Akzente und Hyperlinks. Mit Klicken auf *Farbschema bearbeiten* in XP, *Benutzerdefiniert* in 2000, können Sie jede Farbe einzeln zuweisen.

Die Auswahl eines anderen Farbschemas hat weit reichende Auswirkungen: Wählen Sie beispielsweise das Farbschema mit dem blauen Hintergrund, werden automatisch die schwarzen Texte in Ihrem Vortrag weiß gesetzt – und auch andere Objekte passen sich dem dunklen Hintergrund an, sofern deren Farben den Standardfarben des ursprünglichen Farbschemas entsprechen. Die Anpassung passiert auch, wenn Sie Folien aus einer anderen Präsentation übernehmen: Die übernommenen Folien werden Ihrem Farbschema angepasst.

Wenn man diesen Effekt kennt und versteht, kann das eine gewaltige Arbeitserleichterung sein. Anderenfalls ist es wieder eins der »unerklärlichen Phänomene« von PowerPoint, das hier entschleiert wurde.

## //34: Ausdruck-Format

Es ist, streng genommen, keine Einstellung auf der Folienmaster-Seite, sondern in der Präsentationsdatei. Da aber der Folienmaster Teil Ihrer Musterdatei ist, aus der Sie künftig Ihre Präsentationen entwickeln werden, korrigieren Sie hier auch gleich eine widersinnige Druck-Voreinstellung von PowerPoint:

Um eine Präsentation auszudrucken, lässt sich Papier und Ausdruckzeit sparen, wenn Sie zwei Folien pro Seite drucken. Im Menü *Drucken* können Sie das auf der zugehörigen Registerkarte unter dem Pop-up-Menü *Drucken* durch Auswahl von *Handzettel* bewirken und dabei sogar bis zu sechs Folien pro Seite drucken. Da aber dann die Schrift zu klein wird, bleiben Sie bei zwei Folien pro Seite.

Doch auch dann wird – und das ist der widersinnige Punkt – die Schrift unnötig klein, da PowerPoint zwei Folien jeweils auf einer Seite nebeneinander druckt und damit viel Platz verschenkt. Wenn die beiden Folien dagegen untereinander gedruckt werden, sind sie über 50 % größer und damit besser lesbar. Stellen Sie dafür unter *Datei – Seite einrichten* die *Orientierung* bei *Notizen, Handzettel und Gliederung* auf *Hochformat.*

## //35: Ihr guter Name

Die Datei-Eigenschaften verraten dem Empfänger einer Präsentationsdatei u. a., wer sie erstellt hat und wann. Passen Sie diese Eigenschaften also gleich entsprechend an, denn es geht um Ihr Eigenmarketing und evtl. auch Copyright. Diese Einstellung nehmen Sie nicht auf der Masterfolie, sondern in der Präsentationsdatei vor:

Tragen Sie unter *Datei – Eigenschaften* Ihren Namen, die Firma und Abteilung ein. Ihr Name erscheint dann im Explorer in der Quick-Info zur Datei.

**Hinweis:** Denken Sie an Ihr Eigenmarketing. Denn es gibt durchaus Führungskräfte, die sich die Datei-Eigenschaften anschauen, um zu sehen, ob die Präsentation von einem externen Berater abgeliefert wurde oder ein Mitarbeiter sie selbst entwickelt hat. Auch wenn Sie eine Präsentation als Ghostwriter für jemand anderen erstellen, können Sie sich wenigstens über die Datei-Info als Urheber profilieren.

# Grafik erstellen und einsetzen

Ein Bild sagt nicht nur mehr als tausend Worte, es bleibt auch länger in Erinnerung und erleichtert das Verständnis. Unterstützen Sie daher Ihre Gedanken und Aussagen in Ihrer Präsentation mit grafischen Darstellungen, wo immer sie sinnvoll sind. Meist genügen einige wenige grafische Elemente, die Sie kombinieren: ein paar Kästchen, Kreise oder Ovale, die jeweils Text enthalten können und im gegebenen Fall mit Kanten oder durch Pfeile verbunden sind. PowerPoint bietet die geeigneten Elemente, um mit wenig Aufwand ansprechende Business-Grafiken zu erstellen.

Sie haben am meisten davon, wenn Sie die kommenden Beispiele und Tipps direkt beim Lesen an Ihrem PC nachvollziehen. Sie werden dabei sehen, dass PowerPoint Ihnen eine ganze Menge Arbeit abnehmen kann. Und Sie werden die Fallen erkennen, die Sie vermeiden sollten. Für die Beispiele arbeiten Sie am besten mit dem Folienlayout leere Folie, das Sie über *Format – Folienlayout* einstellen können.

## Effizienter Umgang mit Grafik

► Während Ihr PC hochfährt, zunächst einige übergreifende Tipps zum Umgang mit Grafik.

## //36: Grober Papierentwurf vorweg

Bevor Sie eine Grafik mit PowerPoint erstellen, sollten Sie schon eine recht konkrete Vorstellung haben, wie sie aussehen soll. Wie viele Kästchen oder andere Formen werden benötigt, welche werden evtl. wie verbunden, wo sollen Sie in etwa platziert sein? Machen Sie sich zunächst einen freihändigen Entwurf auf Papier, um die Folie – und Ihre Arbeit – zu planen. Wenn Sie zum Beispiel die Anzahl der Kästchen nachträglich erhöhen, müssen Sie eventuell Ihre ganze Grafik umgestalten, um Platz dafür zu schaffen.

## //37: Wiederverwendbar konstruieren

b@w

In diesem Kapitel wird oft von »Änderungsfreundlichkeit« Ihrer Grafik die Rede sein. Das ist ausgesprochen wichtig, selbst wenn Sie vorher exakt wissen, wie Ihre Grafik aussehen soll. Zum einen werden Sie doch immer wieder Änderungen vornehmen wollen. Zum anderen ist Änderungsfreundlichkeit eine wichtige Voraussetzung für effizientes Arbeiten: Sie werden mit den hier vorgestellten Kopiertechniken eine Arbeitsweise entwickeln, bei denen Ihre Grafik zum großen Teil einfach und schnell durch Kopieren und Anpassen von Elementen in der Grafik entsteht. In der Praxis werden Sie einmal entwickelte Grafiken für Vorträge wiederverwenden und anpassen. Das geht dann am einfachsten, wenn Sie von Anfang an auf Änderungsfreundlichkeit achten.

**Hinweis:** Bei der Wieder- und Weiterverwendung von Grafiken, auch mit anderen Anwendungen als PowerPoint, hilft eine neue Funktion, die es ab PowerPoint XP gibt: Sie können Ihre erstellte PowerPoint-Grafik in den üblichen Grafikformaten speichern, zum Beispiel als *gif* oder *jpg* (Tipp //150, //156). Klicken Sie mit der rechten Maustaste auf die markierte Grafik und wählen Sie im Kontextmenü *Als Grafik speichern*.

Unter der Vorgängerversion PowerPoint 2000 können Sie lediglich eine komplette Folie als Grafik speichern: *Datei – Speichern unter* und als Dateityp z. B. *gif* oder *jpg* auswählen.

## //38: Selbsterklärende Grafik

Ausgedruckt wird Ihr Vortrag wahrscheinlich auch von Menschen betrachtet, die nicht bei der Präsentation dabei sind. Vielleicht sind das sogar mehr und wichtigere Leute als die Teilnehmer bei der Präsentation. Oft werden PowerPoint-Vorträge als Anhang zu Protokollen mitverteilt oder per E-Mail versandt. Manchmal werden Sie gar nicht mehr live präsentiert. Umso wichtiger ist es, dass Ihre Folien selbsterklärend sind. Bei Grafiken ist die Gefahr groß, dass man sie nur mit mündlicher Erklärung richtig verstehen kann. Achten Sie daher auf leichte Verständlichkeit und Eingängigkeit Ihrer Grafik.

## //39: Animation einplanen

Bei der Präsentation einer komplexeren Grafik bietet es sich an, sie nicht als Ganzes zu zeigen, sondern nach und nach aufzubauen und sie auf diese Weise vor dem Publikum stufenweise zu entwickeln. Das geht am einfachsten, indem Sie die Grafik über mehrere aufeinander folgende Folien aufbauen.

Diese Technik ist bereits eine einfache Form der Animation und wird Bewegung in Ihre Grafik bringen. Animierende Animationen werden in einem eigenen Kapitel ab Tipp //111 ausführlich behandelt.

## //40: Stilvoll bleiben

Halten Sie Ihre Grafiken in einer Präsentation in einem Stil: Verwenden Sie für gleiche Aussagen oder Bedeutungen auch immer die gleichen grafischen Elemente und gleichen Farben. Es passt nicht zusammen, wenn einige Objekte mit Schatten versehen sind und andere nicht. Oder wenn in einer Zeichnung dreidimensionale und flache Objekte kombiniert sind.

Oft wird »gesündigt«, wenn die beliebten ClipArts (Auswahl an vorgefertigten Symbolen und Bildchen, die PowerPoint mitliefert) eingebunden werden. Halten Sie sich damit besser zurück, es sei denn, Sie setzen sie als durchgängiges Stilelement und Teil Ihrer Story ein. Denn es ist wichtig, eine gemeinsame Bildersprache beizubehalten. ClipArts und Ihre Anwendung werden ab Tipp //147 ausführlich behandelt.

## //41: Grafik macht Ihre Präsentation flexibel

Grafik macht Ihre Präsentation flexibel: Je mehr Grafik und je weniger Text in Ihrer Präsentation ist, umso flexibler können Sie sich dem Publikum und dem Timing anpassen. Sie können Ihre Grafik stundenlang erklären oder auch nur ganz kurz die Kernaussagen machen, je nachdem, wie viel Zeit da ist und wie das Publikum reagiert. Da Sie frei formulieren und nicht nur die Folie ablesen, wirkt das zudem lebendiger und interaktiver. Die Begeisterung über Ihre Grafik kommt beim Publikum an.

Proben Sie Ihre freien Vorträge mit Grafiken, denn es gibt dabei zwei Gefahrenmomente: Möglicherweise geraten Sie zu sehr ins Plaudern und Ihre eigentlichen Kernaussagen kommen dabei zu kurz. Oder Ihre Kernaussagen fallen Ihnen beim Präsentieren nicht mehr alle ein, weil sie in Ihren Gedanken noch nicht genug mit der Grafik verknüpft sind. Das sind dann so Fälle, in denen Sie sich nach der Präsentation ärgern: »Ich hätte hier doch noch sagen wollen ...«

**Hinweis:** Sie vermeiden beide Gefahren, wenn Sie sich vorher Notizen gemacht haben. Diese können gleich Bestandteil der PowerPoint-Datei sein. Über den Menüpunkt *Ansicht – Notizseite* fügen Sie Notizen zu einer Folie hinzu. Beim Präsentieren erscheinen die Notizen nicht, aber beim Ausdrucken können Sie sie im Druckmenü mit *Drucken – Notizenseiten* so erscheinen lassen, dass Ihr Folieninhalt zusammen mit den dazugehörigen Notizen auf einer Seite steht. Eventuell müssen Sie vorher noch die Notizseitenansicht brauchbar einstellen (Tipp //34). Nehmen Sie den Ausdruck zu Ihrer Präsentation mit – damit verknüpft Ihr Gehirn Textaussage und Bild besser.

## //42: PowerPoint nicht überfordern

Wenn man die grafischen Möglichkeiten von PowerPoint entdeckt hat und sich damit sicher fühlt, will man plötzlich alles nur noch mit PowerPoint machen. Trotz aller Begeisterung: Lernen Sie besser auch die Basisfunktionen einiger anderer Werkzeuge kennen, als sich nur auf PowerPoint zu konzentrieren. Es lassen sich praktisch alle Grafiken aus anderen Software-Tools in PowerPoint-Präsentationen einbinden (Tipp //153, //210).

- Wenn Sie *Diagramme* in Ihre Präsentation einbinden möchten, denken Sie sicher bereits selbst an Excel. Über die Abgrenzung Excel und PowerPoint erfahren Sie mehr in Tipp //74.

- Excel hat noch eine andere für Präsentationen gut brauchbare Funktion: Es stellt Ihnen *Landkarten* zur Verfügung. Damit können Sie zum Beispiel Daten nach Regionen präsentieren. Sehr viel mehr Kartenmaterial bietet das Programm Microsoft MapPoint.

- *Prozess-Charts* lassen sich viel schneller und flexibler in Microsoft Visio erstellen als in PowerPoint. Wenn es um die grafische Darstellung der *Terminplanung* bei Projekten geht, können Sie mit Microsoft

Project arbeiten. Allerdings genügt Visio dafür auch.
Die Darstellung von *IT-Diagrammen, Gebäudeplänen und Verfahrenstechnik-Komponenten* sind mit der Professional Version von Visio möglich.

- Wenn es um *Bildbearbeitung,* genauer: um die Bearbeitung von Bitmaps, geht, schlägt Ihnen PowerPoint von sich aus Microsoft Paint oder Microsoft Foto-Editor vor. Microsoft Paint ist bei Windows automatisch dabei, der Foto-Editor ist je nach Version Teil der Office-Suite. Mächtigere Alternativen dazu sind Corel Photo Paint, Paint Shop Pro oder Adobe Photoshop, um nur einige zu nennen. Mehr über das Arbeiten mit Fotos finden Sie ab Tipp //154.

## Sie markieren ja nur!

► Um ein Objekt bearbeiten zu können, müssen Sie es immer markieren. Damit wird das Markieren zur häufigsten Tätigkeit und es lohnt sich, sich damit auszukennen.

**Übung:** Dafür zeichnen Sie zunächst drei Rechtecke, etwa so wie in der Abbildung. Die ersten beiden sind mit einer Farbe gefüllt, das dritte ist ohne Füllung:

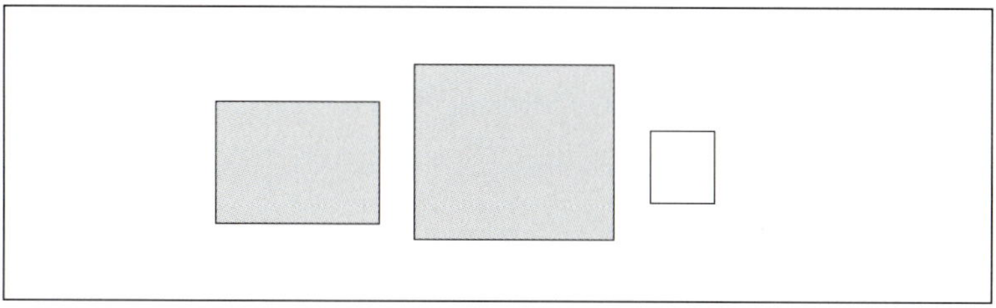

**Abb. 19:** Probieren Sie die Markierungsmöglichkeiten anhand der (nachgebauten) Rechtecke aus.

## //43: Einstiegshilfe für »Markierer«

War das Erstellen der drei Rechtecke für Sie absolut »easy«? Dann springen Sie gleich weiter unten zum nächsten Tipp. Ansonsten finden Sie hier eine kurze Erläuterung dazu mit einem Bild der benötigten Icons.

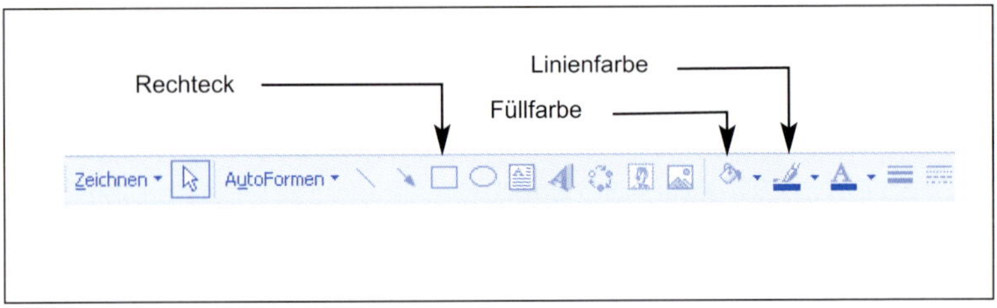


**Abb. 20:** Die zur Erstellung der Übungsrechtecke benötigten Icons.

Das Rechteck ist die am häufigsten benötigte Form in PowerPoint. Deswegen gibt es dafür ein eigenes Icon [Rechteck] unten in der Zeichnen-Symbolleiste. Klicken Sie drauf, gehen Sie anschließend mit der Maus auf die Folienfläche und ziehen Sie das Rechteck bei gedrückter Maustaste auf. Wenn Sie die Maus wieder loslassen, haben Sie Ihr erstes Rechteck gezeichnet. Sofern es nicht mit Farbe gefüllt ist, klicken Sie auf das kleine Eimerchen [Füllfarbe]. Um eine andere Farbe für das Eimerchen – und damit für die Füllung Ihres Rechtecks – auszuwählen, klicken Sie auf das winzige schwarze Dreieck rechts neben dem Eimerchen [Füllfarbe] und wählen eine Farbe aus. Außerdem braucht Ihr Rechteck – sofern nicht vorhanden – eine Umrandung. Das geht analog zur Füllfarbe mit dem Icon [Linienfarbe], rechts neben [Füllfarbe] (siehe ausführlich Tipp //57).

**Übung:** Zeichnen Sie neben dem ersten gleich noch ein zweites mit Farbe gefülltes Rechteck, das etwas größer ist; wie in Abb. 19.

Das jeweils zuletzt behandelte Rechteck erscheint markiert. Das erkennen Sie an den acht kleinen weißen Kreisen resp. – versionsabhängig – Quadraten an den Seiten und Ecken. Wenn Sie mit der Maus auf einen der Kreise (Quadrate) gehen, können Sie bei gedrückter Maustaste die Form weiter in die Länge oder Breite ziehen oder verkleinern.

Wenn Sie nicht auf die kleinen Kreise (Quadrate), sondern auf einen beliebigen anderen Punkt des Rechtecks klicken, können Sie es bei gedrückt gehaltener Maustaste auf der Folie verschieben.

Und wenn Sie schließlich auf die [Entf]-Taste drücken, wird das markierte Rechteck gelöscht. Mit gleichzeitigem Drücken auf [Strg] und Z machen Sie Ihre letzte Aktion, das Löschen, rückgängig und Ihr gelöschtes Objekt erscheint wieder.

**Übung:** Zum Schluss zeichnen Sie noch ein drittes Rechteck. Dort entfernen Sie die Füllfarbe. Das geht wieder über das winzige schwarze Dreieck rechts neben dem Eimerchen-Icon [Füllfarbe]. Wählen Sie *keine Füllung* resp. – versionsabhängig – *keine Farbe*.

Egal ob Sie ein Objekt mit Farbe füllen, löschen, verschieben oder in irgendeiner anderen Weise bearbeiten, es muss vorher markiert sein. Das ist in der Tat nicht immer so einfach, wie man glauben könnte. Daher dazu einige Tipps.

## //44: Markieren mit Mausklick

**Übung:** Klicken Sie irgendwo auf die Fläche des ersten oder zweiten Rechtecks, die Sie beide mit Farbe gefüllt haben. Sie sehen, dass sie sofort markiert sind. Versuchen Sie dies auch beim dritten, bei dem Sie die Füllfarbe in der vorigen Übung entfernt haben. Was passiert?

Ja: Beim dritten Rechteck klicken Sie sich die Finger wund – bis Sie zufälligerweise eine Begrenzungslinie getroffen haben. Bei Formen ohne Füllfarbe müssen Sie exakt eine Begrenzungslinie anklicken, um sie zu markieren. Falls die Form Text enthält, was hier jedoch nicht der Fall ist, reicht es, den Text zu treffen.

**Hinweis:** Sie können mehrere Rechtecke gemeinsam markieren, indem Sie beim Anklicken des nächsten Rechtecks zusätzlich die [Shift]-Taste drücken. Wenn Sie eines der markierten Rechtecke durch Ziehen an den kleinen weißen Kreisen der Markierung verändern, verändern sich die anderen entsprechend mit. Wichtiger noch: Wenn Sie ein Rechteck verschieben, verschieben sich alle gemeinsam mit.

## b@w //45: Markieren mit Umrahmen

Wenn Sie nicht gerade ein Objekt bearbeiten, ist PowerPoint immer im Modus *Objekt markieren*. Das erkennen Sie an dem aktivierten gleichnamigen [Pfeil]-Icon unten links in der Zeichnen-Symbolleiste und an der »Weißen-Pfeil«-Form des Mauszeigers. Wenn der Zeiger diese Form hat, können Sie durch Umrahmen der Rechtecke mit der Maus sehr schnell und einfach markieren:

**Übung:** Setzen Sie dafür Ihre Maus an einen Punkt A oberhalb und links neben dem linken Rechteck. Bei gedrückter Maustaste ziehen Sie einen Rahmen auf, der alle drei Rechtecke umfasst.

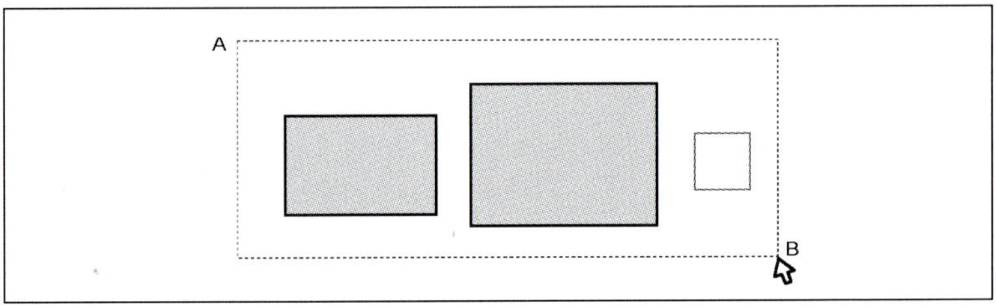


**Abb. 21:** Markieren durch Umrahmen mit der Maus.

Auf diese Weise können Sie ein, zwei oder beliebig viele Objekte auf einmal markieren. Es ist auch ein Weg, unsichtbare Objekte zu markieren. Unsichtbar wird Ihr Rechteck, wenn es weder eine Füllfarbe noch eine Linienfarbe hat oder wenn es durch ein anderes Objekt überlagert ist. Wenn es markiert ist, verrät es sich an den kleinen weißen Kreisen der Markierung. Natürlich erwischen Sie das unsichtbare Objekt nur, wenn es in der mit der Maus aufgezogenen Umrahmung liegt.

## //46: Alles markieren

Wenn Sie alle Objekte auf der Folie auf einmal markieren wollen, drücken Sie einfach gleichzeitig auf [Strg] und A. Auch damit erwischen Sie neben den sichtbaren zusätzlich die unsichtbaren Objekte, und zwar alle.

Der Weg mit [Strg] A ist am effizientesten, wenn es um das Markieren vieler Objekte geht. Was machen Sie aber, wenn Sie nur »fast alle« und nicht »wirklich alle« Objekte erwischen wollen? Sie müssen einzelne Objekte wieder aus der Markierung herausnehmen.

## //47: Einzelne Objekte aus der Markierung herausnehmen

Wenn Sie mehrere Objekte markiert haben – ob durch Mausklick, mit Umrahmen oder durch [Strg] A –, können Sie einzelne wieder aus der Markierung herausnehmen: Halten Sie beim Anklicken des herauszunehmenden Objekts die [Shift]-Taste gedrückt. Durch nochmaliges Anklicken bei gedrückter [Shift]-Taste nehmen Sie es wieder in die Gemeinschaft der markierten Objekte auf.

## //48: Markieren mit TAB, um aufzuräumen

Wenn Sie länger an einer Folie gearbeitet haben, liegen meist noch einige versehentlich erstellte oder vergessene Objekte auf der Seite herum. Vielleicht können Sie diese sogar nicht mehr sehen, weil sie von anderen verdeckt sind. Das können Sie simulieren, wenn Sie Ihr zweites, größeres Rechteck über das erste, kleine Rechteck schieben. Das kleine ist jetzt nicht mehr sichtbar. Eigentlich kann es ganz gelöscht werden. Das sollten Sie auch machen: Gewöhnen Sie sich an, alle nicht benötigten Objekte von Ihrer Folie zu löschen, denn der vergessene »Schrott« ist oft der Grund für scheinbar unerklärliche Phänomene.

Zum Löschen müssen Sie das kleine Rechteck markieren. Aber wie können Sie es erwischen, ohne wieder die Rechtecke herumschieben und damit Ihre Arbeit kaputtmachen zu müssen? Der einfachste Weg: Tippen Sie auf die [TAB]-Taste. Mit jedem Tippen auf [TAB] wird jeweils das nächste Objekt markiert, so finden Sie nacheinander alles, was sich noch auf der Folie befindet. Wenn Sie bei einem zu löschenden Kandidaten, hier dem kleinen Rechteck, angekommen sind, tippen Sie auf [Entf].

**Hinweis:** Hoppla, Sie sind beim Aufräumen zu gründlich gewesen und haben ein Objekt gelöscht, das auf der Folie bleiben soll? Zum Glück können Sie ja mit [Strg] Z Ihre letzte Aktion, in dem Fall das Löschen, rückgängig machen. Bei üblicher PowerPoint-Konfiguration geht das für Ihre letzten 20 Aktionen.

## //49: Gruppieren

Wenn Sie mehrere Objekte gemeinsam verschieben wollen, müssen Sie beim Markieren jedes Mal aufpassen, tatsächlich alle beteiligten Objekte zu erfassen. Gern bleiben ein paar zurück oder Sie haben zu viel markiert.

Zusammengehörende Objekte sollten Sie daher gruppieren. Die Gruppe lässt sich dann so behandeln, als wäre sie ein einzelnes Objekt. Beim Arbeiten brauchen Sie dann nur ein Objekt aus der Gruppe anzuklicken, damit sind alle markiert und können so gemeinsam verschoben oder in anderer Weise verändert werden.

Um eine Gruppe zu bilden, markieren Sie die zugehörigen Objekte, drücken auf das [Zeichnen]-Icon unten links auf der Zeichnen-Symbolleiste und wählen *Gruppierung*. Sie können damit auch Gruppen aus kleineren Gruppen aufbauen. Über das [Zeichnen]-Icon lässt sich eine bereits vorhandene Gruppierung auch wieder aufheben oder erneut herstellen.

**Hinweis:** Eine Alternative zum [Zeichnen]-Icon: Klicken Sie mit der rechten Maustaste auf eines der für die Gruppierung markierten Objekte. Im sich öffnenden Kontext-Menü steht Ihnen auch die Gruppierungsfunktion zu Verfügung.

## Alles hübsch am richtigen Platz

► Effektivität statt Effizienz! Wenn Effizienz bedeutet, das Richtige zu tun, dann bedeutet Effektivität, das Richtige richtig zu tun. Also nicht nur, etwas in PowerPoint »hinzubekommen«, sondern es möglichst einfach und rationell zu schaffen. Probieren wir das:

**Übung:** Zeichnen Sie mit PowerPoint vier gleich große gefüllte Rechtecke im gleichen Abstand und auf der gleichen Grundlinie auf einer Folie nebeneinander.

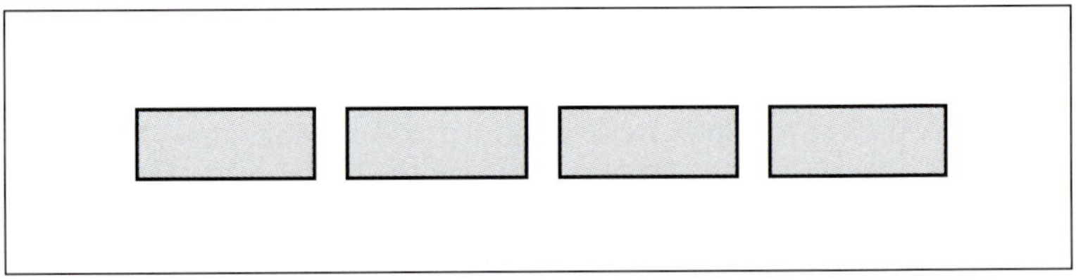

**Abb. 22:** An diesem Beispiel lernen Sie, wie Sie Objekte einfach und schnell platzieren, kopieren und ausrichten.

► Aus Ihrer bisherigen Praxis, spätestens aber mit den Hinweisen aus Tipp //43, ist Ihnen das Zeichnen sicher gelungen. Doch sind die Kästchen alle exakt gleich groß? Alle auf einer Linie? Haben Sie zueinander jeweils den gleichen Abstand?

Falls ja, und falls das alles ohne viel »Maus-Fummelei« gelungen ist, können Sie Ihre Vorgehensweise mit den nächsten Tipps vergleichen. Falls nein, werden Sie sich vielleicht fragen, warum das überhaupt wichtig ist. Dazu der nächste Tipp.

## //50: Optisch Wohlbehagen verbreiten

Das menschliche Auge hat einen ausgesprochen empfindlichen Sinn für Symmetrie: Wir finden symmetrische und gleichmäßige Formen schön, sei es bei einem Gesicht, einem Bauwerk oder auch einer Business-Grafik. Unbewusst fällt unserem Auge schon auf, wenn nur eine Kleinigkeit nicht stimmt. Bei den vier Kästchen allein ist das noch nicht so offensichtlich, aber wenn dann noch weitere Elemente dazukommen, zum Beispiel eine horizontale Line, merkt das Auge sehr schnell, wenn etwa die Höhe der Kästchen ungleich ist. Ohne es unbedingt bewusst zu registrieren, stört das unser optisches Empfinden. Ihre Abbildung wird vom Betrachter auf den ersten Blick emotional abgelehnt, noch bevor er sie inhaltlich erfasst. Sie haben es dann viel schwerer, ihn zu überzeugen, als wenn Sie ihm ein optisches »Wohlfühlbild« anbieten.

Und es gibt noch einen praktischen Grund, auf gleiche Größen, Abstände und Höhen zu achten: Spätestens wenn Sie Änderungen vornehmen und Objekte verschieben oder kopieren, sind Sie froh, wenn Sie Ordnung gehalten haben und alles zueinander passt.

## //51: Gleiche Größe geben

Sie können die Größe jedes Kästchens und jeder anderen Autoform in PowerPoint exakt einstellen: Klicken Sie doppelt auf die Form. Falls die Form keine farbliche Füllung enthält, müssen Sie auf die sichtbaren Kanten der Form doppelklicken. Es erscheint das Menü *AutoForm formatieren*. In der Registerkarte *Größe* wird die Größe in cm angegeben; dort können Sie sie einfach verändern. Falls Sie die Folie »geerbt« haben und nachträglich korrigieren, müssen Sie das jetzt für jedes Kästchen machen.

Effizienter ist es, gleich beim Erstellen der Kästchen auf die gleiche Größe zu achten. Zeichnen Sie nur das linke Kästchen, klicken Sie es an und ziehen Sie es mit der Maus bei gedrückter [Strg]-Taste nach rechts. Damit kopieren Sie die Form. Wiederholen Sie das, bis Sie die vier Kästchen nebeneinander stehen haben. Da es Kopien sind, sind alle Kästchen jetzt genau gleich groß und geformt.

**Hinweis:** Diese Kopiertechnik hilft Ihnen bei praktisch jeder Business-Grafik. Selbstverständlich können Sie nicht nur einzelne Formen kopieren, sondern alle markierten Objekte auf einmal. Eine besondere Form des Kopierens ist [Strg] D: Dabei wird die markierte Autoform hintereinander leicht versetzt kopiert. So bauen Sie eine Art Stapel auf, um die Wiederholung grafisch zu symbolisieren:

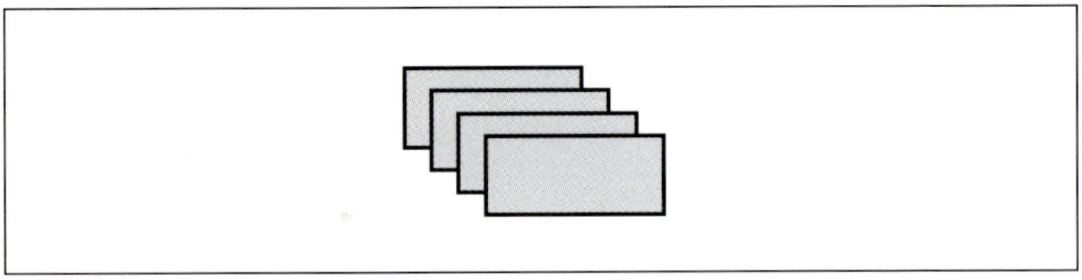

**Abb. 23:** Mit *Kopieren* lässt sich auch leicht ein Stapel gleicher Formen erzeugen.

Wenn der Stapel Ihnen so nicht gefällt und Sie ihn in eine andere Richtung oder mit größeren Abständen gestapelt haben wollen, verschieben Sie nach dem ersten [Strg] D die erzeugte Kopie an die gewünschte Stelle. Das nächste [Strg] D richtet sich danach und setzt die nächste Kopie exakt in die gleiche Entfernung und Richtung zur Vorgängerkopie, wie diese zum Original steht.

## //52: Geradlinig bleiben

Wenn es Ihnen gelungen ist, die Maus so exakt zu führen, dass die Kästchen alle in genau der gleichen Höhe stehen, können Sie auch als Chirurg Karriere machen. Um Ihr sicheres Auge und Ihre sichere Hand kann man Sie beneiden. Falls Ihre Kästchen etwas wacklig in der Gegend stehen, können Sie diesen Kunstfehler – im Gegensatz zur Chirurgie – leicht korrigieren: Markieren Sie alle vier Kästchen, klicken Sie unten rechts auf *Zeichnen* und wählen Sie *Ausrichten oder verteilen*. Klicken Sie auf *Unten Ausrichten* – und alle markierten Kästchen stehen schwupps in einer Höhe, nämlich auf der des am weitesten unten stehenden Kästchens. Analog geht es mit *Oben ausrichten*.

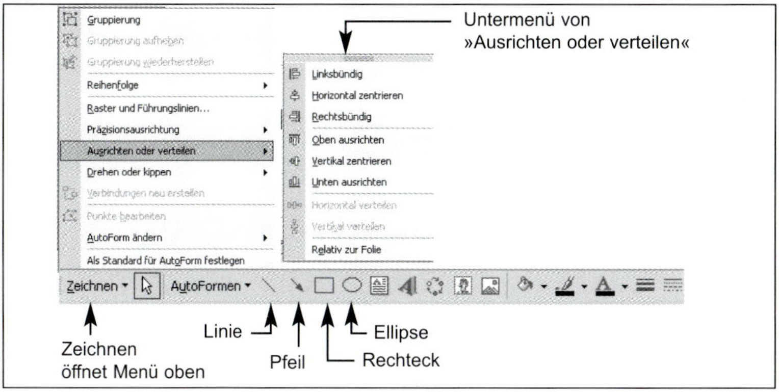


**Abb. 24:** Die Funktionen unter dem Befehl *Zeichnen* und die markierten Icons sind Zeit sparende Helfer.

Besser als nachträgliches Korrigieren ist, gleich beim Kopieren geradlinig zu bleiben. Chirurgische Präzision verleiht Ihnen dafür die [Shift]-Taste. Die [Shift]-Taste bewirkt beim Verschieben oder Kopieren jeder Autoform, dass dies exakt waagerecht oder senkrecht erfolgt – auch wenn Sie mit der Maus ein wenig herumwackeln. Drücken Sie dafür beim oben beschriebenen Kopieren zusätzlich zur [Strg]-Taste die [Shift]-Taste.

**Hinweis:** Merken Sie sich die [Shift]-Taste als generelle Taste für »gleich bleibend«. Beim Verschieben mit [Shift] bleibt die Form auf einer Linie. Beim Vergrößern einer Form durch Anklicken und Ziehen an einer Ecke bleibt mit [Shift] das Verhältnis von Höhe und Breite gleich. Das brauchen Sie etwa dann, wenn Sie einen Kreis zeichnen: Klicken Sie auf das Icon [ELLIPSE] und zeichnen Sie mit der Maus bei gleichzeitig gedrückter [Shift]-Taste eine Ellipse mit gleicher Breite und Höhe, also einen Kreis. Analog erstellen Sie mit dem Icon [RECHTECK] ein Quadrat.

Besonders hilfreich ist [Shift], wenn Sie Pfeile oder Linien zeichnen. Die sollen ja meist genau waagerecht oder senkrecht werden oder in einem Winkel von 45° verlaufen. Freihändig ist das nicht so einfach. Klicken Sie daher auf das Icon [LINIE] und drücken Sie beim Zeichnen der Linie die [Shift]-Taste. Dann können Sie sowohl exakt waagerechte und senkrechte Linien zeichnen als auch Linien mit Neigungen in 15°-Stufen, wie die gewünschten 45°.

## //53: Abstand wahren

Bleibt noch der Übungsteil »zwischen allen Kästchen soll jeweils der gleiche Abstand sein«. Das ist freihändig kaum hinzubekommen.

Also geht's ans Rechnen: Die Kästchen sind beispielsweise 4 cm breit, die Abbildung insgesamt 20 cm. Die Kästchen belegen davon also 16 cm, bleiben noch 4 cm für die 3 Abstände, macht jeweils 1,33 cm Abstand zwischen den Kästchen. Nach Doppelklick auf ein Kästchen können Sie in der Registrierkarte *Position* die Position – gemessen in cm von einem festzulegenden Fixpunkt aus – jeweils exakt angeben. Diese Funktion braucht man manchmal, aber für unsere Kästchen-Übung haben wir einen besseren Trick: das automatische Verteilen.

**Übung:** Markieren Sie die vier Kästchen, drücken Sie auf *Zeichnen,* wählen Sie *Ausrichten* oder *Verteilen* und dann *Horizontal verteilen*.

Das war's schon! Die Kästchen stehen jetzt im exakt gleichen Abstand. Wenn die Kästchen nicht nebeneinander, sondern untereinander stehen sollen, nutzen Sie analog *Vertikal verteilen.*

**Hinweis:** Es lohnt sich, sich mit den weiteren Funktionen unter *Ausrichten* oder *Verteilen* vertraut zu machen. Dort versteckt sich auch das *Zentrieren*, das Objekte mittig positioniert.

Besonders schätzen lernen werden Sie die *Ausrichten-* oder *Verteilen*-Funktionen, wenn Sie nachträglich Änderungen anbringen wie die Einführung eines fünften Kästchens auf derselben Folie, die ja nicht größer geworden ist. Dazu eine schnelle Übung.

**Übung:** Markieren Sie die vier Kästchen. Ziehen Sie ein Kästchen schmaler, alle anderen markierten Kästchen werden dabei im gleichen Umfang schmaler. Erzeugen Sie mitten in dieser Reihe ein fünftes Kästchen, indem Sie ein Kästchen markieren und bei gedrückter [Shift]-[Strg]-Taste mit der Maus kopieren. Markieren Sie jetzt alle fünf Kästchen und wählen Sie *Zeichnen – Ausrichten oder Verteilen – Horizontal verteilen*. Ihre Kästchen erscheinen dann wieder alle brav in einer Reihe mit gleichem Abstand zueinander.

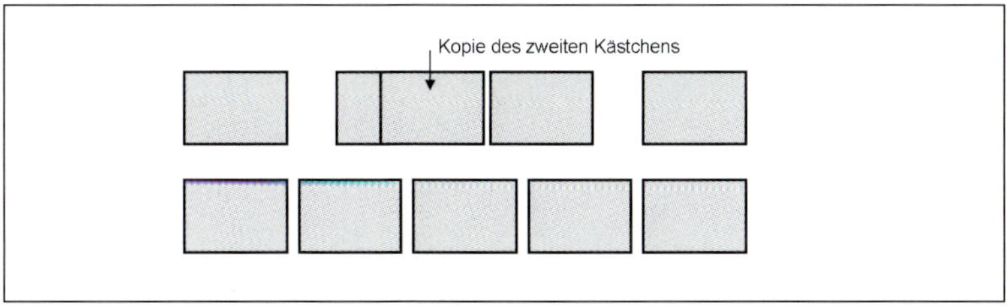


**Abb. 25:** Wird nachträglich ein weiteres Objekt eingefügt, sorgt die *Verteilen*-Funktion wieder – wie in der unteren Zeile – für den richtigen Abstand.

## //54: Wenn es nicht funktioniert

Das *Ausrichten* oder *Verteilen* funktioniert nicht richtig? Die Abstände zwischen den verteilten Objekten sind nicht gleichmäßig, die Objekte überlappen sich oder sehen unmöglich aus?

Der Fehler ist ganz einfach: Sie haben nicht nur die gewünschten Objekte markiert, sondern auch welche, die gar nicht dazugehören – und vielleicht nicht mal sichtbar sind. Eventuell liegen da noch Reste, die nicht sauber gelöscht wurden? Schauen Sie sich – wie in Tipp //48 beschrieben – genau an, welche Objekte markiert sind. Das erkennen Sie anhand der kleinen weißen Ziehpunkte, die jedes markierte Objekt umgeben. Entfernen Sie den aufgestöberten Schrott.

## Text in Autoform

**Übung:** Zeichnen Sie in PowerPoint einen Kreis und schreiben Sie »Text im Kreis« hinein, so simpel wie in Abb. 26.

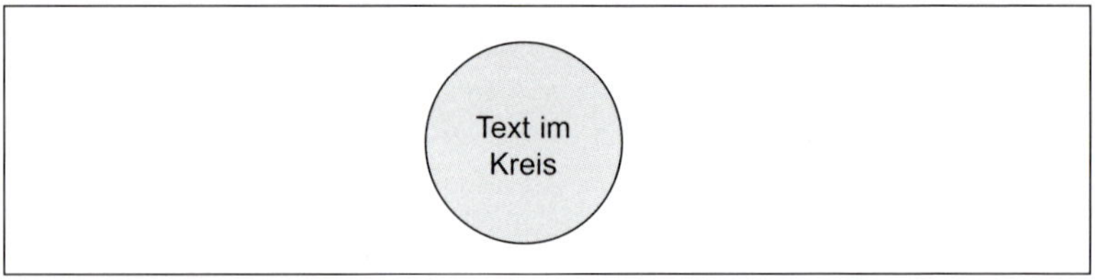


**Abb. 26:** Beispiel für den Umgang mit Texten in Autoformen.

► Wenn Sie wie die meisten Anwender vorgehen, dann haben Sie zuerst den Kreis gemalt, dann das Icon [Textfeld] geklickt und den Text in den Kreis hineingeschrieben. Falls der Text als eine Zeile nicht ganz reinpasste, haben Sie ihn manuell mit der [Return]-Taste auf mehrere Zeilen aufgeteilt.

Der Text steht schön mittig im Kreis. Er soll aber jetzt weiter oben im Kreis anfangen. Spätestens wenn Sie nun anfangen, mit [Return] Zeilenvorschübe einzufügen, damit der Text nach oben rückt, sollten Sie sich eine andere Arbeitsweise angewöhnen. Das geht viel einfacher und änderungsfreundlicher mit den Icons aus der folgenden Abbildung:

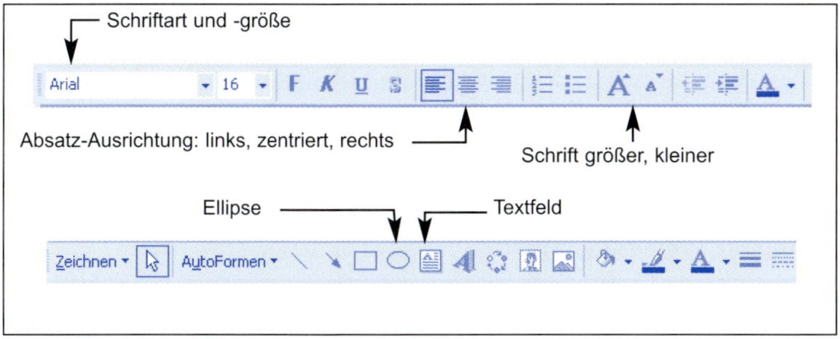


**Abb. 27:** Die meisten Icons für den Umgang mit Text sind oben in der Format-Symbolleiste. Das Icon [Textfeld] unten in der Zeichnen-Symbolleiste brauchen Sie nur, wenn Sie »auf freiem Feld« schreiben, nicht aber für Text in Autoformen.

## //55: Text passend in Autoformen einfügen

Sie können in jede Autoform wie Kreis, Kasten, Blockpfeil etc. direkt den Text hineinschreiben: Markieren Sie die Autoform – in diesem Fall den Kreis – und tippen Sie den Text drauflos. Das Anklicken des Icons [Textfeld] können Sie sich sparen. Der Text wird automatisch so in die Autoform übernommen, als wenn Sie vorher auf das Icon geklickt hätten.

### Text formatieren

Mit dem Eintippen eines Textes erhält die Autoform automatisch Textfeld-Eigenschaften. Sie sehen diese, wenn Sie auf den Kreis doppelt klicken. Bei einem Kreis ohne Farbfüllung – das wissen Sie schon – müssen Sie auf den Kreisrand doppelt klicken. Es erscheint das Dialogfeld *Autoform formatieren*. Dort ist die Registerkarte *Textfeld* jetzt freigeschaltet. Sie können darin die Umbruchoptionen festlegen. Setzen Sie ein Häkchen bei *Text in Autoform umbrechen*. Dann bricht PowerPoint den Text automatisch so um, dass er nach

Möglichkeit in die Autoform reinpasst.

Mit dieser Einstellung lässt sich am effektivsten arbeiten. Vermeiden Sie manuelle Zeilenumbrüche, die Sie bei jeder Änderung der Schriftgröße oder der Autoform eventuell wieder korrigieren müssen.

**Mittenpositionierung ändern**

Der Text steht in der Autoform vollständig mittig, sowohl in der Höhe als auch jeweils zentriert in der Zeile. Meist werden Sie das auch so benötigen. Wenn Sie jedoch viel Text einfügen, sieht die Zeilenzentrierung albern aus, dann sollte der Textlauf oben beginnen. Die automatische vertikale Mitten-Positionierung ändern Sie bei Bedarf in *Autoform formatieren – Textfeld – Textanchorpoint.* Die Zeilenzentrierung ändern Sie mit den Icons in der Formatsymbolleiste. Wählen Sie linksbündig [Strg] L. Die Ausrichtung Blocksatz ist bei PowerPoint nicht zu empfehlen, da das Programm keine automatische Silbentrennung beherrscht.

## //56: Zu viel Text?

Sie haben mehr Text geschrieben, als in die Autoform reinpasst? Das kommt oft vor. Wählen Sie eine der folgenden Optionen oder kombinieren Sie diese:

- Am besten: Kürzen Sie den Text. Schließlich ist das eine Präsentation und keine Dichterlesung. Achten Sie dennoch darauf, dass Ihre Präsentation selbsterklärend bleibt, und vermeiden Sie unbedingt kryptische Abkürzungen.

- Manchmal hilft eine Fußnote: Schreiben Sie einen kurzen Text in die Autoform und erklären Sie in der Fußnote die genauere Bedeutung. Die kann notfalls in einer kleineren Schriftgröße geschrieben sein, weil Sie während der Präsentation Ihre Grafik erklären und die Fußnote daher nur für Leser erkennbar sein muss, die Ihre Präsentation als Ausdruck durcharbeiten. Grundsätzlich sollte aber jede Schrift auf Ihrer Folie lesbar für das Publikum sein, alles andere wirkt unprofessionell.

- Verkleinern Sie die Schrift und/oder den Zeilenabstand. Am bequemsten geht die Schriftgrößen-Anpassung für den vorher markierten Text stufenweise mit dem Icon [Schriftart verkleinern] oder, falls Sie zu viel verkleinert haben, [Schriftart vergrößern] (Abb. 27). Unter Schriftgröße 14 Punkt sollten Sie nie gehen. Den Zeilenabstand ändern Sie im Menü *Format – Zeilenabstand*. 0,85 Zeilen Zeilenabstand sind meist noch erträglich. Eine eventuelle Leerzeile zwischen zwei Absätzen können Sie sparen, wenn Sie als Zeilenabstand *vor einem Absatz* wenigstens 0,3 Zeilen eingeben.

- Wenn es geht, vergrößern Sie die Autoform. Damit zerstören Sie zunächst die Symmetrie und den optischen Eindruck Ihrer Grafik. Wie Sie die Autoformen erneut in einer Linie ausrichten oder gleichmäßig verteilen, steht im Tipp //52 und //53.

- Ändern Sie die Autoform: Muss es wirklich ein Kreis sein? Ein quadratischer Kasten nimmt 40 % mehr Text auf als der Kreis! Sie brauchen dafür nicht mal neu zeichnen: Die Autoform ändern Sie einfach mit dem Menü *Zeichnen – Autoform ändern – Standardformen* und Anklicken der Rechteck-Form. Das Rechteck ersetzt den Kreis an exakt der gleichen Position und im gleichen Größenverhältnis.

- Eine letzte Möglichkeit: Lassen Sie den Text über die Autoform hinauslaufen. Dabei darf die Autoform keinen Rand haben und muss mit einer hellen Farbe gefüllt sein. Das stellen Sie nach Doppelklick auf die Autoform im Menü *Autoform formatieren* unter *Farben und Linien* ein. Dann wirkt der Text als Vordergrund und im Hintergrund die Autoform als Symbol. Diese Technik müssen Sie dann allerdings konsequent als Stilmittel in der Grafik durchhalten.

## Farbe bringt Freude

► Dank und in PowerPoint müssen Sie nie einen farblosen Vortrag halten. PowerPoint bietet Ihnen eine fast schon verwirrende Palette für die Farbgestaltung. Doch bedenken Sie: Farbe wirkt auf den Betrachter meist nur während Ihrer Live-Präsentation. Viel länger und vielleicht sogar für einen viel größeren Kreis sind aber Schwarz-Weiß-Ausdrucke oder -Kopien Ihres Vortrags im Umlauf. Wie Sie in Farbe und in »Grautönen« einen guten Eindruck machen, sollten Sie am besten wieder direkt beim Lesen am Rechner einüben.

**Übung:** Zeichnen Sie wieder einen Kreis in eine Folie, füllen Sie ihn innen blau und schreiben Sie in weißer Schrift in den Kreis.

### //57: Farbe schnell und einfach

Am schnellsten geht das Einfärben mittels der drei Icons in der Zeichenleiste: [Füllfarbe], [Linienfarbe] und [Schriftfarbe]. Das Klicken auf ein Icon wendet die zuletzt verwandte Farbe an; das Klicken auf das kleine schwarze Dreieck jeweils neben dem Icon zeigt eine Farbauswahl an. Natürlich müssen Sie vorher den Kreis bzw. bei [Schriftfarbe] den Text markieren.

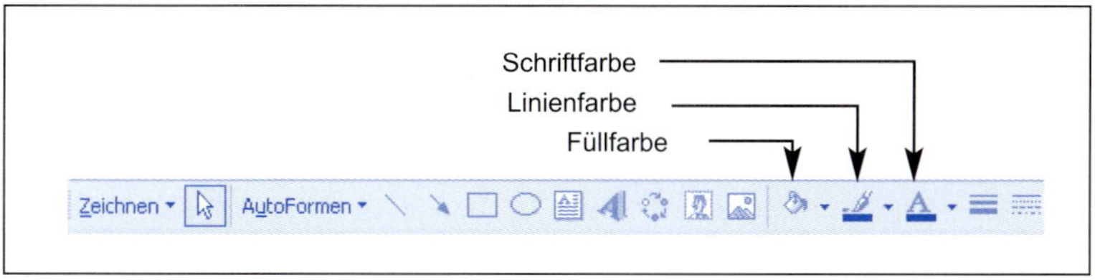


**Abb. 28:** Die Icons zur Farbauswahl.

## //58: Farbeffekte effektiv nutzen

Sie wollen Ihren Kreis noch schöner machen? Dann klicken Sie bei markiertem Kreis noch mal auf [Füllfarbe] und wählen Sie *Fülleffekte*. Es erscheint das Menü *Fülleffekte* mit der ersten Registrierkarte *Graduell*. Wählen Sie dort *Einfarbig* mit der Schattierungsart *Aus der Mitte*. Auf der Registerkarte erscheinen jetzt zwei *Varianten*. Klicken Sie auf die mit dem dunklen Rand und dem helleren Inneren und bestätigen Sie mit OK. Ihr schlichter Kreis sieht jetzt wie eine schöne Kugel aus.

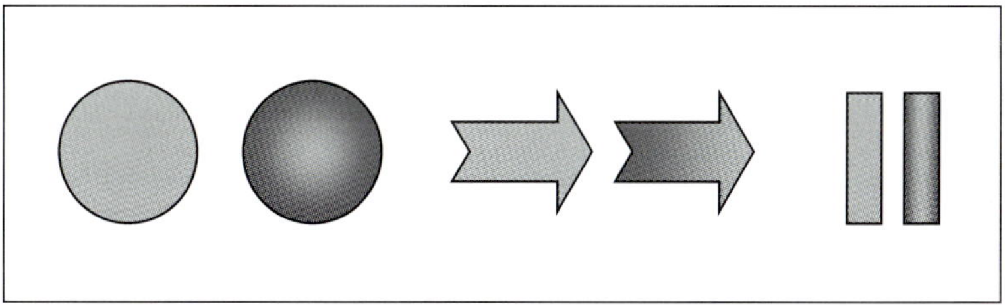

**Abb. 29:** Durch einfache Farbverläufe von hell nach dunkel erzeugen Sie dreidimensionale Eindrücke.

Durch Fülleffekte wird aus einem Kreis eine Kugel, ein Pfeil erhält Geschwindigkeit und ein schmales Rechteck wirkt rohrförmig.

Durch den Übergang von dunkel nach hell, zum Beispiel in einem Blockpfeil, können Sie Bewegung assoziieren oder Vorder- und Hintergründe unterscheiden.

### Weiter gehende Fülleffekte

PowerPoint bietet im Menü *Fülleffekte* die Möglichkeit, Farbverläufe zwischen beliebigen Farben darzustellen. Zusätzlich können Sie in der Option *Fülleffekte-Voreinstellungen* von der Morgendämmerung über den Regenbogen bis zum späten Sonnenuntergang rund zwei Dutzend Farbverläufe auswählen und deren Schattierungsarten modifizieren. Sie können den Kreis mit Strukturen, Mustern und sogar eigenen Bildern füllen.

Wenn Sie künstlerisch veranlagt sind, ist die Gefahr groß, dass der heutige Tag jetzt für Sie gelaufen ist. Tatsächlich können Sie fantastische Effekte erzielen, aber passen Sie auf, sich nicht zu verspielen.

Wenn Sie nicht künstlerisch veranlagt sind, ist die Gefahr noch größer. Nicht, dass Sie sich verspielen, sondern dass Sie einen GAU erzeugen: Grafik Absolut Unpassend. Halten Sie sich zurück. Kombinieren Sie nicht in einer Grafik blau-weiße Delfter Fayencen *(Fülleffekte-Muster, Vordergrund hellblau, Hintergrund weiß)* mit grobem Jute-Gewebe *(Fülleffekte-Struktur)* und transparentem Saphir *(Fülleffekte-Voreinstellungen* und *-Transparenz)*. Es sei denn, Sie haben sich als Künstler bereits einen Namen gemacht, aber dann gilt der vorige Absatz.

## //59: Farb-GAU vermeiden

Um den GAU zu vermeiden, bleiben Sie konsequent bei einem Stilelement. Setzen Sie beispielsweise nur Farbverläufe von innen hell und außen dunkel ein, wie in der Kugel-Übung. Oder nur Muster, alle in der gleichen Farbe. Auch wenn Sie keine Effekte nutzen und nur unschattierte Farben verwenden, beschränken Sie sich in Ihrer Präsentation auf einige wenige Farben.

Eine einfache Regel der Farbenlehre besagt, dass nur warme zu warmen und kalte zu kalten Farbtönen gut passen. Warm sind gelb, orange oder rot. Kalt sind blau, grün oder schwarz. Wichtig ist, dass Sie Farben ähnlicher Intensität nebeneinander verwenden; also kein leuchtendes Rot neben einem blassen Gelb, obwohl beides warme Farben sind. Es sei denn, Sie wollen eine Schock- oder Signalwirkung erreichen.

## //60: Das Schwarz-Schwarz-Problem lösen

Wenn Sie Ihre schöne blaue Übungs-Kugel mit der weißen Schrift auf einem Schwarz-Weiß-Drucker ausdrucken, werden Sie feststellen, dass die weiße Schrift schwarz gedruckt wurde und dadurch vor dem dunklen Hintergrund nur schwer zu lesen ist. Damit sind Sie auf eines der gemeinsten Merkmale von PowerPoint gestoßen: Text wird standardmäßig immer schwarz gedruckt.

Sie können für gute Lesbarkeit sorgen, indem Sie beim Ausdrucken im Menü *Drucken reines Schwarz-Weiß* wählen. Das unterdrückt alle Füllfarben und Grautöne: Die Kugel wird weiß mit schwarzer Schrift gedruckt. Das sieht allerdings langweilig aus. Aber denken Sie auch an den schlimmeren Effekt: Wenn Sie Ihre PowerPoint-Datei jemandem senden, wird derjenige kaum daran denken, beim Drucken die Einstellung zu ändern. Folge: So gelangen Ausdrucke Ihres Vortrags in Umlauf, die stümperhaft wirken, weil man Teile kaum lesen kann.

Am einfachsten ist es, ganz auf helle Schrift vor dunklem Hintergrund zu verzichten. Falls Sie auf diese wirkungsvollen Akzente jedoch nicht verzichten wollen, nutzen Sie folgenden

**Hinweis:** Damit helle Schrift auch beim s/w-Druck hell bleibt, markieren Sie zunächst die Autoform und klicken Sie dann auf das [Graustufen]-Icon oben in der Format-Symbolleiste (Abb. 30).

Ab PowerPoint XP wählen Sie anschließend im Dialogfeld *Graustufenansicht* die Anweisung *Einstellungen*. Dort setzen Sie bei Graustufen ein Häkchen. Schließen Sie anschließend wieder die Graustufenansicht.

In PowerPoint 2000 klicken Sie mit der rechten Maustaste auf die Autoform. Im Kontextmenü, das sich dann öffnet, ist bei eingeschalteter Graustufenansicht ein zusätzlicher Befehl enthalten: *schwarz und weiß.* Klicken Sie auf diesen Befehl und stellen Sie *Graustufen* ein. Um die Graustufenansicht zu verlassen, klicken Sie wieder auf das [Graustufen]-Icon in der Format-Symbolleiste.

Heller Text im Kreis wird jetzt weiß ausgedruckt. In der Farbansicht hat sich nichts verändert.

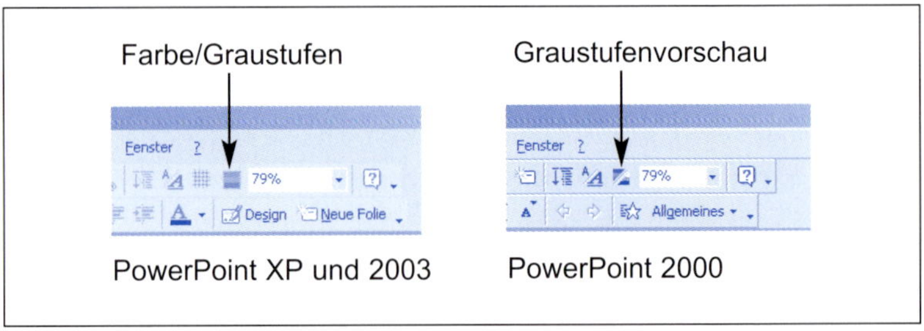


**Abb. 30:** Icons zum Umschalten zwischen Farbe und Schwarz-Weiß in PowerPoint XP, 2003 und 2000.

## //61: Die Farbveränderungsfalle

Doch auch bei der Präsentation am Beamer oder dem Ausdrucken auf einem Farbdrucker können Sie sich nicht darauf verlassen, dass die Farben so erscheinen, wie Sie sie am PC-Bildschirm sehen. Helle Farb- und Grautöne wirken auf den meisten Beamern sehr viel heller als auf dem Bildschirm. Hellgrau hinterlegte Flächen erscheinen praktisch weiß. Helle Hintergrundbilder sind kaum erkennbar, abgesehen von den dunkleren Stellen

(Tipp //32). Wenn Sie damit arbeiten, schauen Sie sich Ihre Präsentation unbedingt einmal auf dem Beamer an, damit Sie vor Überraschungen geschützt sind.

**Hinweis:** Noch mehr Überraschungen können Sie mit dem Farbdrucker erleben. Die Farb- und Grautöne können sehr blass oder übertrieben kräftig erscheinen. Paradebeispiel: Türkis. Eine helle Farbe, die gern benutzt wird, weil man darauf schwarze Schrift gut lesen kann. Mancher teure Farbdrucker macht aus Türkis aber ein kräftiges Blau, auf dem die Schrift kaum noch zu lesen ist. Auch hier hilft nur ein Probeausdruck und danach – falls erforderlich – die Änderung der Farben.

## Neue Formen gestalten

► Manchmal ist es wie verhext: PowerPoint bietet Ihnen unter dem Icon *Autoformen* zwar rund 160 Gestaltungsmuster an und im Untermenü *Autoformen – Weitere Autoformen* weitere fast 70 – doch genau das, was Sie brauchen, um Ihre Vorstellungen umzusetzen, ist nicht dabei. Was tun? Selbst neue Formen kreieren! Das geht viel einfacher, als man denken mag – und macht beim Publikum einen guten Eindruck, wenn es nicht immer nur die gleichen Formen zu sehen bekommt.

**Übung:** Zeichnen Sie in PowerPoint ein einfaches Häuschen wie in der nächsten Abbildung und nutzen Sie dies zum Ausprobieren der nächsten Tipps.

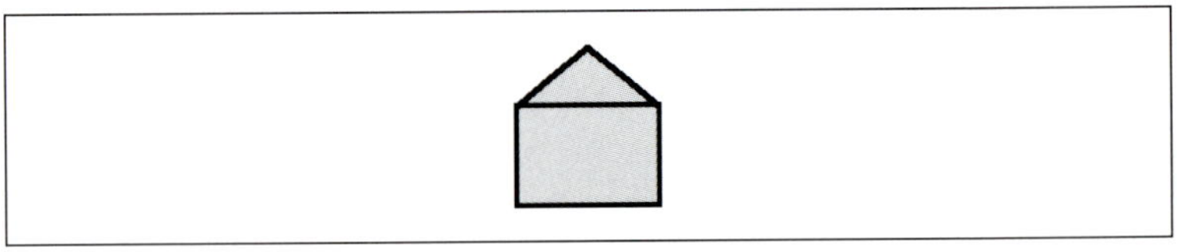

**Abb. 31:** Ein einfaches Häuschen als Ausgangspunkt für den Entwurf neuer Formen.

## //62: Kombinieren

Wahrscheinlich konnten Sie die obige Form ganz einfach aufbauen, indem Sie ein Rechteck zeichneten und ein gleichschenkliges Dreieck darauf setzten. Letzteres finden Sie bei *Autoformen – Standardformen*. Dort gibt es als siebte Form ein *gleichschenkliges Dreieck*, d. h., der rechte und linke Schenkel sind gleich lang. Wenn alle drei Kanten als gleichseitiges Dreieck gleich werden sollen, drücken Sie beim Zeichnen die Ihnen bereits für Ihre Geradlinigkeit bekannte [Shift]-Taste. Durch solche Kombinationen vorhandener Autoformen lassen sich die meisten Anforderungen lösen.

## //63: Radieren

Die Übung wird schwieriger, wenn die Linie zwischen dem Dreieck und dem Rechteck wegfallen soll, sodass das Ganze wie ein nach oben gerichteter breiter Pfeil aussieht.

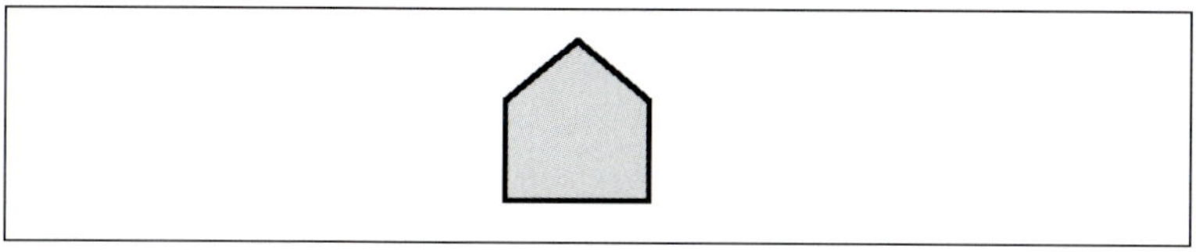

**Abb. 32:** Ohne Dachfirst wird es komplizierter. Einzelne Begrenzungslinien von Autoformen lassen sich nicht ausschalten. Da hilft nur Radieren oder nach anderen Formen suchen.

**Übung:** Versuchen Sie, die unerwünschte Linie zwischen den Autoformen auszuschalten. Im ersten Schritt tun Sie das, indem Sie auf die Autoform doppelklicken und in der Registerkarte *Autoformen – Farben und Linien* unter *Linie* als Farbe die Option *keine Linie* wählen. Damit verschwinden aber alle Begrenzungslinien der Autoform, auch die benötigten Außenmauern. Es ist in PowerPoint nicht möglich, nur einzelne Linien einer Autoform auszuschalten.

Daher werden Sie die unerwünschte Linie verschwinden lassen, indem Sie sie mit einer Linie in der Füllfarbe des Rechtecks übermalen. Das geht auch mit weißer Farbe, falls die Autoform keine Füllfarbe hat und die Hintergrundfarbe weiß ist. Ergebnis: Auf dem Bildschirm, am Beamer und auf Farbausdrucken sieht das gut aus.

Gemein ist – neben der Fummelei mit der Maus – aber ein anderer Effekt: Wenn Sie die Präsentation auf einem büroüblichen Schwarz-Weiß-Drucker bei normaler Einstellung ausdrucken, ist die Linie doch wieder da! Ihre vielleicht sehr komplexe und mühsam kombinierte Form sieht dann gar nicht mehr gut aus. Da hilft auch nicht der Tipp //60 gegen das Schwarz-Schwarz-Problem.

Sie vermeiden das, indem Sie die Linie mit einem schmalen Rechteck übermalen. Dem Rechteck nehmen Sie in *Autoformen – Farben und Linien* die Linien. Achtung: Sie müssen hier sehr exakt arbeiten und die [Alt]-Taste mitverwenden (siehe //67).

## //64: Modifizieren von Autoformen

Vielleicht gibt es für Ihr Problem aber noch eine andere einfache Lösung: Statt Objekte zu kombinieren, versuchen Sie, bereits vorhandene Autoformen entsprechend anzupassen. In diesem Fall ist das ganz einfach. Die Assoziation »Pfeil« führt Sie auf den richtigen Weg.

Klicken Sie auf *Autoformen – Blockpfeile*, wählen Sie den *Pfeil nach oben* und ziehen Sie mit der Maus den Pfeil auf. Wie es sich für einen richtigen Pfeil gehört, hat er einen »Dachüberstand«, entspricht also noch nicht genau der gewünschten Form aus der obigen Abbildung. Wenn der Pfeil markiert ist, sehen Sie eine kleine gelbe Raute links oben im Pfeil. Klicken Sie darauf und ziehen Sie sie nach links. Damit können Sie die Form des Pfeiles ändern, bis Sie die Wunschform, das »breite Häuschen«, erreicht haben.

**Hinweis:** Viele Autoformen lassen sich nicht nur in der Höhe und Breite ändern, wie das Rechteck oder die Ellipse, sondern sie können zusätzlich durch die gelben Ziehpunkte modifiziert werden. Einige Autoformen haben davon drei Stück, wie zum Beispiel die *gekrümmten Pfeile* in der vierten Reihe unter *Autoformen – Blockpfeile*.

## //65: Drehen und Kippen

Eine passende Autoform für die Übungsaufgabe ist auch der Richtungspfeil. Sie finden ihn unter *Autoformen – Blockpfeile* in der 5. Reihe, 3. von rechts. Er hat genau die richtige Form, liegt aber auf »dem Bauch«. Also müssen Sie ihn drehen, was bei allen Autoformen sehr leicht geht: Markieren Sie den Pfeil und klicken Sie auf *Zeichnen – Drehen oder kippen*. Mit der *Linksdrehung* richten Sie ihn mühelos auf.

**Hinweis:** Noch schneller geht es mit freiem Drehen: In PowerPoint 2000 gibt es dafür ein gleichnamiges Icon, unten in der *Zeichnen-*

Menüleiste kurz neben dem *Zeichnen*-Menü. Wenn Sie darauf klicken, erscheinen an den Kanten des Pfeils kleine Kreise. Klicken Sie auf einen und drehen Sie den Pfeil mit der Maus.

Ab PowerPoint XP gibt es dieses Icon nicht mehr – aber Sie brauchen es auch nicht. Beim Markieren eines Objekts erscheint dann nämlich immer ein kleiner, kreisförmiger grüner Drehpunkt. Den müssen Sie nur anklicken, um das Objekt zu drehen. Sie können ab XP auch Objekte wie beispielsweise Bitmaps drehen, die Sie in der Vorgängerversion noch nicht drehen konnten. Achtung: Wenn Sie die Präsentation dann jedoch auf einem Rechner mit einer älteren PowerPoint-Version vorführen, wird die Drehung leider ignoriert.

**Hinweis:** In beiden Versionen von PowerPoint erfolgt die Drehung eines markierten Objektes in gleichmäßigen Stufen von 15°, wenn Sie gleichzeitig die [Shift]-Taste drücken. Damit können Sie den Pfeil exakt aufrichten.

## //66: Freihändig formen

Sie können auch freihändig Formen entwickeln, wie Sie sie brauchen. Dazu nutzen Sie die *Freihandform* unter *Autoform – Linien*. Und dann werden Sie entweder Fan davon – oder lehnen es als unbrauchbares Gekritzel mit der Maus ab. Lassen Sie sich zum Fan machen.

Klicken Sie auf *Autoform – Linien*. Wenn Sie jetzt mit gedrückter linker Maustaste über die Arbeitsfläche gehen, entsteht das unbrauchbare Gekritzel. Und es hängt an Ihnen: Auch nach dem Loslassen der Maustaste werden Sie den Zeichenmodus nicht ganz los. Klicken Sie noch zweimal, dann haben Sie wieder Ruhe.

**Übung:** Um statt Gekritzel etwas Sinnvolles zu entwerfen, machen Sie Ihr Häuschen jetzt perspektivisch. Kopieren Sie es dafür nach rechts oben und verkleinern Sie die Kopie auf etwa die Hälfte.

Machen Sie daraus mit *Freihandform* ein perspektivisches Bild, wie in der Abbildung.

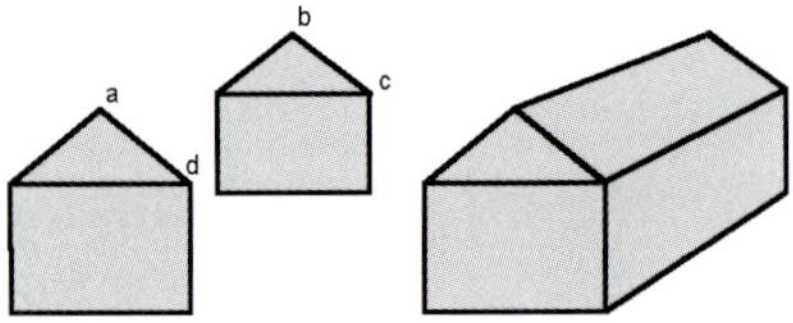


**Abb. 33:** Mit *Freihandform* entwickeln Sie geschlossene Flächen wie Seitenwand und Dachfläche.

Sie brauchen dafür eine Seitenwand und die Dachfläche. Verwendbare Autoformen mit passenden Winkeln werden Sie nicht finden. Natürlich können Sie mit dem Werkzeug Icon [Linie] Linien zeichnen, die den Dachfirst und die Seitenwand darstellen. Diese lassen sich dann aber nicht einfärben, weil es für PowerPoint nur Linien und keine Flächen sind.

Der richtige Weg: Klicken Sie auf *Autoformen – Linien – Freihandform* und setzen Sie die Maus bei Punkt a an. Einmal kurz klicken. Jetzt gehen Sie mit der Maus zu b, klick. Zwischen den Mausklicks wird eine saubere Linie gezeichnet. Weiter zu c, klick, d, klick, und zurück zu a, klick. Wenn Sie a wieder einigermaßen getroffen haben, erkennt PowerPoint, dass es sich um eine Fläche handelt, und färbt sie mit der Standardfarbe ein. Sie können diese neu kreierte Fläche behandeln wie jede andere Autoform. Erstellen Sie analog auch noch die Seitenwand. Bei den senkrechten Linien hilft Ihnen, wie immer, die [Shift]-Taste. Wenn Sie diese zwischen zwei Klicks gedrückt halten, entstehen exakt waagerechte Linien bzw. Linien im 15°-Raster (Tipp //52).

**Hinweis:** So ganz sind Ihre Freihandformen beim ersten Versuch nicht gelungen? Markieren Sie die Form und wählen Sie *Zeichnen – Punkte bearbeiten*. Sie können jetzt jeden der Punkte verschieben, die Linien und die Fläche passen sich automatisch an.

## //67: Raster ausrasten

Manchmal könnte man wirklich fast »am Raster ausrasten«. Was damit gemeint ist? Dass Ihnen PowerPoint nicht genau gehorcht, wenn Sie Formen kombinieren oder ein Element ganz genau platzieren wollen: Die Form lässt sich nicht an jede beliebige Position schieben oder nach Gutdünken vergrößern bzw. verkleinern, sondern springt in einem unsichtbaren Raster von 2 mm. Diese Positionierungshilfe ist meist segensreich. Wenn Sie aber stört, können Sie sie so ausschalten: Drücken Sie dafür beim Verschieben, Vergrößern oder Verkleinern der Form auf die [Alt]-Taste. Damit wird die Ausrichtung am 2-mm-Raster unterbunden.

**Hinweis:** Solch feine Arbeiten führen Sie am besten unter Vergrößerung der Seite und Schrift aus. In PowerPoint geht das, wie auch bei anderen Microsoft-Anwendungen, durch Einstellen des Vergrößerungsfaktors *Zoom* rechts oben in der Standard-Symbolleiste.

Die [Alt]-Taste lässt sich mit anderen hilfreichen Tasten kombinieren. Drücken Sie beim Kopieren des Dreiecks mit der linken Hand gleichzeitig auf [Strg], [Shift] und [Alt], während Sie mit der rechten Hand die Maus nach rechts bewegen. Dann wird das Dreieck nach rechts kopiert, bleibt dabei in der Linie und kann an jede beliebigen Position auf der Linie geschoben werden. Jetzt können Sie Ihre linke Hand wieder ausschütteln.

## Verbindungen nutzen

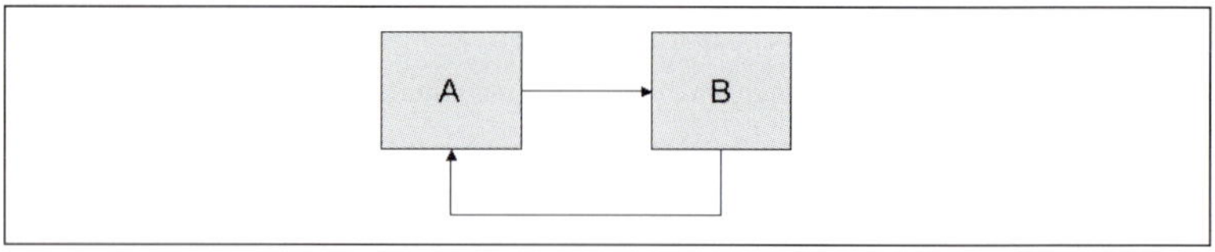


**Abb. 34:** Linien, Pfeile und Verbindungen einfügen.

**Übung:** Verbindungen von Formen mit Linien oder Pfeilen werden Sie häufig nutzen. Bauen Sie die Grafik in Abb. 34 nach und nutzen Sie diese, um die vielen nützlichen Verbindungsfunktionen von PowerPoint in den nächsten Tipps kennen zu lernen.

### //68: Linie zeichnen und formatieren

► Beginnen wir mit der geraden Verbindung von A nach B aus der obigen Abbildung. Wie haben Sie dies gelöst? Vielleicht haben Sie eine Linie mit dem Icon [Linie] von A nach B gezogen und ein kleines Dreieck aus *Autoformen – Standardformen* als Pfeilspitze daran gesetzt. Die Linie ist in Ordnung, das Dreieck können Sie sich aber sparen: Klicken Sie doppelt auf die Linie und wählen Sie unter *Autoform formatieren* in der Registerkarte *Farben und Linien* eine passende Pfeilart.

Die Registerkarte sollten Sie sich näher anschauen: Sie können darin eine Linie mit Start- und Endlinien-Arten versehen, sie punktiert oder gestrichelt darstellen und verschiedene Strichstärken und Stile erzeugen, wie einfache oder doppelte Linie. Da diese Funktionen öfter gebraucht werden, können Sie sie auch über Icons in der *Zeichnen*-Symbolleiste unten am Fensterrand direkt aufrufen. Dort gibt es dafür drei Icons: *Linienart, Pfeilart und Strichart.*

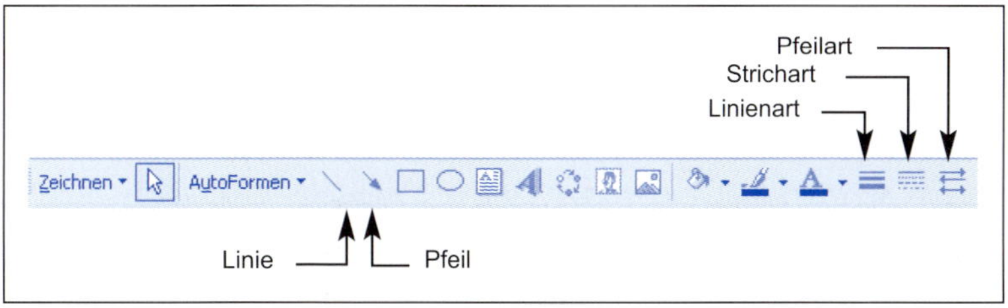


**Abb. 35:** Icons zum Formatieren von Linien und Pfeilen.

[Linienart] legt im Wesentlichen die Strichstärke fest. [Strichart] enthält Optionen wie durchgehende oder gepunktete Linien. [Pfeilart] bietet eine Auswahl von Pfeilspitzen. Damit die Linie auch schön gerade wird, drücken Sie während des Ziehens der Linie die [Shift]-Taste.

## //69: Pfeile zeichnen

Vielleicht waren Sie aber auch so pfiffig und haben gleich das Icon [Pfeil] benutzt und sich damit einige Mausklicks gespart. Der Pfeil ist nichts anderes als die oben beschriebene Linie, nur dass eine Endlinien-Art bereits eingestellt ist. Sie können den Pfeil genauso weiter bearbeiten wie eine Linie.

Was, wenn der Pfeil in die andere Richtung zeigen soll, also von b nach a? Sie können nun die Linie markieren und mit *Zeichnen – Drehen oder Kippen – Horizontal kippen* die Richtung ändern. Wenn Sie einen senkrechten Pfeil genommen haben, müssen Sie *vertikal kippen*. Einfacher haben Sie es, wenn Sie einfach auf das Icon [Pfeilart] klicken und dort den passenden Pfeil wählen.

## //70: Automatische Verbindungen vereinfachen

Es wird Ihnen fast nie erspart bleiben: Wenn Sie eine Grafik erstellen, werden Sie bereits gezeichnete Elemente verschieben oder modifizieren müssen, bis alles schön zusammenpasst.

Sie sehen dies, wenn Sie jetzt Ihren Kasten B aus der Übungsabbildung ein gutes Stück nach rechts versetzen. Jetzt werden Sie gezwungen, auch die Linie zu verlängern – wenn Sie nicht von den Vorteilen der automatischen Verbindungen profitieren.

**Übung:** Entfernen Sie zunächst Ihren Pfeil von A nach B. Wählen Sie unter *Autoformen – Verbindungen* die zweite Form *Gerade Verbindung mit Pfeil*. Wenn Sie mit der Maus über den Kasten A gehen, gibt Ihnen PowerPoint kleine blaue Andockpunkte vor, jeweils exakt in der Mitte der vier Kanten. Klicken Sie auf den rechten Andockpunkt von Kasten A und den linken von Kasten B. PowerPoint zeichnet dann einen Pfeil zwischen diesen beiden Punkten. Der Pfeil setzt automatisch in der Mitte an, ohne dass Sie sich wie im letzten Tipp auf Ihr Augenmaß verlassen müssen.

Der eigentliche Vorteil der Verbindung ist, dass sie an A und B »haften« bleibt, auch wenn Sie die Kästen verschieben. Die Verbindung bleibt selbst dann erhalten, wenn B seinen Partner »hintergeht«: Verschieben Sie B so, dass B links neben A steht:

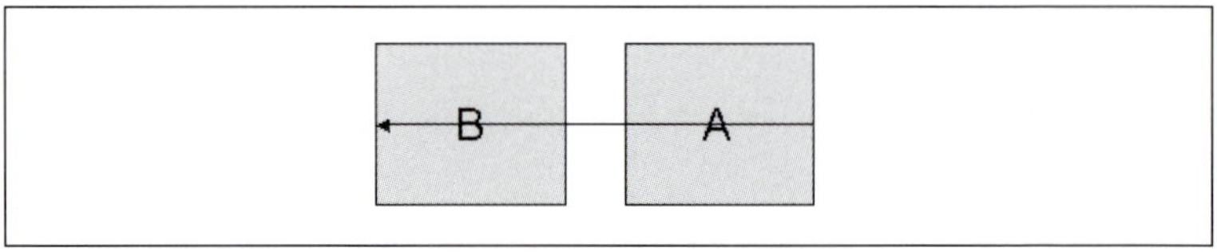


**Abb. 36:** Auch wenn Sie Kasten B auf die andere Seite von A ziehen, bleibt die Verbindung erhalten.

Die Verbindung bleibt erhalten, doch A und B sehen jetzt sehr leidend und zerschnitten aus. Klicken Sie auf die Verbindung und dann auf *Zeichnen – Verbindung neu erstellen.* So einfach löst PowerPoint Beziehungsprobleme!

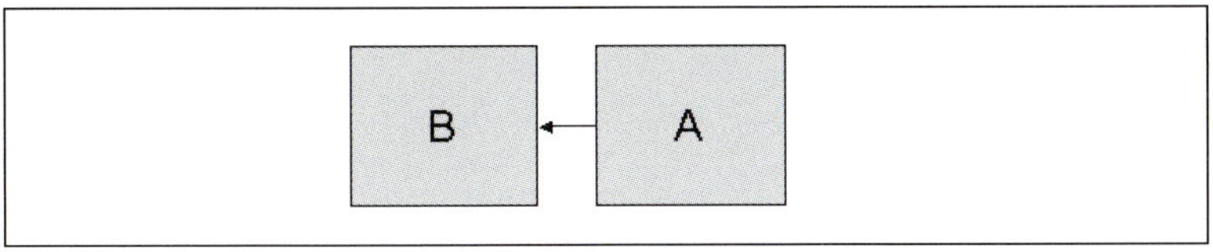


**Abb. 37:** Verbindung neu erstellt.

## //71: Mehrere Linien in einem Zug

Widmen wir uns jetzt dem gewinkelt verlaufenden Pfeil von B nach A aus Abb. 34.

Dafür brauchen Sie drei Linien, können sich die Arbeit aber etwas vereinfachen: Klicken Sie doppelt auf das Icon [Linie], dann bleibt PowerPoint im Modus *Linie-Zeichnen*, bis Sie auf die [ESC]-Taste drücken. Sie müssen dann nicht für jede Linie erneut auf das Icon drücken; vergessen Sie aber am Ende [ESC] nicht!

Damit die Linien exakt gerade werden, drücken Sie beim Zeichnen die [Shift]-Taste. Der letzten Linie auf B geben Sie am Ende noch einen Pfeil, wie Sie es oben kennen gelernt haben: Doppelklicken Sie auf die Linie und wählen Sie in *Autoform formatieren* in der Registerkarte *Farben und Linien bei Start- oder End-Linienart* eine passende Pfeilart.

Es wird sich nicht immer vermeiden lassen, in dieser Weise zu arbeiten und Linien zu kombinieren. Das ist manchmal die einzige sinnvolle Möglichkeit, komplexe Formen zu schaffen. Es geht in diesem Fall aber auch einfacher, wie der nächste Tipp beweist.

## //72: Gewinkelte Verbindungen

Auch für den gewinkelten Pfeil von B nach A können Sie die Vorteile der Verbindung nutzen, die Sie schon in Tipp //70 kennen gelernt haben: Wählen Sie unter *Autoformen – Verbindungen* die fünfte Form *Gewinkelte Verbindung mit Pfeil*. Klicken Sie zunächst auf den unteren Andockpunkt von B, dann auf den unteren von A – und schon ist die Verbindung fertig. Sie ist nur etwas zu nahe an den Kästchen. Klicken Sie auf die Verbindung. Durch Ziehen an der kleinen gelben Raute können Sie die Verbindung modifizieren. Und sie bleibt Ihnen erhalten, egal wohin Sie A und B verschieben.

## //73: Prozesse visualisieren

Abschließend noch eine Anwendung für die Verbindungen: Wenn Sie Abläufe, also Prozesse, visualisieren wollen, bieten sich Flussdiagramme an. Unter *Autoform – Flussdiagramm* finden Sie dafür alle benötigten Symbole. Die Symbole sind mit den richtigen Andockpunkten ausgestattet, um zusammen mit den hier behandelten Verbindungen schnell eine solche Grafik zu erstellen, so wie Sie das in der folgenden Abbildung sehen.

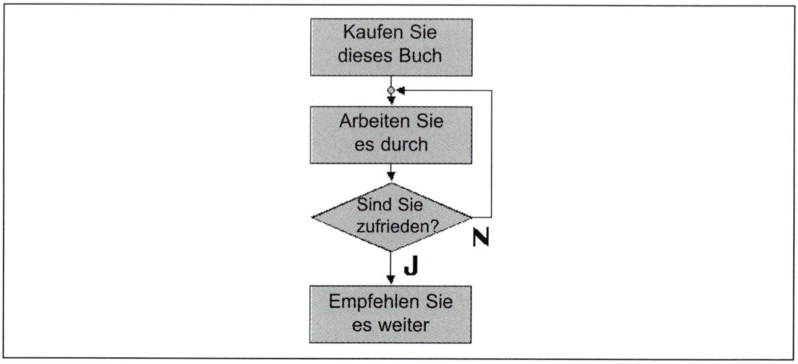


**Abb. 38:** Flussdiagramme lassen sich mit Verbindungen schnell erstellen.

# Diagramme

► Diagramme sind die typischen Visualisierungsformen zur Darstellung von Zahlenwerten. Sie machen Zahlenwerte plastisch, damit man sie untereinander vergleichen oder Entwicklungen aufzeigen kann.

## //74: PowerPoint oder Excel für Diagramme?

Das Erstellen von Diagrammen, vom einfachen Liniendiagramm über Balken- und Kuchendiagramme bis hin zu Blasen, ist eine Domäne von Microsoft Excel. Dort sind auch die zugehörigen Wertetabellen vorhanden. Wenn es aber nur darum geht, ein paar Werte grafisch darzustellen, und keine Berechnungen erfolgen müssen, können Sie das Diagramm auch direkt und sehr schnell in PowerPoint erstellen (Tipp //75).

Die grafischen Gestaltungsmöglichkeiten in Excel und PowerPoint sind ähnlich: Alle oben angeführten Diagrammformen finden Sie in PowerPoint wieder. Bei allem, was über die Grafik hinausgeht, ist aber Excel der Spezialist: Berechnungen ausführen, Analysen, Datenbank-Funktionen, Im- oder Export von Daten usw. Wenn Sie die Daten noch für andere Zwecke außer der grafischen Darstellung verwenden wollen, was bei größeren Wertetabellen in der Regel der Fall ist, dann arbeiten Sie in Excel. Erstellen Sie auch dort die Grafik und übernehmen Sie die Excel-Grafik nach PowerPoint (Tipp //77).

**Hinweis:** Wenn Ihnen die grafischen Gestaltungsmöglichkeiten mit Excel und PowerPoint nicht ausreichen, gibt es am Markt zusätzliche Office-Add-ins mit weiter gehenden Visualisierungsmöglichkeiten. Als ein Anbieter in Deutschland sei *Smart Tools Publishing mit Amigo 2000* genannt (Anhang 3). Die damit erstellten Diagramme können Sie in PowerPoint übernehmen.

## //75: Diagramm in PowerPoint erstellen

Alle benötigten Funktionen zur Erstellung eines Diagramms finden Sie unter dem Icon [Diagramm einfügen] oben in der Standard-Symbolleiste.

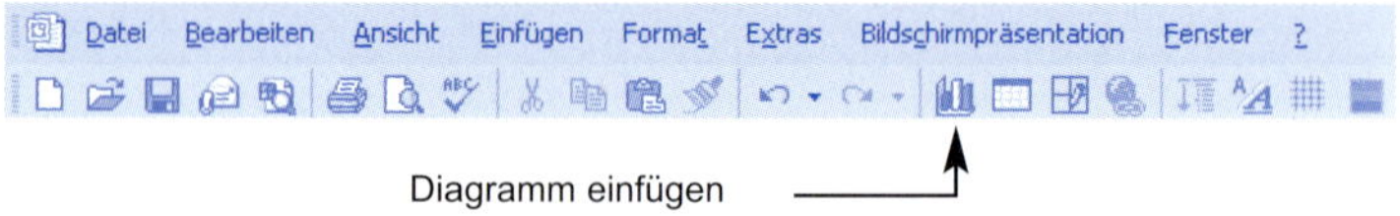


**Abb. 39:** Das Icon [Diagramm einfügen] erstellt ein Diagramm als Vorlage.

Wenn Sie auf das Icon klicken, liefert Ihnen PowerPoint die Vorlage für ein dreidimensionales Säulendiagramm. Sie können es sowohl durch Ändern der Werte und Beschriftungen in der angezeigten Tabelle anpassen als auch zusätzliche Zeilen oder Spalten einfügen bzw. vorhandene entfernen. Oft reicht das bereits, um auf die Schnelle ein Diagramm zu erstellen.

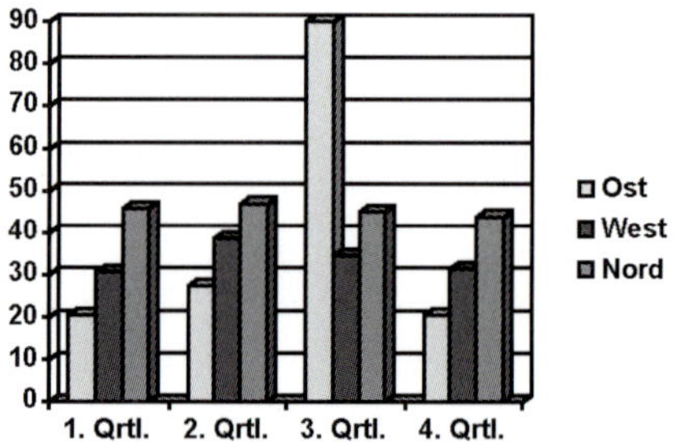


**Abb. 40:** Dreidimensionale Diagramme zum einfachen Vergleich kleiner Datenmengen – für größere bietet sich Excel an.

Besonders vielfältig sind die weiteren Bearbeitungsoptionen ab der PowerPoint-Version XP, auf die sich die folgenden Hinweise beziehen. Zum Bearbeiten des Diagramms klicken Sie doppelt darauf. Sie kommen damit in den Bearbeitungsmodus. Die Standard-Symbolleiste am oberen Bildschirmrand ändert sich und bietet Menüs zur Bearbeitung des Diagramms an. Mit der Taste [ESC] verlassen Sie den Bearbeitungsmodus.

**Übung:** Um den Diagrammtyp zu ändern, gehen Sie im Bearbeitungsmodus in das Menü *Diagramm – Diagrammtyp*. Als Diagrammtyp ist für die folgende Abbildung der *explodierte 3D-Kreis* gewählt. Damit die Kuchenstücke die Regionen und nicht die Quartale darstellen, wählen Sie zusätzlich *Daten – Datenreihen in Spalten*.

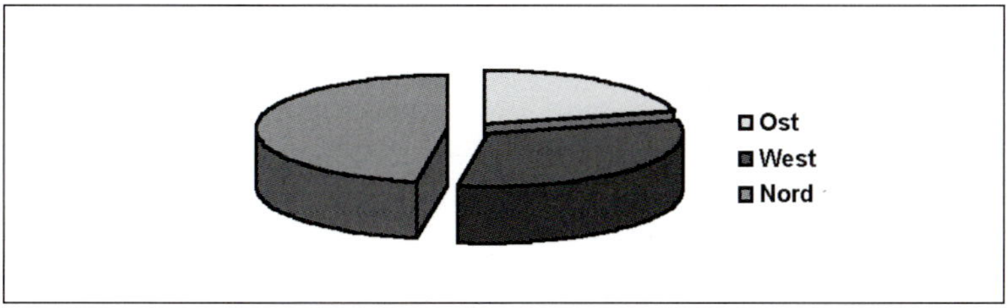


**Abb. 41:** Fast 100 Diagrammtypen wie dieser explodierte 3D-Kreis stehen zur Auswahl.

Wenn Sie einzelne Elemente im Diagramm verändern wollen, klicken Sie im Bearbeitungsmodus mit der rechten Maustaste auf das Element. Also wenn Sie zum Beispiel die Achsen formatieren möchten, um die Skalierung zu verändern, klicken Sie mit der rechten Maustaste auf eine Achse. Es erscheinen Optionsfelder; die angebotenen Optionen hängen davon ab, worauf im Diagramm Sie klicken. Falls die Optionen für Ihr Vorhaben nicht reichen, folgen Sie Tipp //78.

**Hinweis:** Bei dreidimensionalen Diagrammen können Sie die räumliche Ansicht verändern. Mehr dazu erfahren Sie bei den 3D-Objekten (Tipp //104). Zusätzlich können Sie Diagramme animieren, d. h. einzelne Diagrammelemente nacheinander erscheinen lassen. So können die Säulen bei einem Säulendiagramm nacheinander aus dem Boden wachsen oder die Kuchenteile in einem Kuchendiagramm sich ein Stück aus dem Kreis herausbewegen. Diese empfehlenswerten Effekte lernen Sie in Verbindung mit den Animationen in Tipp //140 kennen.

## //76: Schnelle Kurve – ohne Wertetabelle

Vielleicht wollen Sie mit einem Diagramm nur einen Verlauf, einen Trend visualisieren, bei dem es nicht um konkrete Zahlenwerte geht oder für den Ihnen die Werte auch gar nicht vorliegen. Ein Beispiel dafür ist die folgende Abbildung.

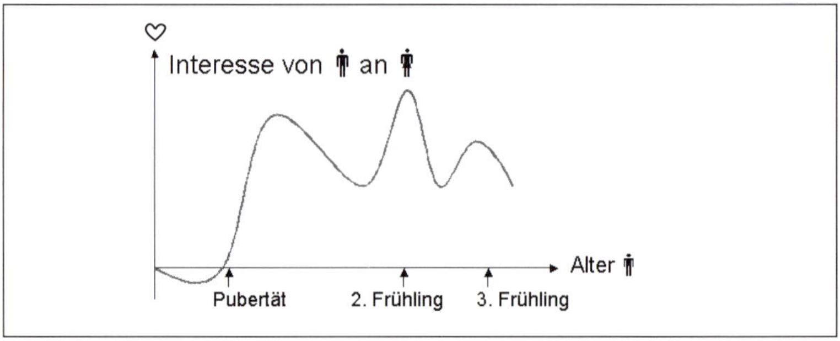


**Abb. 42:** Stetige Kurvenverläufe lassen sich ohne Wertetabelle leicht freihändig zeichnen.

Um eine solche Grafik zu erstellen, brauchen Sie nicht Werte für eine Wertetabelle zu erfinden und dann als Kurve darzustellen. PowerPoint bietet Ihnen unter *Autoform – Linien* die Option *Kurve* an. Wählen Sie die Option und klicken Sie mit der Maus auf einen

Anfangspunkt für die Kurve. Gehen Sie mit der Maus zum ersten Punkt, an dem die Kurve ihre Richtung verändern soll, und klicken Sie dort. Setzen Sie das bis zum Endpunkt der Kurve fort. Klicken Sie dort doppelt, sonst bleibt die Kurve an Ihrer Maus »kleben«.

## //77: Exceldiagramme übernehmen

Wenn Sie ein Diagramm in Microsoft Excel mit den dort verfügbaren Funktionen erstellt haben, ist es am einfachsten, das Diagramm in Excel mit [Strg] C in den Zwischenspeicher zu kopieren und mit [Strg] V in PowerPoint auf der Folie einzufügen. Sie können das Diagramm dort vergrößern oder verkleinern wie jedes andere Objekt. Ab der Version PowerPoint 2000 sind die Probleme, die frühere Versionen damit hatten, behoben. Allerdings kann es sein, dass die Qualität der eingefügten Grafik etwas schlechter ist, als wenn Sie sie direkt in PowerPoint erstellt hätten.

Wenn Sie doppelt auf das eingefügte Diagramm klicken, kommen Sie wie oben in Tipp //75 in den Bearbeitungsmodus und können die Formatierung verändern. Auch bei der Animation gibt es keine Beschränkungen. Sie können hereinkopierte Diagramme genauso animieren wie in PowerPoint erstellte (Tipp //140).

**Hinweis:** Statt zu kopieren, können Sie auch eine Verknüpfung erstellen. Wenn sich dann die Grafik in der Excel-Datei ändert, ändert sie sich auch auf der PowerPoint-Folie. Speichern Sie dafür, wie oben, mit [Strg] C in Excel die Grafik in den Zwischenspeicher. Zum Einfügen in PowerPoint wählen Sie jedoch das Menü *Bearbeiten – Inhalte einfügen* und klicken dort auf *Verknüpfung einfügen*. Sie können auch das verknüpfte Diagramm vergrößern und verkleinern; weitere Bearbeitungsmöglichkeiten stehen Ihnen aber in PowerPoint nicht zur Verfügung. Die Grafik ist Teil einer Excel-Datei und kann nur dort bearbeitet werden.

### //78: Diagramme als Zeichnung bearbeiten

Unabhängig davon, ob Sie ein Diagramm in PowerPoint erstellt oder aus Excel übernommen haben, können Sie einzelne Elemente des Diagramms wie eine PowerPoint-Autoform bearbeiten. Sie können zum Beispiel ein Textfeld verändern oder einen Balken verschieben.

Dazu markieren Sie das Diagramm und wählen *Zeichnen – Gruppierung aufheben*. Optisch verändert sich damit nichts, aber das Diagramm verliert seine Diagrammeigenschaft. Es kann dann auch nicht mehr über eine Wertetabelle verändert werden. Dafür entsteht eine normale PowerPoint-Zeichnung, deren Elemente Sie beliebig bearbeiten können. Eventuell müssen Sie mehrfach die *Gruppierung aufheben*, um an das gewünschte einzelne Element heranzukommen.

## Organigramme

► Beliebte Visualisierungsformen sind Organigramme. Sie können damit jede Art von hierarchischer Beziehung und Gliederung wie die Struktur eines Unternehmens übersichtlich darstellen. Das Spektrum reicht vom Inhaltsverzeichnis bis zur Betrachtung verschiedener Entscheidungswege als Baumstruktur.

Wenn Sie ein Organigramm zeichnen wollen, brauchen Sie sich zum Glück nicht mit passenden Linien und Kästchen abzuquälen – zumindest ab der PowerPoint-Version XP, die hier vorausgesetzt wird. Wenn Sie mit PowerPoint 2000 arbeiten, verzichten Sie besser auf das dort unter *Einfügen – Grafik – Organigramm* verfügbare Zusatzmodul. Es ist veraltert und nicht besonders flexibel. Zeichnen Sie in dieser Version das Organigramm mit den bisher vorgestellten Techniken selbst. Aber dafür können Sie den Rest des Kapitels überspringen.

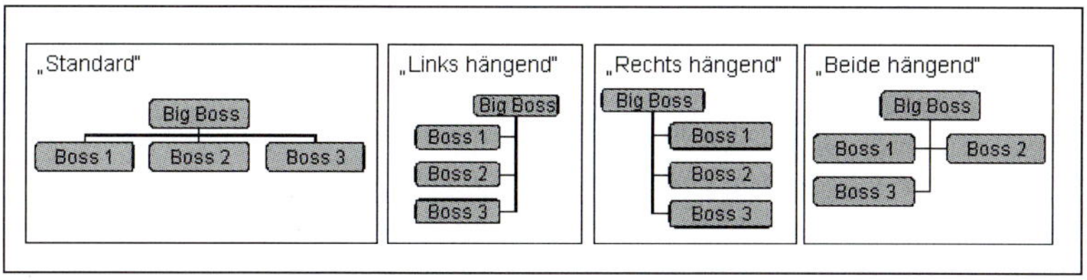


**Abb. 43:** Layouts für Organigramme.

Ab der Version XP bietet PowerPoint eine recht ordentliche Organigramm-Funktion. Es stehen Ihnen vier unterschiedliche *Layouts* zur Verfügung, in der die Kästchen per Voreinstellung angeordnet sind. Außerdem finden Sie dort 16 *Formate:* verschiedene Farbgestaltungen und Kästchenformen. Der eingestellte Typ *Standard* dürfte meist reichen.

Damit können Sie Organigramme nicht nur schnell erstellen, sondern nachträglich auch beliebig ändern. Sie können neue Kästchen problemlos hinzufügen oder löschen, neue Ebenen einziehen oder ganze Äste umhängen, alles ohne mühsames Anpassen der Größen und Linien. Also bleiben Sie cool, wenn Sie kurz vor einer Besprechung das Firmen-Organigramm noch schnell auf den neuesten Stand zu bringen haben.

**Hinweis:** Organigramme können Sie auch animieren: Die einzelnen Kästchen, Ebenen oder Zweige werden nach und nach bei der Präsentation eingeblendet. Mehr dazu erfahren Sie im Kapitel »Bringen Sie Bewegung ins Spiel«, Tipp //141.

## //79: Organigramm erstellen

Zum Erstellen eines Organigramms klicken Sie auf das Icon [Schematische Darstellung oder Organigramm einfügen]. Wählen Sie das erste Symbol *Organigramm* und drücken Sie OK. Analog funktioniert auch *Einfügen – Grafik – Organigramm.*

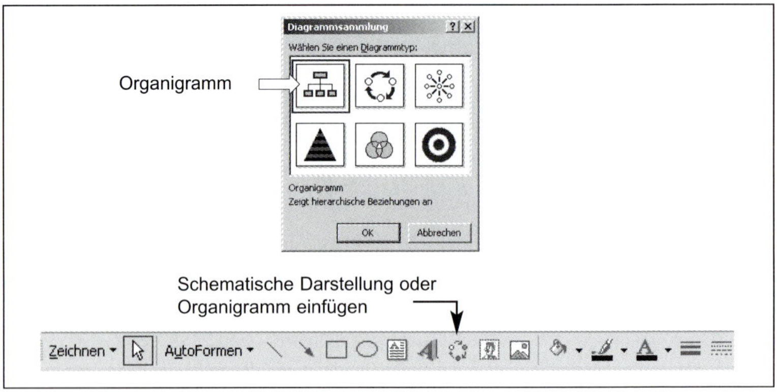


**Abb. 44:** Beim Klicken auf das markierte Icon in PowerPoint XP oder 2003 erscheint das Dialogfeld *Diagrammsammlung*.

Schon haben Sie ein kleines Organigramm im Standardlayout, in dem Sie die Kästchen mit Text füllen können. Möchten Sie ein Kästchen dazufügen, dann gehen Sie auf das Kästchen des Vorgesetzten und wählen in der Symbolleiste *Organigramm* mit dem kleinen Dreieck neben *Form einfügen* den ihm unterstellten *Mitarbeiter*. Beim nächsten Einfügen der gleichen Art – hier Mitarbeiter – brauchen Sie nur noch auf *Form einfügen* klicken. So können Sie sehr schnell Ihr Organigramm erstellen.

**Übung:** Zeichnen Sie mit den bisher behandelten Funktionen das Beispielorganigramm der folgenden Abbildung nach.

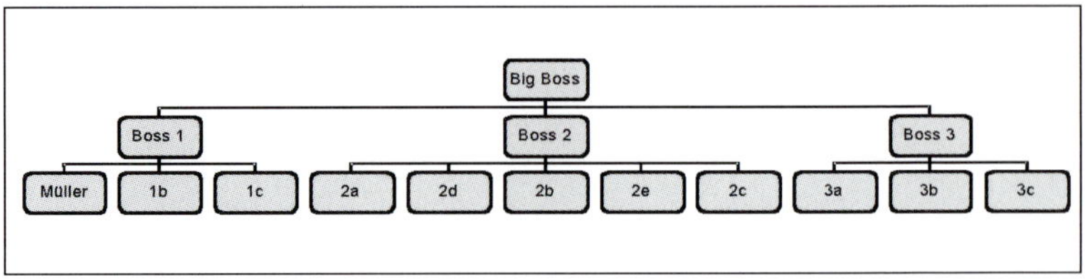


**Abb. 45:** Beispielorganigramm.

Auch später können Sie weitere Kästchen problemlos hinzufügen. Das Organigramm passt sich dem automatisch an. Ein neues Kästchen wird jeweils am Ende der vorhandenen Mitarbeiterreihe eines Vorgesetzten hinzugefügt. Wenn Sie das beeinflussen wollen und zwischen zwei Kästchen, Boss 1 und 2, ein Kästchen hinzufügen wollen, klicken Sie auf Boss 1 und wählen Sie in der Symbolleiste *Organigramm – Form einfügen* das Einfügen der *Kollegin*. Den Unterpunkt *Kollegin* dürfen Sie auch verwenden, wenn es sich um einen männlichen Kollegen handelt; die interne Gleichstellungsbeauftragte von PowerPoint merkt das nicht.

## //80: Was tun, wenn's eng wird

Das Organigramm gibt sich bescheiden mit dem vorgegebenen Platz zufrieden. Das ist die bei Markierung sichtbare Umrandung mit den schraffierten Begrenzungslinien. Sie können ihm durch Ziehen an den Eckpunkten mehr Raum gewähren.

Doch spätestens ab der dritten Ebene im Organigramm wird es eng, wie Sie sicher am Übungsorganigramm gemerkt haben.

Hier hilft es Ihnen, dass Sie die Layouts aus der Abb. 43 innerhalb eines Organigramms beliebig kombinieren können: Sie können das Organigramm in der Standardform beginnen, dann stehen die Kästen Boss 1 bis Boss 3 nebeneinander. Die Mitarbeiter unter dem Boss 1 stellen Sie untereinander verknüpft nach links dar, die von Boss 2 werden unter ihm in beiden Richtungen verknüpft und die von Boss 3 nach rechts angeordnet.

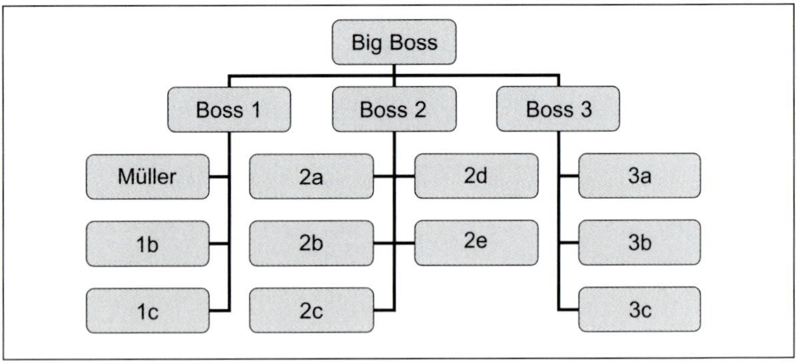


**Abb. 46:** Die Kombination von Layouts macht das Beispielorganigramm schmaler und besser handhabbar.

Markieren Sie dafür in Ihrem Beispielorganigramm das Kästchen Boss 1 und klicken Sie in der Symbolleiste auf *Layout – links hängend*. Alle unter Boss 1 hängenden Kästen werden jetzt wie in der Abbildung dargestellt. Analog verfahren Sie mit Boss 2 und Boss 3, *beide hängend* und *rechts hängend*.

## //81: Immer noch zu eng? Skalieren!

Ihr Organigramm ist fertig und füllt vielleicht die ganze Seite aus. Sie brauchen es aber kleiner. Das lässt sich sehr schön in der Symbolleiste *Organigramm* durch Klicken auf *Layout – Organigramm skalieren* machen. Sie können das Organigramm anschließend durch Ziehen an den Eck- und Seitenpunkten in jede beliebige Höhe und Breite bringen. Die Schriftgröße passt sich automatisch an.

**Hinweis:** Passen Sie auf, dass die Schrift nicht zu klein wird. Wenn Sie nicht zu viel Text in die Kästchen gequetscht haben, können Sie die Schrift vergrößern, ohne die Kästchen zu sprengen.

Probieren Sie es aus, indem Sie mit [Strg] A alles markieren und mit dem Icon [Schriftart vergrößern] oben in der Formatleiste die Schrift stufenweise etwas größer machen. Ihr Publikum wird Ihnen die bessere Lesbarkeit danken.

## //82: Dotted lines

Moderne Unternehmen zeichnen sich durch Matrixorganisationen aus, was dazu führt, dass Mitarbeiter »mehreren Herren dienen«. Sie gehören zwar disziplinarisch zu einer Abteilung, berichten aber fachlich auch noch an andere. Im Organigramm zeigen Sie das über dotted lines, gepunktete Linien, an. In der PowerPoint-*Organigramm-Funktion* ist das nicht vorgesehen, aber trotzdem leicht grafisch realisierbar.

**Übung:** Herr Müller unter Boss 1 hat ein so bedeutsames Projekt zu bearbeiten, dass er in diesem Zusammenhang über eine dotted line direkt an den Big Boss berichtet (Abb. 47). Um dies darzustellen, klicken Sie auf *Autoform – Verbindungen* und wählen das vierte Symbol, die *gewinkelte Verbindung*. Erstellen Sie dann die Verbindung – wie unter Tipp //72 beschrieben – zwischen dem Kästchen Müller und Big Boss und stellen Sie eine gestrichelte Linienart dafür ein.

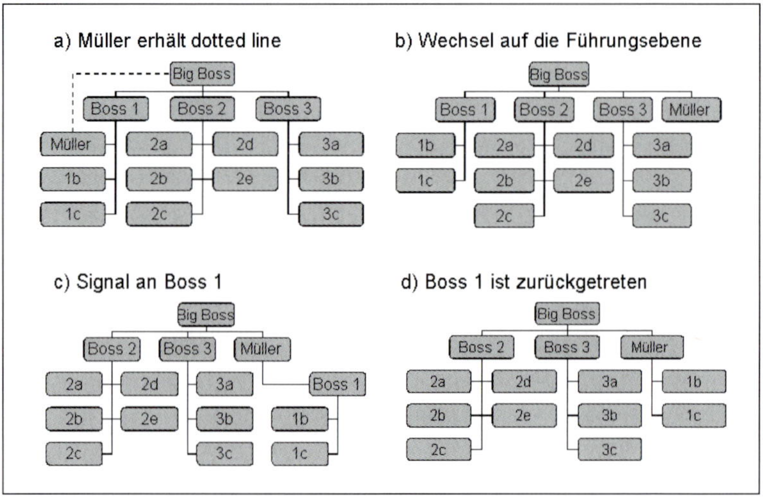


**Abb. 47:** Die Kariere von Herrn Müller beginnt in a) mit der dotted line zum Big Boss. Alle Karriereschritte von b) bis d) lassen sich in PowerPoint leicht abbilden.

Mit diesem manuellen Eingriff in die Organigramm-Funktion von PowerPoint bleibt die Flexibilität und Änderbarkeit erhalten. Wenn sich beim weiteren Arbeiten am Organigramm das Kästchen Müller verschiebt, passt sich die gestrichelte Verbindung jeweils an.

## //83: Organisatorische Änderungen

Herr Müller hat seine Aufgabe so gut gemacht, dass er künftig zur Ebene 2 der Bosse gehören wird. Schieben Sie dafür einfach sein Kästchen direkt auf den Big Boss. Ergebnis: Müller in der 2. Linie und eine mitgewanderte dotted line. Die können Sie jetzt löschen (Abb. 47, Buchstabe b).

**Übung:** Begleiten Sie den Aufstieg von Herrn Müller. Boss 1 darf zwar Führungsverantwortung behalten, soll aber künftig mit seinen Mitarbeitern an Herrn Müller berichten. Das wird ihm nicht passen, kann Ihnen aber von der PowerPoint-Seite her egal sein: Klicken Sie auf Boss 1 und dann in der *Organigramm*-Symbolleiste auf *Markieren – Zweig markieren*. Schieben Sie dann mit der Maus den markierten Zweig direkt auf das Kästchen von Herrn Müller. Jetzt ist Boss 1 mit seinen Leuten unter Herrn Müller angeordnet (Abb. 47, Buchstabe c).

Der traurige Weg von Boss 1 ist damit vorprogrammiert: Markieren Sie den Kasten von Boss 1 und drücken Sie die [Entf]-Taste. Boss 1 verschwindet und seine Mitarbeiter werden automatisch direkt Herrn Müller zugeordnet (Abb. 47, Buchstabe d). So einfach macht man in PowerPoint Personalpolitik.

## //84: Präsentieren auf älteren PowerPoint-Versionen

Die Organigramm-Funktion ist, wie erwähnt, neu in PowerPoint XP. Das birgt die Gefahr, dass damit erstellte Präsentationen auf älteren PowerPoint-Versionen nicht richtig angezeigt werden. Hier der Trick: Das Organigramm wird als gruppiertes Bild, bestehend aus Kästchen und Verbindungen, repräsentiert und problemlos angezeigt. Nach dem Aufheben der Gruppierung kann es unter älteren Versionen sogar weiter bearbeitet werden; aber natürlich nicht mit den komfortablen aktuellen Funktionen.

# Die Entdeckung der dritten Dimension

Was für eine Vorstellung: Statt auf einer Leinwand projiziert, schweben die Objekte Ihrer Präsentation, die Schriften, Kästchen und anderen Formen dreidimensional im Raum. Und Sie spazieren dazwischen herum. Eindrucksvoll – aber noch Zukunftsvision. Es gibt zwar erste technologische Ansätze dafür, doch das multifunktionale Holo-Deck mit von Computern erzeugten räumlich wirkenden Hologrammen ist heute weder mit der neuesten PowerPoint-Software noch mit der heute üblichen Präsentations-Hardware, Overheadprojektor und Beamer, realisierbar.

Aber Sie können der Vision ein Stückchen näher kommen: Schon mit dem einfachen Überlagern von Objekten erzeugen Sie einen räumlichen Eindruck. Durch den richtigen Einsatz von Schatten wird der Eindruck verstärkt. Um den Raum noch deutlicher zu erschließen, können Sie Ihre Objekte perspektivisch ausbauen, mit Höhe, Breite und mit beliebiger Tiefe. Am Ende können Sie auch noch die Schrift der Perspektive Ihrer Objekte anpassen oder die einzelnen Zeichen selbst dreidimensional gestalten.

## Überlagerung von Objekten

► Angenommen, in Ihrer Präsentation haben Sie drei Aussagen, die aufeinander aufbauen: Step 1, Step 2 und Step 3, jeweils mit Unterpunkten. Da recht viel Text dazugehört, passen die Steps schlecht in Pfeile oder andere Grafikformen. Also nutzen Sie am besten einfache Kästchen, da passt am meisten Text rein.

Drei Kästchen nebeneinander oder untereinander sehen zwar besser aus als eine langweilige Aufzählung. Noch besser wird es, wenn Sie die dritte Dimension anklingen lassen. Dafür müssen sich die Kästchen lediglich ein wenig überlappen. Wie das geht, üben wir jetzt.

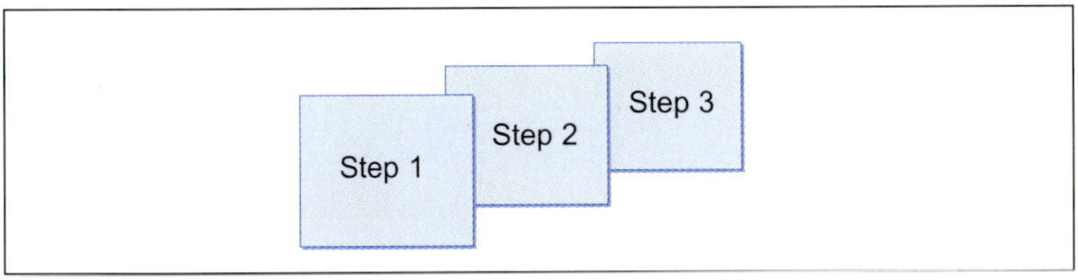


**Abb. 48:** Überlappen von Objekten erzeugt bereits einen dreidimensionalen Eindruck.

## //85: Mit Kopieren Stapel erzeugen

b@w

Damit die Kästchen exakt im gleichen Verhältnis zueinander stehen, erstellen Sie zunächst ein Kästchen, kopieren es mit [Strg] D, verschieben die Kopie an die passende Stelle und drücken noch mal [Strg] D. Die neue Kopie steht im gleichen Verhältnis zum Vorgänger wie dieser zum Original. Dies ist eine Anwendung des Stapel-Kopierens aus Tipp //51.

Kopieren können Sie auch, wenn Sie beim Verschieben des Originals die [Strg]-Taste gedrückt halten (ebenfalls Tipp //51).

## //86: Vorder- und Hintergrund einstellen

Liegen die drei Kästchen bereits so hintereinander wie in der Abb. 48? Wenn nicht, können Sie jetzt das Hütchen-Spiel beginnen und die Kästchen so lange hin- und herschieben, bis es stimmt.

Oder Sie drücken mit der rechten Maustaste, also der Kontextmenü-Taste, auf eines der Kästchen. Im erscheinenden Kontextmenü wählen Sie *Reihenfolge*. Mit *Reihenfolge* ist die räumliche Reihenfolge gemeint, in der das Kästchen erscheinen soll. Und die können Sie so exakt definieren.

## //87: Animation nutzen

Bei gestaffelten Darstellungen wie in der Übungs-Abbildung bietet sich an, die Kästchen zu animieren: Sie erscheinen jeweils bei Mausklick nacheinander. Wenn Step 3 die wichtigste Aussage enthält und Step 1 und 2 eher vorbereitenden Charakter haben, kehren Sie die Reihenfolge: Step 1 blättert sich als Erstes in den Hintergrund, darauf legt sich Step 2 und Step 3 schließlich legt sich vorne auf.

**Übung:** Ausführlich beschäftigen wir uns im Kapitel »Bringen Sie Bewegung ins Spiel« ab Tipp //111 mit Animation. Mit unseren Kästchen üben wir schon vorab. Ab PowerPoint-Version XP: Klicken Sie mit der rechten Maustaste auf das Kästchen, das zuerst erscheinen soll. Wählen Sie im Kontextmenü die *Benutzerdefinierte Animation*. Weiter geht es mit *Effekt hinzufügen – Eingang – Weitere Effekte – Wischen*. Wiederholen Sie das für die nächsten beiden Kästchen. In der Präsentationsansicht wachsen die Kästchen dann nacheinander auf Mausklick aus dem Boden.

In PowerPoint 2000 klicken Sie ebenfalls mit der rechten Maustaste auf das erste Kästchen und wählen *Benutzerdefinierte Animation*. In dem daraufhin erscheinenden Dialogfeld wählen Sie auf der Registerkarte *Effekte* unter Eingangsanimation die Optionen *Rollen* und *von unten*. Die Wirkung sehen Sie auch hier in der Präsentationsansicht.

### //88: Perspektivischen Eindruck erhöhen

Wahrscheinlich ist es Ihnen nicht aufgefallen, aber die Kästchen in der Übungs-Abbildung 48 sind nicht gleich groß. Jedes ist um 10 % kleiner als sein Vorgänger, also 100 %, 90 %, 81 %. Das unterstützt den perspektivischen Eindruck.

**Hinweis:** Wenn Sie es ganz exakt einstellen wollen, klicken Sie doppelt auf ein Kästchen und tragen in der Registrierkarte *Größe* unter Skalierung die Prozentwerte ein. Oder verlassen Sie sich auf Ihr Augenmaß, indem Sie bei gedrückter [Shift]-Taste mit der Maus an einem der Eckpunkte eines Kästchens ziehen. Die [Shift]-Taste sorgt dafür, dass bei der Größenänderung das Verhältnis von Höhe und Breite gleich bleibt.

Ebenfalls kaum wahrnehmbar, aber trotzdem wirkungsvoll: Die Kästchen haben einen leichten Schatten. Das muss nicht zwangsläufig zu einem Klinikaufenthalt führen. Es kann auch, wie hier, die Perspektive erweitern. Klicken Sie auf das Icon [Schattenart] (Abb. 50) unten rechts in der Zeichnen-Symbolleiste und wählen Sie für unser Übungs-Beispiel den zweiten Schatten in der vierten Reihe.

## Schatten

► Die Arbeit mit Schattierungen: eine einfache und effektvolle Möglichkeit, Ihre Präsentation optisch etwas aufzupeppen. Vergleichen Sie dazu die beiden Bilder in der folgenden Abb. 49. Mit der Schattierung im unteren Bild erreichen Sie eine plastische Wirkung.

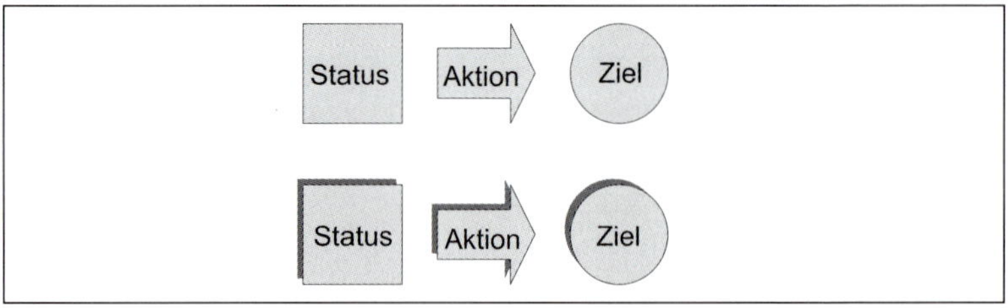


**Abb. 49:** Mit Schatten geben Sie Ihren Objekten eine plastische Wirkung.

**Übung:** Bauen Sie beide Bildreihen aus der Abbildung nach. Geben Sie den Formen eine helle Füllfarbe und schreiben Sie den Text rein.

Das ist nur eine Fingerübung, denn ohne Sinn sollte man Schattierungen auch nicht einsetzen.

## //89: Wann Sie Schatten einsetzen

Schattierung wirkt dann gut, wenn Ihre Folie nur wenig Grafik enthält. Beispielsweise nur zwei gegenüberstehende große Kästchen, »Vorteile« und »Nachteile«, in denen jeweils Stichpunkte aufgezählt sind. Wenn Sie die beiden Kästchen schattieren, heben Sie sie im wahrsten Sinne des Wortes hervor und betonen damit die Bedeutung Ihrer Aussagen.

Vermeiden Sie Schattierungen bei komplexen Grafiken. Je mehr Formen Ihre Folie enthält, umso schmaler sollte der Schatten sein. Man muss auch mal verzichten können. Sonst wirkt's überladen und unübersichtlich. Ganz schlimm wird es, wenn sich die Schatten am Ende auch noch überschneiden. Überlegen Sie bei der Planung der Präsentation, wie »voll« sie wohl werden wird. Als Stilmittel sollten Sie Schatten durchgängig verwenden oder lassen.

## //90: Schatten erzeugen

Sie haben zwei Möglichkeiten, Schatten zu erzeugen: eine händische und eine bequeme:

Sie können alle drei Formen kopieren (Tipp //51), die Kopien grau einfärben (Tipp //57) und so hinter die Originale schieben (Tipp //86), dass noch ein Stück herausschaut. Dieses Stück wirkt dann wie ein Schatten des Originals.

Oder Sie wählen den einfacheren Weg: Markieren Sie die drei Objekte und klicken Sie auf das Icon [Schattenart] (Abb. 50). Die erste der angebotenen Schattenarten entspricht der in unserer Übungs-Abbildung. Ausprobieren macht auch hier Spaß!

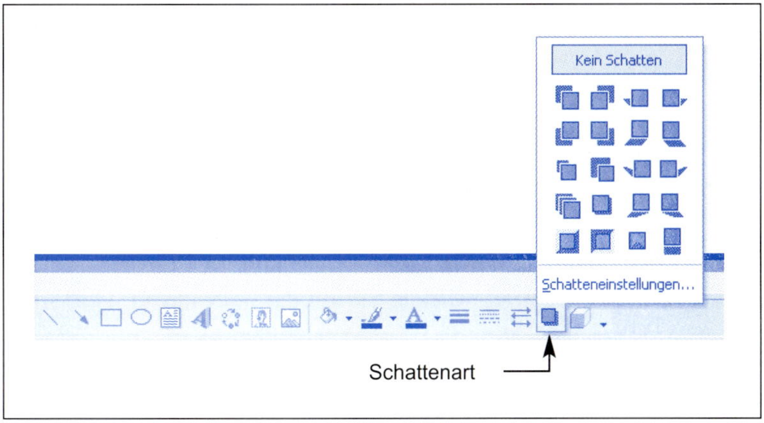


**Abb. 50:** Mit dem Icon [Schattenart] unten in der Zeichnen-Symbolleiste geben Sie dem markierten Objekt einen Schatten.

## //91: Schatten modifizieren

Wenn Sie lieber händisch Schatten basteln, dann können Sie beim Verschieben bestimmen, wie viel Schatten zu sehen sein soll. Und Sie können die Füllfarbe der Kopie, d. h. die Farbe des Schattens, frei wählen.

All das ermöglicht Ihnen auch das Icon [Schattenart]. Markieren Sie eines der drei Objekte, klicken Sie auf das Icon und wählen Sie *Schatteneinstellungen*.

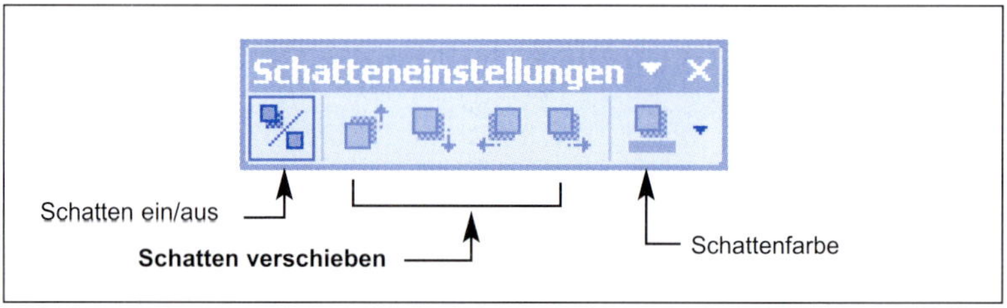


**Abb. 51:** Menüleiste Schatteneinstellungen.

Die mittleren vier Icons der Menüleiste sind für Präzisionsausrichtungen zuständig. Klicken Sie auf das erste davon, *Präzisionsausrichtung nach oben*. Es passiert scheinbar nichts. Klicken Sie noch ein paarmal darauf und wenn Sie genau hinsehen, werden Sie eine Veränderung erkennen: Bei jedem Anklicken wandert der Schatten um einen Punkt nach oben. Damit können Sie fast stufenlos die Schattenstärke bestimmen. Die Schattenfarbe können Sie mit dem letzten Icon der Leiste *Schatteneinstellungen* frei verändern.

## //92: Schattenverwirrung

Weil das mit den Schatten so einfach geht, ist die Versuchung groß, verschiedene Schatteneffekte auf einer Folie zu kombinieren oder zu variieren. Widerstehen Sie dem unbedingt!

Es ist gegen unser Sonnensystem, wenn ein Objekt seinen Schatten nach hinten links und das daneben stehende nach unten rechts wirft. Die Sonne scheint nur aus einer Richtung und alle Schatten richten sich freiwillig danach.

Dem Publikum wird zwar nicht bewusst auffallen, wenn Ihre Schattierungen durcheinander sind. Es hat aber aufgrund seiner Erdverbundenheit eher das unbestimmte Gefühl, irgendwas stimmte mit Ihrer Präsentation nicht, als das irgendwas mit dem Sonnensystem nicht stimme.

## //93: Schatten ohne Füllfarbe

**Übung:** Entfernen Sie die Füllfarbe aus einer Ihrer mit dem Icon [Schattenart] und *Schattenart 1* schattierten Formen. Am schnellsten geht das, wenn Sie die Form markieren und das kleine rechte Dreieck neben dem Icon [Füllfarbe] (Abb. 28) anklicken. Wählen Sie: *keine Füllung*.

Was passiert? Keine Angst, Sie haben kein Promilleproblem. Wenn keine Füllung vorhanden ist, überträgt PowerPoint die Schattenart der schattierten Form auch auf die Schrift. Dadurch sehen Sie die Schrift leicht versetzt doppelt. Vermeiden Sie diesen Effekt in Ihren Präsentationen: Schattieren Sie immer nur Formen, die mit Farbe gefüllt sind. Wie Sie Schriften beschatten können, erfahren Sie in Tipp //105.

## b@w Dreidimensionale Objekte

► Bisher blieben Ihre Objekte flach. Jetzt fügen Sie Ihnen die dritte Dimension hinzu, indem Sie sie nach hinten in den Raum ausdehnen. Um die Lösungen, aber auch die Probleme dabei kennen zu lernen, nehmen Sie wieder Ihr Häuschen aus //62 und machen es dreidimensional. Ihr Ergebnis soll etwa so aussehen:

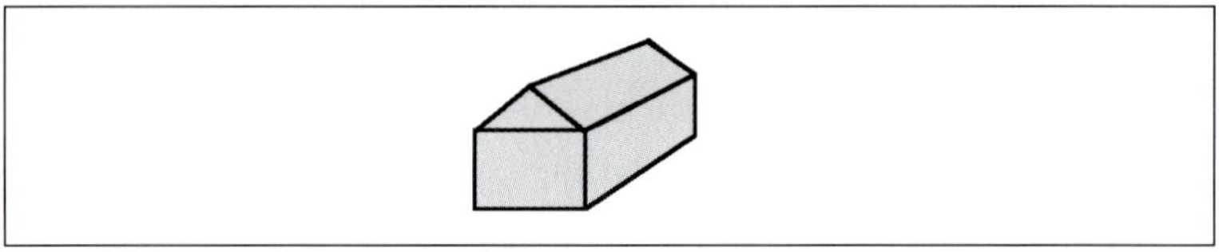

**Abb. 52:** Lernen Sie die 3D-Techniken mit der Gestaltung dieser einfachen Grafik kennen.

### //94: Das düstere Icon 3D-Art

Eine ganze Reihe von Autoformen, aber eben nicht alle, lassen sich einfach in räumliche Objekte umwandeln.

**Übung:** Nehmen Sie als Ausgangspunkt den nach oben gerichteten Blockpfeil aus Abb. 32, gefüllt in Hellblau und mit Begrenzungslinie versehen. Markieren Sie ihn und klicken Sie auf das Icon [3D-Art]. PowerPoint bietet Ihnen 20 verschiedene 3D-Arten an. Wählen Sie die erste, *3D-Art 1*, und schon haben Sie ein räumliches Bild.

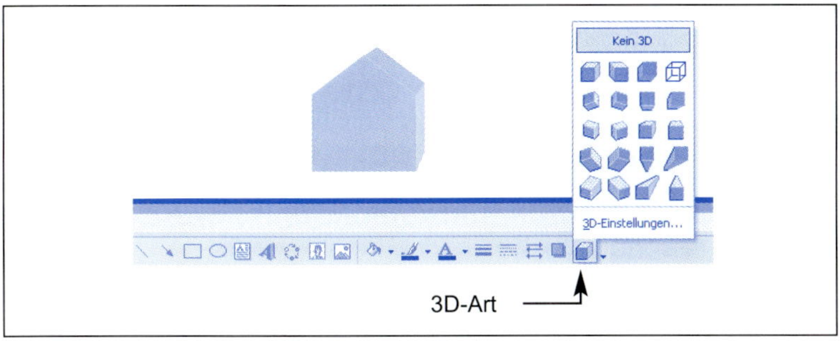


**Abb. 53:** Mit dem Icon [3D-Art] unten in der Zeichnen-Symbolleiste wird ein markiertes Objekt dreidimensional.

Sie sehen bei dieser Übung direkt, warum viele nach diesem ersten Versuch die 3D-Technik bleiben lassen: Zum einen sind die Begrenzungslinien verschwunden und dadurch wird das Bild schwerer erkennbar. Zum anderen ist die ursprüngliche Farbe des Objekts wesentlich dunkler geworden. Dieser düstere Eindruck beeinträchtigt die mit 3D gewünschte Wirkung, das Hervorheben.

Schließlich muss auch noch die richtige Tiefe und Perspektive des Häuschens eingestellt werden. Das erledigen wir in den nächsten drei Schritten.

## //95: Der Trick für freundlichere Farbe

Den Weg aus der Finsternis weist Ihnen ein wenig bekannter Trick: Markieren Sie das 3D-Häuschen und klicken Sie auf das kleine Dreieck rechts neben dem Icon [Füllfarbe]. Wählen Sie *Fülleffekte* und markieren Sie im Registerblatt *Graduell* die Option *zweifarbig*. Legen Sie als erste und als zweite Farbe die gleiche Farbe, hier Hellblau, fest. Nach Ihrem *OK* erstrahlt Ihr Häuschen zumindest an der Vorderfront wieder in der freundlicheren Ursprungsfarbe.

## //96: Begrenzungslinien wieder herstellen

Auch das Herstellen der Begrenzungslinien ist nur über einen Umweg möglich. Über das Icon [Linienfarbe] oder mit *Autoform formatieren* lässt es sich nicht erreichen.

**Übung:** Kopieren Sie das Häuschen und wählen Sie für die Kopie die vierte 3D-Option, die unter dem Icon [3D-Art] angeboten wird. Sie sieht aus wie ein Gitternetz und trägt die Bezeichnung *3D-Art 4*. Schieben Sie das entstandene Gitternetz direkt über das Original. Da das Gitternetz nicht mit einer Farbe gefüllt ist, müssen Sie zum Markieren vor dem Schieben auf eine der sichtbaren Netzlinien klicken (Tipp //44). Jetzt sind alle Linien da. Leider alle. Ihr Häuschen wirkt durchsichtig, weil auch die bei räumlicher Betrachtung sonst nicht sichtbaren Linien zu sehen sind. Belassen Sie es zunächst einmal bei diesem »Glashaus«. Sie werden später in Tipp //103 feste Wände einbauen.

Gruppieren Sie (Tipp //49) die beiden übereinander gelegten Objekte, damit sie in den nächsten Schritten wie ein Objekt behandelt werden können.

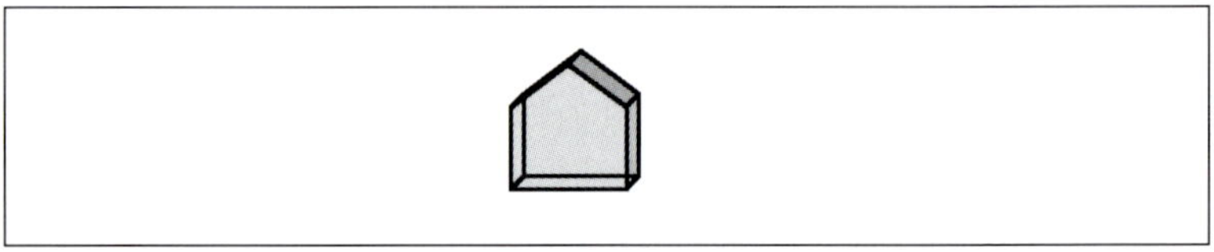

**Abb. 54:** Begrenzungslinien einbauen durch Überlagern von zwei 3D-Arten.

## //97: In die Tiefe gehen

Ihr Häuschen ist nur etwas für sehr schlanke Zeitgenossen, so flach wie es ist. Wie können Sie die Tiefe vergrößern?

Standardmäßig haben alle 3D-Objekte eine Tiefe von 32 Punkten. Durch Ziehen mit der Maus lässt sich das nicht verändern. Markieren Sie stattdessen Ihre Konstruktion aus Haus plus Gitternetz und klicken Sie auf das Icon [3D-Art]. Wählen Sie die *3D-Einstellungen*. Es erscheint die entsprechende Symbolleiste:

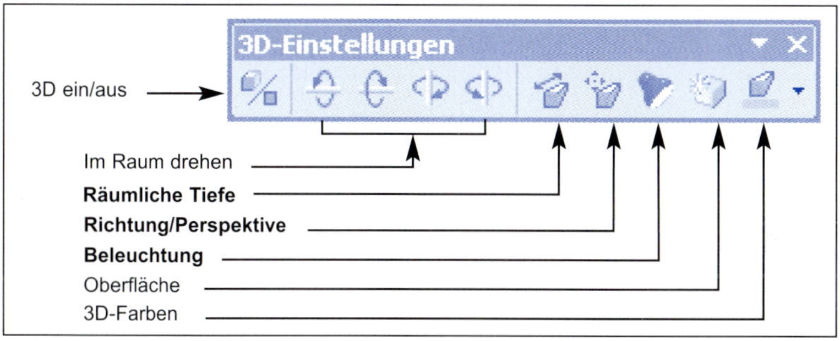


**Abb. 55:** Symbolleiste 3D-Einstellungen. Die drei fett gedruckten Icons sind die wichtigsten.

Das sechste Icon [Tiefe] stellt Ihnen mehrere Stufen und eine beliebige benutzerdefinierte Einstellung für die räumliche Tiefe zur Verfügung. Wählen Sie die Stufe *142 Punkte* und Ihr Häuschen gewinnt Raum.

## //98: Von allen Seiten betrachten

Sie können sich Ihr Häuschen von allen Seiten betrachten, sowohl von rechts und links als auch von oben und unten. Dafür markieren Sie das Häuschen einschließlich des Gitternetzes, klicken auf das Icon [3D-Art], wählen wieder *3D-Einstellungen* und *kippen* mit dem zweiten bis fünften Icon in der Symbolleiste *3D-Einstellungen* Ihr Häuschen in die gewünschte Position. Passen Sie auf, dass bei der ganzen Kipperei Ihre Möbel nicht verrutschen.

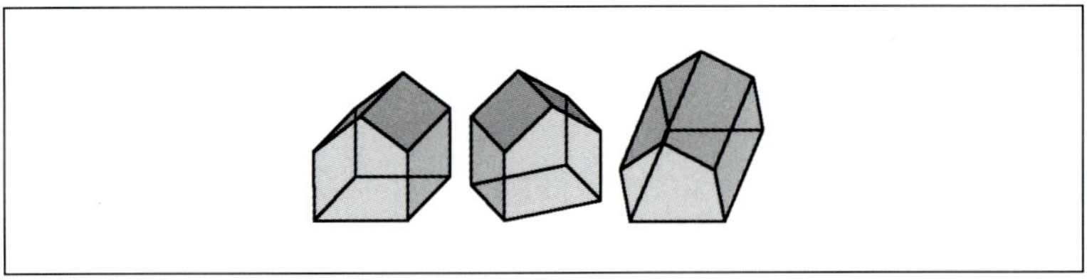

**Abb. 56:** Betrachtung eines Objektes von allen Seiten über die Icons der Symbolleiste 3D-Einstellungen.

## //99: Perspektive gewinnen

Sie können mit Ihrem Häuschen noch mehr anstellen! Bei den 3D-Einstellungen haben Sie unter dem Icon [Richtung] die Möglichkeit, mit dem Punkt *Richtung – Perspektive* eine Darstellung zu wählen, bei der die nach hinten gehenden Linien nicht mehr parallel verlaufen, sondern in einem Fluchtpunkt aufeinander zulaufen. Das erzeugt einen perspektivischen Eindruck.

Wählen Sie zusätzlich *3D-Einstellungen – Tiefe – unendlich* und Ihre Grafik wirkt so, als ob sie aus den unendlichen Tiefen des Bildes herauswächst. Durch Kippen (Tipp //98) bestimmen Sie die Tiefe der Unendlichkeit.

## //100: Weitere Formen im Raum

Bisher haben Sie die 3D-Einstellungen auf ein relativ einfaches Objekt, den Blockpfeil, angewandt. Das funktioniert auch mit einer ganzen Reihe weiterer Autoformen:

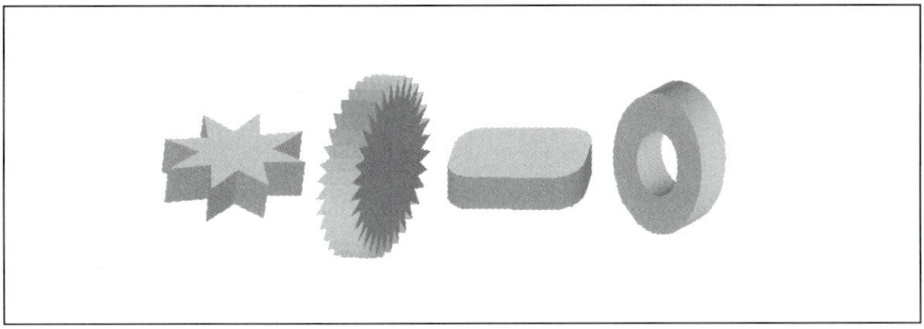

**Abb. 57:** PowerPoint-Autoformen werden zu räumlichen Objekten, die beliebig im Raum dreidimensional gedreht werden können.

Die Sterne aus *Autoformen – Sterne und Banner* können Sie im Raum drehen und – mit ausreichend Zacken – wie stabile Zahnräder erscheinen lassen. Aus dem *abgerundeten Rechteck* unter *Autoformen – Standardformen* wird eine Fischdose und das *Rad*, das Sie auch bei *Autoformen – Standardformen* finden, droht gleich wegzurollen. Die Formen in der Abbildung sind aus den genannten Autoformen mit den [Kippen]-Icons der Symbolleiste 3D-Einstellungen erzeugt und mit dem Icon [Beleuchtung] ins rechte Licht gesetzt.

## //101: Negative Bildassoziationen vermeiden

In der vorigen Abbildung sehen Sie selbst, wie schnell in der optischen Verarbeitung selbst einfache Formen mit realen Objekten in Verbindung gebracht werden. Daher müssen Sie darauf achten, dass Sie mit den von Ihnen geschaffenen 3D-Formen keine negativen oder unerwünschten Assoziationen beim Publikum erwecken.

Die beliebteste Autoform, das Rechteck, wird durch die Standardtiefe zu einem schmalen Quader. Wenn der dann mit (un)passender Höhe und Breite im Raum steht, in dunkler Farbe und zentriert beschriftet, erinnert er an einen Grabstein. Räumliche Rundungen im Doppelpack können ebenfalls die Phantasie in eine Richtung anregen, die Sie gar nicht beabsichtigt haben.

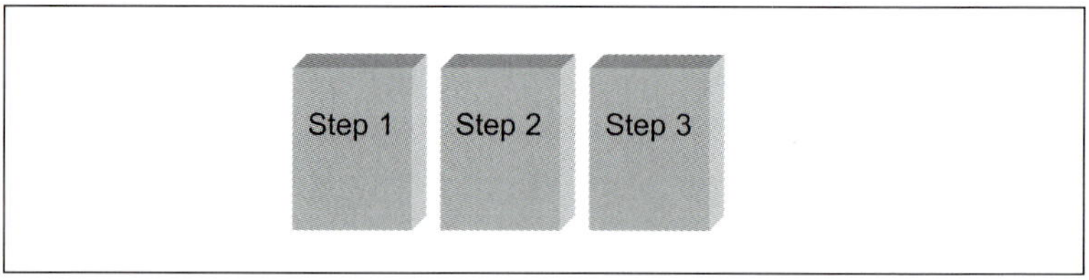


**Abb. 58:** Unerwünschte Assoziation: Friedhof mit Grabsteinen?

**Hinweis:** Sie selbst werden die unerwünschten Assoziationsmuster wahrscheinlich bei der Arbeit an der Präsentation gar nicht erkennen, weil Sie mit Ihrer Grafik eine ganz andere Aussage im Kopf haben. Zeigen Sie daher Ihre selbst gebastelte 3D-Folie zunächst einem Unbeteiligten, der sie auf Aussage und Stringenz prüft, bevor Sie damit vor großem Publikum auftreten.

## //102: Fertige 3D-Autoformen nutzen

Die Tools zur Erstellung von 3D-Objekten sind also wirklich vielfältig. Doch immer wieder werden Sie an Grenzen stoßen, die Sie viel Mühe kosten; das Problem der sichtbaren Begrenzungslinien aus Tipp //96 ist ein Beispiel dafür. Letzten Endes hängt Ihr Erfolg oft an Kleinigkeiten – oder an Tricks, die Sie lernen können:

Beispielsweise kann Ihnen das geschickte Überlagern verschiedener Autoformen von Fall zu Fall die Arbeit erleichtern. Nutzen Sie zusätzlich die Autoformen in PowerPoint, die bereits dreidimensional angelegt sind. Sie finden sie unter *Autoformen – Standardformen*.

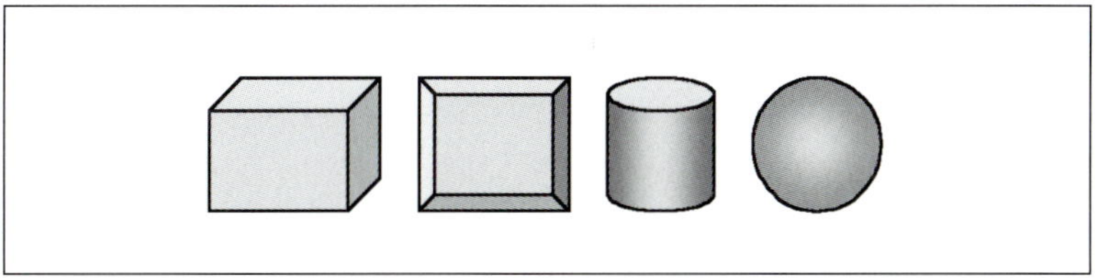

**Abb. 59:** Durch geeigneten Farbverlauf wirken runde Objekte (Säule, Kugel) räumlich.

Bei dem *Würfel* stimmt die Darstellung der sichtbaren und nicht sichtbaren Linien. Den *Rahmen* können Sie als 3D-Rahmen für wichtige Aussagen oder als Taste nutzen. Die *Säule* ist Basis für alles, was dreidimensional und rund sein soll. Den runden Eindruck können Sie noch verstärken, indem Sie – wie in der Abbildung – bei der Farbgebung einen Fülleffekt wählen, bei dem die Schattierung von außen nach innen heller wird (Tipp //58). PowerPoint ist so freundlich und wendet den Fülleffekt bei der Säule nur auf die Vorderfläche an und lässt die obere Fläche ohne Effekt, wie es auch der räumlichen Betrachtung entspricht. Mit einem vergleichbaren Fülleffekt, außen dunkel und in der Mittel hell, wird ein einfacher Kreis zur Kugel.

## //103: Wenn es keine passende Autoform-Lösung gibt

Wenn auch mit dem geschickten Überlagern von Autoformen nichts zu machen ist, werden Sie eine Form am Ende manchmal doch noch selbst von Punkt zu Punkt zeichnen müssen. Zum Beispiel eine nach hinten gehende Seitenfläche, die weder *Parallelogramm* noch *Trapez* ist. Das können Sie lösen, indem Sie einzelne Linien mittels Icon [Linie] zeichnen und aneinander fügen. Das ist zum einen aber viel Fummelei, bis die einzelnen Linien exakt aneinanderstoßen. Zum anderen lässt sich die von den Linien aufgespannte Fläche natürlich nicht einfärben. PowerPoint erkennt ja nur einzelne Linien und keine Fläche.

Hier hilft Ihnen die Freihandform effizient weiter, die in Tipp //66 beschrieben ist.

### //104: Dreidimensionale Diagramme

In Tipp //75 haben Sie bereits dreidimensionale Diagramme kennen gelernt. Dort finden Sie die Anleitung zur Erstellung. So wie Ihr Häuschen oben in Tipp //98 können Sie diese Diagramme drehen und kippen.

Klicken Sie doppelt auf das Diagramm, um in den Bearbeitungsmodus zu gelangen, und wählen Sie in der damit veränderten Standard-Symbolleiste das Menü *Diagramm – 3D Ansicht*. Es ist ein wenig Experimentierarbeit, die optimale Einstellung zu finden. Wenn Sie die gewünschten Einstellungen vorgenommen haben, verlassen Sie mit der Taste [ESC] wieder den Bearbeitungsmodus.

## Schrift im Raum

► Alle Schriftzeichen, von den frühen Hieroglyphen über die Keilschrift bis zum heutigen Alphabet, waren und sind zweidimensional. Umso mehr fällt es auf, wenn Sie Schriften einen dreidimensionalen Effekt geben. Umso mehr riskieren Sie aber auch, negativ aufzufallen, wenn Sie es damit übertreiben: Eine räumlich wirkende Schlagzeile in einem großen Schriftsatz, allein stehend auf einer Folie angeordnet, hebt die Bedeutung hervor und kann hervorragend wirken. Umfangreicher Fließtext in 3D-Darstellung macht Ihre Präsentation hingegen schwer lesbar und baut eine – dreidimensionale – Hürde zwischen Ihnen und Ihrem Publikum auf.

## //105: Schriften Schatten spenden

Die einfachste und zurückhaltendste Form, einen dreidimensionalen Eindruck zu erwecken: Versehen Sie die Buchstaben mit einem leichten Schatten.

Zum Abgewöhnen: der Effektkasten. Markieren Sie den Text und klicken Sie im Menü *Format – Zeichen unter Effekte* das Kontrollkästchen *schattiert* an. Und vergessen Sie es gleich wieder. Ihre Aussagen werden sonst im wahrsten Sinne des Wortes unscharf. Treiben Sie Ihr Publikum nicht zum Augenarzt.

Zum Angewöhnen: Wenn Sie richtig Schatten spenden wollen, klicken Sie auf das Icon [WordArt].

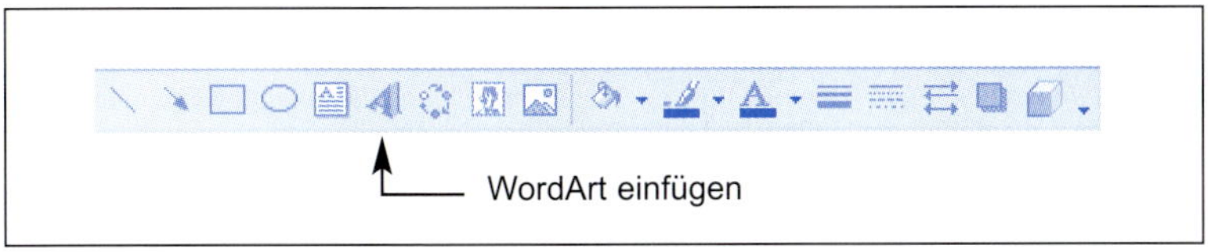


**Abb. 60:** Das Icon [WordArt] bietet Möglichkeiten zur besonderen Schriftgestaltung.

Dann erscheint der WordArt-Katalog mit 30 *WordArt-Formaten.* Rund ein Drittel davon sind unterschiedliche Schattierungsarten. Hier einige Schattenbeispiele aus dem WordArt-Katalog:

**Abb. 61:** Wortspiele als Schattierungsbeispiele mit WordArt.

## //106: Relief hebt hervor

Ausschließlich vom Schatteneffekt lebt das Relief. Ihr markierter Text erscheint als Relief, wenn Sie unter *Format – Zeichen* das Kontrollkästchen bei *Effekte – Relief* anklicken. Bei älteren PowerPoint-Versionen heißt das *Darstellung – Hervorgehoben*. Vor weißem Hintergrund werden Sie kaum etwas erkennen, aber vor farbigem oder grauem Hintergrund kann es sehr edel wirken. Vorausgesetzt, die Schrift ist sehr groß – etwa ab 40 Punkt – und Ihr Beamer ist ausgezeichnet.

Da Sie den Beamer betreffend meist nicht sicher sein können, scheidet Relief für die öffentliche Präsentation in der Regel aus, kann aber für Papierausdrucke genutzt werden. Und dabei am besten für die Titelseite. Sehr gut macht sich Relief auch auf Urkunden: Der Text wirkt dann wie geprägt.

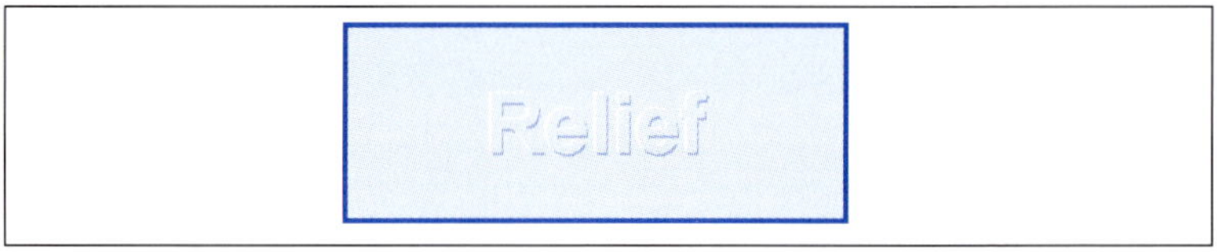


**Abb. 62:** Reliefs können mit jeder Schriftart erstellt werden.

## //107: Dreidimensionale Schrift

Während Schatten und Relief noch einen gezähmten räumlichen Eindruck vermitteln, wird es richtig wild, wenn die Buchstaben selbst nach hinten in die Tiefe gehen. Als Vortragstitel und für posterartige Gestaltungen kann das gut wirken.

**Übung:** Wie immer setzen Sie die folgenden Tipps in Ihrer Folie um: Klicken Sie auf das Icon [WordArt], sehen Sie in der unteren Zeile des

WordArt-Katalogs einige dreidimensionale *WordArt-Formate*, die richtig »heftig« sind. Verzichten Sie zunächst darauf und wählen Sie stattdessen das erste Format in der ersten Zeile aus dem Katalog. Nachdem Ihr Text erstellt ist, erscheint die Symbolleiste *WordArt*. Falls dies nicht geschieht, aktivieren Sie sie über das Menü *Ansicht – Symbolleisten – WordArt*. Über das Icon [WordArt formatieren] in der *Symbolleiste WordArt* füllen Sie den Text mit einem hellen Blau.

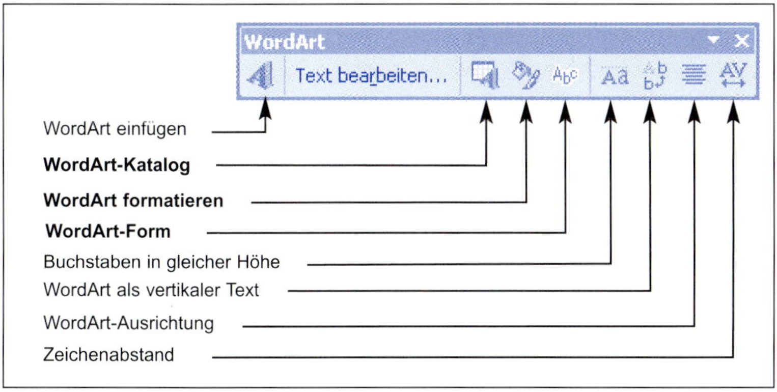


**Abb. 63:** Symbolleiste WordArt. Die drei fett gedruckten Icons sind die wichtigsten für die Erstellung von Effekten.

Im Gegensatz zu normalem Text lässt sich das Icon [3D-Art] (Abb. 53) auf mit WordArt erstelltem Text anwenden. Markieren Sie Ihr WordArt-Objekt und klicken Sie auf das Icon. Sie haben jetzt alle in den letzten Tipps beschriebenen Möglichkeiten der 3D-Gestaltung – so wie Sie sie auch für Ihr Häuschen hatten (Tipp //97 bis Tipp //99).

**Abb. 64:** Mit WordArt erstellte Texte können mit beliebigen 3D-Einstellungen modifiziert werden.

Es empfiehlt sich, die Tiefe der 3D-Darstellung zu verringern. In der Beispielabbildung 64 ist sie über die *benutzerdefinierte Einstellung* auf zwölf Punkte heruntergesetzt: Icon [3D-Art] – *3D-Einstellungen*, [Tiefe], *Benutzerdefiniert*. Sie können über die Icons in der Symbolleiste *3D-Art* Ihren Text räumlich drehen und von verschiedenen Seiten beleuchten. Wenn Ihnen die Farbe zu düster ist, gehen Sie vor wie in Tipp //95.

## //108: Schrift in 3D-Objekten anpassen

Wenn Sie in einer dreidimensionalen Zeichnung perspektivisch verlaufende Flächen beschriften wollen, muss sich der Schriftverlauf der Perspektive anpassen. Auch das geht mit WordArt in Verbindung mit 3D-Art. Damit können Sie Ihre nach hinten verlaufende Hauswand aus Tipp //66 genau so beschriften, dass es zur Perspektive der Wand passt:

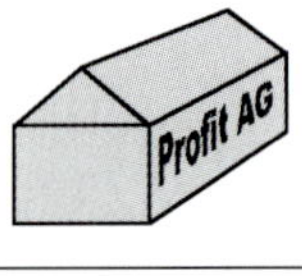


**Abb. 65:** Beschriftung von perspektivisch verlaufenden Flächen.

Dazu erstellen Sie zunächst den Text mit dem ersten WordArt-Format aus dem WordArt-Katalog. Färben Sie ihn schwarz ein und klicken Sie anschließend bei markiertem Text auf das [3D-Art]-Icon.

Stellen Sie in der daraufhin erscheinenden Symbolleiste *3D-Art* über *3D-Einstellungen – Tiefe* die benutzerdefinierte Tiefe auf 0 Punkte. Die Buchstaben selbst sollen nicht dreidimensional sein. Dann drehen Sie durch das Icon [Nach links kippen] in der Symbolleiste die Profit AG passend zur Hauswand. Wahrscheinlich müssen Sie zusätzlich die Schriftgröße anpassen. Dafür brauchen Sie keine andere Zeichengröße zu wählen, sondern können das Word-Art-Objekt, wie jede Autoform, durch Ziehen an den Markierungspunkten beliebig stauchen und dehnen.

Damit der perspektivische Eindruck entsteht, muss der Text von vorne nach hinten kleiner werden. Klicken Sie dafür auf den Text und wählen jetzt in der Menüleiste *WordArt* das Icon [WordArt-Form]. Dort stehen Ihnen 32 Formen zur Verfügung, um den Schriftverlauf zu beeinflussen. Die erste Form in der letzten Zeile *abnehmend nach rechts* ist die passende. Klicken Sie darauf und korrigieren Sie mit der kleinen gelben Raute am Text noch den Grad für die Abnahme der Schriftgröße.

**Hinweis:** Dieses Verfahren gibt Ihnen so viel Flexibilität, dass Sie damit auch echte Hauswände oder andere Objekte auf Fotos, die Sie in Ihre PowerPoint-Präsentation übernehmen, beschriften können (Tipp //159).

## //109: Aussagen gekonnt verbildlichen

Das Icon [WordArt-Form] in der Menüleiste *WordArt* gibt Ihnen vielfältige Möglichkeiten, Schriftverläufe zu gestalten: Sie können den Text in Wellenlinien tanzen lassen, ihn wie um eine Litfaßsäule legen oder gleich um die ganze Welt, und Sie können noch eine ganze Menge mehr ausprobieren.

**Abb. 66:** WordArt-Formen verbildlichen die Aussage.

**Übung:** Und wieder bauen Sie die beiden Beispiele aus der obigen Abbildung nach: Die Weltkugel entnehmen Sie der ClipArt-Galerie von PowerPoint (Tipp //151). Die Schrift erzeugen Sie mit WordArt, und zwar mit dem ersten, einfachsten Format im *WordArt-Katalog*. Der Katalog erscheint beim Klicken auf das Icon [WordArt]. Sie wählen als [WordArt-Form] in der Symbolleiste *WordArt* die erste Form in der vierten Reihe *Vergrößern*. Zum Schluss färben Sie den Text Globalization noch über das Icon [WordArt formatieren] passend ein.

Das Drehen um den Kreis erzeugen Sie in der gleichen Weise, nur dass Sie dazu als WordArt-Format den *Kreis außen* – das ist der letzte Eintrag in der ersten Reihe der Formen – auswählen.

## //110: Der Schatten sagt die Wahrheit

Sie können Schattierung auch benutzen, um besonders pointierte Aussagen zu machen, indem sich der Schatten vom Original in kleinen – aber entscheidenden – Formatierungen unterscheidet.

Augenfällige Beispiele: Wenn Sie darstellen wollen, dass sich Erfolg – Success – auch monetär lohnt, wird daraus ein Succe$$. Und wenn Sie Ihre ablehnende Meinung zum Marketingmix kundtun wollen, zeigt der Schatten ein »Marketingnix« an.

**Übung:** Für den finanziellen Erfolg erstellen Sie zwei WordArt-Objekte (Tipp //107) mit der ersten Form aus dem WordArt-Katalog:

Success und als weiteres Objekt Succe$$. Dem Success geben Sie eine intensive dunkle Füllfarbe, das Schatten-Succe$$ färben Sie grau. Wichtig ist, dass Sie beim Succe$$ zusätzlich die Linien, die jeweils die Buchstaben umgeben, entfernen. Da sich WordArt-Schriften im Gegensatz zu normalen Zeichen wie jede Autoform bearbeiten lassen, lässt sich der Succe$$ einfach in die Höhe ziehen. Jetzt positionieren Sie nur noch die beiden Successes passend übereinander. Eventuell müssen Sie dabei die räumliche Reihenfolge anpassen (Tipp //86).

Analog bilden Sie den Marketingmix. Die Schräglage der Buchstaben von Marketingnix erreichen Sie durch Ziehen an der kleinen gelben Raute des markierten WordArt-Objekts.

**Abb. 67:** Pointierte Aussage durch Schattendasein.

Achten Sie bei diesen und allen anderen Schatteneffekten darauf, dass der Schatten nicht zu schwach wird. Da bei der Präsentation am Beamer Grautöne oft deutlich heller als am Bildschirm erscheinen, wird ein solcher Schatten nicht mehr zu sehen sein, wenn Sie die Graustufe zu schwach wählen. Und dann geht Ihre pointierte Aussage verloren.

# Bringen Sie Bewegung ins Spiel

Bewegung tut gut. Das gilt nicht nur für Ihre eigene Fitness, sondern auch für Ihre Präsentationen. In beiden Fällen wichtig: Nicht zu übertreiben, sonst kommt es zum Kreislaufkollaps. Im ersten Fall bei Ihnen, wenn Ihr Puls überlastet wird. Im zweiten Fall bei Ihrem Publikum, dem es vor lauter hereinfliegenden und wirbelnden Objekten bei Ihrer Präsentation schwindlig wird.

Bewegungsabläufe auf Ihrer Folie, so genannte Animation, sind ein starkes Ausdrucksmittel. Gekonnt und wirkungsvoll eingesetzt können Sie damit Ihre Präsentation verständlicher, interessanter und damit insgesamt überzeugender gestalten. Dafür lernen Sie hier zunächst im Überblick die Techniken in PowerPoint kennen und anschließend auch gleich die Gefahren, die dabei auf Sie lauern.

Als Regisseur Ihrer fortgeschrittenen Foliengestaltung stellt Ihnen PowerPoint XP die Regiezentrale *Benutzerdefinierte Animation* zur Verfügung. Um die Fülle der dort vorhandenen Möglichkeiten richtig zu nutzen, müssen Sie ein paar grundsätzliche Regeln beachten, die Sie hier kennen lernen. Und jetzt: Computer hochfahren und direkt an der Folie mitarbeiten – damit Ihr Regiedebüt zum Erfolg wird!

**Hinweis:** Am Ende dieses Kapitels sehen Sie an zehn Beispielen aus der Praxis, wie Sie typische Geschäftsthemen passend animieren können. Die Beispiele können Sie aus dem Internetworkshop zu diesem Buch unter www.book-at-web.de als Vorlagen herunterladen. Lassen Sie sich davon zu eigenen Ideen und zum spielerischen Ausprobieren inspirieren!

# Bewegungstechniken im Überblick

► Es müssen nicht immer nur die kompliziertesten oder neuesten Techniken sein, um gekonnt und eindrucksvoll zu animieren. Oft liefert dann die Kombination verschiedener Techniken die besten Ergebnisse.

## //111: Stapelanimation

Als noch nicht jedes Unternehmen über Beamer verfügte, wurden Folien auf Overheadprojektoren gelegt und damit an die Wand projiziert. Damit war es schon möglich, Texte oder Grafiken stufenweise aufzubauen: Die erste Folie enthielt den ersten Teil einer komplexeren Grafik; durch passendes und exaktes Übereinanderlegen der folgenden Folien mit weiteren Grafikteilen konnte die Grafik stufenweise entwickelt werden. Je dicker der Stapel wurde, umso dunkler wurde allerdings das Bild und umso leichter verrutschten die Folien.

In PowerPoint und mit dem Beamer ist das viel einfacher: Die erste Folie enthält einen Teil der Abbildung, die zweite enthält exakt alle Elemente der ersten Folie plus zusätzliche Teile der Grafik. Bei der Präsentation am Beamer entsteht der Eindruck, die gezeigte Folie baue sich übergangslos weiter auf. Durch Folienwechsel können Sie auch Bewegung einzelner Objekte assoziieren, indem das Objekt von der ersten zur zweiten Folie seinen Platz verändert. Das Auge des Betrachters gewinnt den Eindruck, das Objekt habe sich schnell bewegt.

Um identische Folien zu erstellen, arbeiten Sie einfach mit dem Menüpunkt *Einfügen – Folie duplizieren* bzw. [Strg] [Shift] D. Der Kopie fügen Sie weitere Teile hinzu oder entfernen vorhandene. Mit dieser Technik können Sie sehr einfach Objekte erscheinen oder verschwinden lassen und damit selbst komplexe Grafiken vor Ihrem Publikum stufenweise entwickeln.

## //112: Von Pointern und Mäusen

Ebenfalls aus den Vor-Beamer-Zeiten stammt das Verfahren, durch einen aufgelegten Stift auf der Folie auf dem Overheadprojektor etwas zu zeigen oder während der Präsentation die Folie zu beschreiben.

**Hinweis:** Statt eines Stiftes zum Zeigen benutzen Sie heutzutage einen Laserpointer oder einen Zeigestock. Vermeiden Sie den Stock, wenn Sie nervös sind. Die Länge des Stockes verstärkt eventuelles Zittern, das sonst niemandem auffiele. Beim Laserpointer dagegen gehört das Zittern zum Handwerk, um den kleinen Lichtpunkt des Pointers auf der Leinwand hervorzuheben.

Natürlich können Sie auch mit der Maus zeigen: Wenn Sie in der Präsentationsansicht die Maus ein wenig bewegen, erscheint der Mauspfeil und verschwindet nach einigen Sekunden ohne Bewegung wieder. Nachteil: Das Anfangsgewackel zum »Aufwecken« der Maus stört – und wenn sie dann erscheint, wissen Sie zunächst nicht, wo.

Die Wackelkur: Blenden Sie den Mauszeiger dauerhaft ein, indem Sie in der Präsentationsansicht auf die rechte Maustaste klicken und *Zeigeroptionen – Pfeil* auswählen. Denken Sie dabei daran, den Mauszeiger immer in derselben Ecke zu parken, wenn Sie ihn nicht benötigen.

Das Verfahren ist zeitgemäß, aber Sie sollten es nur unter folgenden Bedingungen anwenden:

- wenn Sie wirklich gut mit der Maus umgehen können
- wenn genügend Platz für eine ordentliche Maus am Rednerpult ist
- wenn Sie nicht mit Touch-Pads oder Joysticks arbeiten müssen
- wenn Sie sich zum Bewegen der Maus nicht herunterbücken müssen

### Aktionseinstellungen heben zusätzlich hervor

Die Technik, mit der Maus etwas zu zeigen, lässt sich mit etwas Vorbereitung noch effektvoller gestalten. Sie können einem Objekt *Aktionseinstellungen* zuordnen. Klicken Sie dafür im Bearbeitungsmodus mit der rechten Maustaste auf das Objekt und wählen Sie diesen Menüpunkt. Damit können Sie festlegen: *beim Klicken markieren* oder *bei Mouseover markieren*. Das hebt das Objekt für einen kurzen Augenblick farblich hervor, sobald Sie im Präsentationsmodus darauf klicken bzw. mit der Maus darüber streichen. Für reinen Text ist die Option nicht verfügbar.

### Folienbeschriften während der Präsentation

Selbst das direkte, manuelle Schreiben auf die Folie ist bei der Beamer-Präsentation möglich: Klicken Sie in der Präsentations-Ansicht auf die rechte Maustaste und wählen Sie *Zeigeroptionen – Stift*. Zusätzlich stehen Ihnen unter *Zeigeroptionen – Stiftfarbe* neun Stiftfarben zur Verfügung. Mit dem angezeigten Stift können Sie nicht nur etwas auf der Folie zeigen, sondern bei gedrückter linker Maustaste auch in der ausgewählten Farbe zeichnen. Wenn Sie das mittels Maus versuchen, wird das fürchterlich aussehen. Doch mit einem ordentlichen Grafiktablett und Eingabe-Pen oder auf einem Tablett-PC ist das eine attraktive Methode, um einzelne Objekte live durch händisch gemalte Kreuze, Pfeile oder Kringel hervorzuheben.

**Hinweis:** Unter PowerPoint 2003 stehen Ihnen zusätzlich neben den Stiften auch noch verschiedenfarbige Textmarker zur Verfügung. Der Hauptunterschied zu den Vorgängerversionen ist jedoch, dass die Freihand-Eintragungen während der Präsentation auf Ihrer Folie erhalten bleiben können. Damit können Sie Fragen und Anmerkungen zur Folie direkt auf der Folie mitschreiben. Natürlich steht Ihnen auch ein Radierer zur Verfügung, um Einträge zu entfernen.

Richtig eindrucksvoll wird das Verfahren in Verbindung mit einem interaktiven Whiteboard oder einem Tablett-PC. Dazu finden Sie mehr im Tipp //201.

## //113: Folienübergang animieren

Eine mühelose Methode, Bewegung in Ihre Präsentation zu bringen, bietet Ihnen das Menü *Bildschirmpräsentation – Folienübergang*. Im Normalfall erscheint in der Präsentationsansicht die nächste Folie immer direkt. Mit aktiviertem Folienübergang bewegt sich dagegen die jeweils nächste Folie von verschiedenen Seiten ins Bild. Sie können die Folie langsam oder schnell einblenden oder aus der Mitte heraus hochzoomen. Mit *vertikal öffnen* erreichen Sie einen Effekt, als ob sich im Theater der Vorhang öffnete. Insgesamt stehen ab PowerPoint XP rund 60 Folienübergänge zur Verfügung, in PowerPoint 2000 sind es etwas weniger. Beschränken Sie sich aber bei einer Präsentation immer auf wenige und zusammenpassende!

**Hinweis:** Achten Sie auf stets schnelle Folienübergänge. Mit einem langsamen Auflösen der Vorgängerfolie und kriechendem Erscheinen der Nachfolgefolie erreichen Sie nicht den Eindruck von Dynamik, sondern erzeugen Langeweile. Die Geschwindigkeit können Sie auf der Menüseite von *Bildschirmpräsentation – Folienübergang* einstellen.

## //114: Animationsschema

Eine übliche Textfolie, die mit dem standardmäßig eingestellten Folienlayout *Titel und Text* erstellt wurde, enthält im Textfeld eine Aufzählung von Punkten und Unterpunkten wie im linken Teil der Abb. 68. Statt den gesamten Text auf einmal zu zeigen, können Sie die Punkte auf Mausklick nacheinander erscheinen lassen, immer dann, wenn Sie den jeweiligen Punkt behandeln.

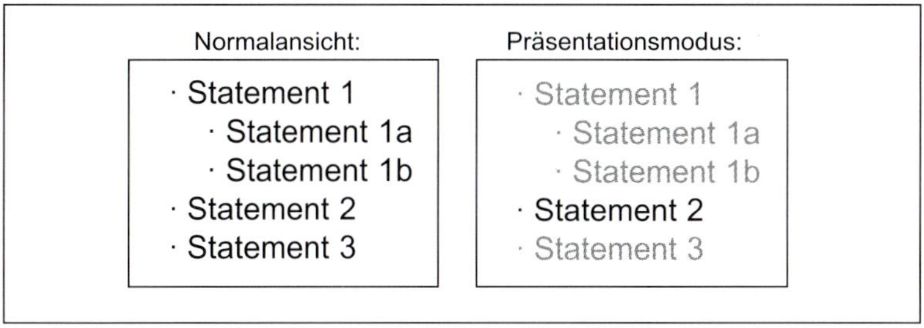


**Abb. 68:** Animationsschema Highlights: Im Präsentationsmodus wird der jeweils behandelte Punkt hervorgehoben. Gleichzeitig bleibt die Gesamtübersicht über alle Punkte erhalten.

Das geht ab PowerPoint XP am bequemsten über den Menüpunkt *Bildschirmpräsentationen – Animationsschemas.* In PowerPoint 2000 gibt es die Funktion noch nicht. Sie haben die Wahl zwischen rund 30 Animationsschemas, vom einfachen Erscheinen des Textes zu einem Aufzählungspunkt bis zum wilden elliptischen Hereinfliegen der Überschrift. Vieles davon ist Spielerei, die nicht ins Business-Umfeld passt. Sehr zu empfehlen ist jedoch das Schema *Highlights.* Alle Aufzählungspunkte erscheinen dann in blasserer Farbe, bei schwarzer Schrift in grau. Nur der jeweils behandelte Punkt strahlt herausgehoben in der Originalfarbe.

Für die Zusammenfassung auf Ihrer letzten Folie kann das Schema *Abspann* recht attraktiv sein, bei dem der Text wie bei einem Filmabspann von unten nach oben über den Schirm läuft. Vermeiden Sie jedoch Schemas wie *Entfalten,* bei denen Buchstaben übereinander laufen.

### //115: Benutzerdefinierte Animation

Die Animationsschemas sind für Textfolien entwickelt. Wenn Sie eine Grafikfolie animieren wollen oder Ihnen für Textfolien die Flexibilität der Animationsschemas nicht ausreicht, greifen Sie zur benutzerdefinierten Animation.

In PowerPoint XP sind die Möglichkeiten dafür gegenüber den Vorgängerversionen deutlich erweitert worden. Sie können nicht nur Objekte in vielfältiger Form erscheinen oder verschwinden lassen, Sie können sie auch von einem Punkt zu einem anderen bewegen, indem Sie *Animationspfade* einrichten. Gleichzeitig können sich mehrere synchronisierte Objekte in verschiedenster Form auf Ihrem Bildschirm bewegen – in beliebiger Wiederholung und natürlich auch mit Sound.

In diese Welt der benutzerdefinierten Animation führt Sie ein eigener Abschnitt weiter unten ab Tipp //126.

### //116: Animierte GIFs und Filme

Bewegung in Ihre Präsentation bringen auch animierte GIFs, Filme, dynamische Internetseiten oder Live-Übertragungen. Dies alles wird gesondert im Kapitel »Gekonnter Medienmix« (ab Tipp //147) behandelt.

## Animationen gefahrlos meistern

► Die nachfolgenden Tipps für PowerPoint XP sollen Sie nicht einschüchtern, sondern Ihnen im Gegenteil die Sicherheit eines erprobten Präsentators verleihen.

## //117: Inhalte auch für Referent nicht sichtbar

Stellen Sie sich vor: Sie haben für eine Textfolie die einzelnen Punkte so animiert, dass sie nacheinander erscheinen. Ihr Publikum sieht einen Punkt erst, wenn Sie weiterklicken und den Punkt behandeln. Problem: Allerdings sehen Sie selbst den Punkt auch nicht vorher. Und wenn Sie dann nicht sehr genau wissen, was erscheinen wird, kann Ihnen beim Erläutern der reibungslose Übergang von einem zum nächsten Punkt nicht gelingen. Ihr Vortrag wirkt dann leicht abgehackt. Zusätzlich ist die Gefahr groß, dass Sie im Eifer des Gefechts einen Punkt bereits vorweggenommen haben, weil Sie nicht wussten, ob er noch gesondert aufgeführt ist. Im schlimmsten Fall steht Ihre Aussage dann sogar im Widerspruch zum später erscheinenden Statement.

**Hinweis:** Für einen animierten Vortrag müssen Sie sich noch besser vorbereiten und über den Inhalt der Folien genauer Bescheid wissen als bei einem Vortrag ohne Animation! Nehmen Sie sich beim Vortrag einen Ausdruck der Präsentation oder Notizen mit, um einen Gesamtüberblick über die Punkte auf der Folie zu haben.

Berücksichtigen Sie die Enge am Rednerpult, wenn Sie einen Folienausdruck nutzen. Dort ist bei aufgeschlagenem Notebook kaum noch Platz für Notizzettel. Das Papier in der Hand zu halten, hemmt Ihre Körpersprache. Wenn Sie neben dem Papier, das umgeblättert werden muss, noch ein Mikrofon halten und die Maus bedienen müssen, qualifizieren Sie sich zum Einhandsegler.

Eine andere gute Lösung stellt die Animationsmethode aus Tipp //114 und //137 dar: Ihre Folie erscheint vollständig, wobei die nicht behandelten Punkte in hellem Grau dargestellt sind und nur der jeweils behandelte Punkt deutlich farbig hervorgehoben ist. Das führt Ihr Publikum zum gerade behandelten Punkt und gibt Ihnen selbst einen Gesamtüberblick. Zugute kommt Ihnen dabei noch, dass für Sie auf dem Monitor oder Display die graue Farbe deutlicher zu erkennen ist als für das Publikum auf der Leinwand. Die meisten Beamer überstrahlen helle Farbtöne.

## //118: Animation für Fremdnutzung ausschalten

Ein häufiger Vorgang in größeren Unternehmen: Sie bereiten eine PowerPoint-Präsentation vor, die Ihr Chef oder dessen Vorgesetzter halten soll. Diese sind mit Ihrer Präsentation natürlich sehr viel weniger vertraut – und die oben beschriebenen Gefahren treffen noch stärker zu.

Wenn Ihnen Ihre Karriere lieb ist, verzichten Sie auf Animation – oder briefen Sie den Präsentator sehr gut. Andernfalls erfreuen Sie sich am Szenario im nächsten Tipp.

## //119: Fremde Folien in Präsentationsansicht prüfen

Wenn jemand anderes für Sie eine Präsentation entwickelt hat oder Sie Teile aus anderen Präsentationen übernehmen, schauen Sie sie sich unbedingt vorher im Präsentationsmodus an! Eventuell hat derjenige es gut gemeint und die Folien kräftig animiert. Sie aber kennen nur den Papierausdruck oder die normale Bearbeitungsansicht und stehen dann vor Ihrem Publikum dumm da, weil Sie nicht wissen, wann Sie klicken müssen und was dann passiert.

Gesteigert wird das Problem, wenn die Animation nicht zu Ihrem sonstigen Auftreten passt. Wildes Rotieren und Hereinfliegen von Objekten mag dem Stil des Entwicklers der Folie entsprechen, aber nicht unbedingt Ihrem. Wenn es zu wild wird, drücken Sie auf [ESC] und setzen Sie Ihre Präsentation in der Normalansicht fort.

## //120: Machen Sie sich nicht zum Sklaven Ihrer Animation

Je mehr Sie animieren, umso genauer ist der Ablauf Ihrer Präsentation festgelegt – und je weniger Flexibilität haben Sie:

- Sie müssen die Punkte auf der Folie exakt in der Reihenfolge behandeln, in der sie erscheinen.
- Sie können nicht einfach einen Punkt vorwegnehmen, weil das in der Situation gerade gut passt oder eine Frage danach kommt.
- Sie müssen sich durch alle Folien durchklicken, obwohl Sie Punkte auslassen wollen, weil die Zeit knapp wird.

Wenn Sie die Animation zudem noch zeitgesteuert gestalten, sodass der nächste Punkt nicht beim Mausklick, sondern nach einer eingestellten Anzahl von Sekunden erscheint, sind Sie selbst nur noch der Sprecher aus dem Off für Ihren »Film«. Eine undankbare Rolle, die Ihnen jede Spontaneität und Interaktion raubt und leicht schief gehen kann. Wenn Sie vorher nicht sehr gut üben oder sich beim Vortrag auch nur kurz ablenken lassen, werden Sie asynchron zu Ihrer Präsentation. Besonders unbehaglich wird es für Sie, wenn Sie schneller als Ihr Präsentationsablauf sind und dann einige Sekunden warten müssen, bis Ihre Präsentation nachkommt. Diese schweigsamen Sekunden werden Ihnen jeweils wie eine Ewigkeit vorkommen.

**Hinweis:** Verzichten Sie nicht auf Animation, aber auf zeitgesteuerte Animation. Wählen Sie die animierten Sinneinheiten nicht zu klein. So sollten die einzelnen Unterpunkte zu einem Statement nicht separat erscheinen, sondern gleich zusammen mit dem Hauptpunkt.

## //121: Animation nur, wenn Sie selbst am Drücker sind

Nicht immer werden Sie die Möglichkeit haben, bei einer Präsentation Ihre Folien selbst weiterzuklicken. Gerade bei größeren Veranstaltungen wird häufig jemand in der Regie diese Aufgabe übernehmen. Das klappt nur gut, wenn Sie einen festgelegten Text exakt ablesen, der mit entsprechenden Regie-Anweisungen auch dem Mann an der Maus vorliegt – und wenn Sie das gemeinsam geprobt haben. Wenn Sie dagegen Ihren Vortrag frei formulieren, müssen Sie der Regie jeweils ein Zeichen geben. »Die nächste Folie bitte« wird dann zur Kernaussage Ihres Vortrages, weil diese am häufigsten wiederholt wurde.

Für ein paar Folienwechsel mag das noch auszuhalten sein. Unerträglich wird es aber, wenn Sie bei animierten Folien dauernd die Anweisung zum Klicken geben müssen. Tun Sie sich und Ihrem Publikum das nicht an und verzichten Sie auf diese Form der Animation, wenn Sie nicht sicherstellen können, dass Sie selbst »am Drücker sind«.

## //122: Vortrag auch ohne Animation verständlich halten

Mit großer Wahrscheinlichkeit wird Ihr PowerPoint-Vortrag nicht nur bei der Präsentation gezeigt, sondern kursiert auch als Datei im Unternehmen. Kollegen werden sich die Datei in der Regel nicht in der Präsentationsansicht anschauen, sondern im Bearbeitungsmodus oder als Papier-Ausdruck. Und alle Ihre kreativen Animationen kommen dann nicht zur Geltung.

Achten Sie daher darauf, dass Ihre Präsentation auch ohne Animation verständlich bleibt. Und dass die Folien auch dann noch gut aussehen, wenn alle in der Präsentation erscheinenden und verschwindenden Objekte gleichzeitig darauf sind. Hier hilft es, Anleihen beim Konzept der Stapelanimation zu machen (Tipp //111) und nach mehreren Animationsschritten jeweils eine neue Folie zu beginnen.

## //123: Vorgängerversion vermeiden

Die Version PowerPoint XP bietet weit mehr Animationsmöglichkeiten als ihre Vorgängerversionen. Das ist komfortabel, kann aber auch unangenehm werden: Wenn Sie unter XP oder 2003 Animationen erstellen, werden viele davon beim Präsentieren auf einem PC mit einer älteren Version wie PowerPoint 2000 entweder gar nicht ablaufen oder nicht so, wie Sie es sich vorgestellt haben. Damit wird im schlimmsten Fall ihr ganzes Präsentationskonzept aus dem Zusammenhang gerissen. Es hilft auch nichts, wenn Sie Ihre PowerPoint-Datei als »Pack-and-Go-Präsentation«, d. h. als pps-File abgespeichert haben.

**Hinweis:** Vermeiden Sie es, eine unter XP animierte Folie unter einer früheren PowerPoint-Version »mal eben schnell« zu bearbeiten. Das kommt oft vor, wenn im Unternehmen verschiedene PowerPoint-Versionen im Einsatz sind. Aber: Selbst wenn Sie mit der früheren Version in einem animierten Text nur einen kleinen Tippfehler korrigieren, wird nachher die Animation unter XP mit hoher Wahrscheinlichkeit nicht mehr korrekt laufen.

Passen Sie insbesondere auf, wenn beispielsweise auf einem Kongress Ihre Präsentation auf einen Präsentations-PC überspielt wird, damit sie dort alle auf demselben, am Beamer installierten Rechner vorliegen. Fragen Sie nach der eingesetzten PowerPoint-Version.

Selbst bei professionellen Kongressveranstaltern und auch nach Rückfrage können Sie nicht sicher sein, dass am Tag Ihres Vortrages tatsächlich ein Rechner mit der richtigen PowerPoint-Version zur Verfügung steht. Damit Ihre Präsentation kein potenzielles Minenfeld wird, animieren Sie sie so, dass sie im Großen und Ganzen auch unter der Vorgängerversion PowerPoint 2000 ordentlich abläuft. Dafür müssen Sie wissen, was diese aus Ihren XP-Animationen macht. Das ist in Anhang 1 dieses Buches beschrieben.

**Hinweis:** Wenn Sie ganz sichergehen wollen, schalten Sie alle neuen Animationsmöglichkeiten unter PowerPoint XP oder 2003 aus. Das geht unter dem Menü *Extras – Optionen – Bearbeiten – Neue Features deaktivieren*.

## //124: Vorsicht beim Kopieren

Je versierter Sie mit PowerPoint arbeiten, umso mehr werden Sie sich die Arbeit durch Kopieren und geschicktes Modifizieren bereits gestalteter Elemente erleichtern. Häufig basiert dann fast jede Folie auf einer Kopie des Vorgängers. Beim Kopieren werden die Animationseigenschaften der kopierten Objekte mit kopiert. Denken Sie also daran, die Kopie nicht nur inhaltlich zu bearbeiten, sondern gegebenenfalls auch ihre Animation zu ändern oder abzuschalten.

## //125: Animation erst ganz zum Schluss einfügen

Grundsätzlich animieren Sie Ihre Folie am besten erst, wenn diese inhaltlich fertig ist und keine Änderungen mehr zu erwarten sind. Das gilt ganz besonders für Grafiken. Dort werden Sie in aller Regel mehrere Objekte gruppiert haben (Tipp //49) und diese Gruppen animieren. Wenn Sie eine Gruppe ändern, müssen Sie in vielen Fällen vorher die Gruppierung auflösen. Damit aber geht die Animation verloren. Sie müssen die geänderte Gruppe erneut animieren – und das wird entweder gern vergessen oder führt zu Fehlern.

Daher ist es unabdingbar, dass Sie sich vor Ihrem Auftritt die Präsentation noch mal komplett in der Präsentationsansicht anschauen. Prüfen Sie genau, ob wirklich alles stimmt, einschließlich der Animationsschritte. Nehmen Sie sich die Zeit dazu!

# Benutzerdefinierte Animation

► Wenn Sie sich auf die benutzerdefinierten Animationen unter PowerPoint XP einlassen, werden Sie zunächst von der Fülle erschlagen: Es gibt 198 davon. Verglichen mit den 19 in PowerPoint 2000 hat sich ihre Zahl mehr als verzehnfacht. Zusätzlich kamen weitere Optionen je Animation dazu. Die Benutzeroberfläche für die Arbeit mit Animation wurde von Microsoft vollständig verändert – zum Besseren. In PowerPoint 2003 gibt es keine Änderungen oder Erweiterungen bei Animationen gegenüber XP.

Lassen Sie sich von der Vielfalt der Möglichkeiten nicht erschlagen, sondern inspirieren! Da diese Möglichkeiten auch heute noch kaum in Präsentationen genutzt werden, stechen Sie mit einer gekonnten Animation deutlich heraus.

## //126: Animationskategorien

Microsoft hat sich bemüht, die Komplexität der benutzerdefinierten Animationen zu reduzieren. Sie wurden in vier Kategorien gegliedert – und diese wiederum in Unterkategorien:

01. *Eingang:* Hier finden Sie über 50 Möglichkeiten, den Auftritt eines Textes oder grafischen Objekts auf Ihrer Folie festzulegen. Vom einfachen *Erscheinen* über das *Hineinkriechen* oder *Einfliegen* bis zum *Zoomen, Drehen, Wirbeln* und *Springen,* um nur einige Möglichkeiten zu nennen. Die Optionen sind in vier Stufen sortiert: *Einfach, Spezial, Angemessen* und *Aufregend,* wobei das Temperament der Animation von Stufe zu Stufe zunimmt. Allerdings kann man über die Zuordnung zu den Stufen streiten und einige Bezeichnungen erscheinen irreführend.

02. *Hervorgehoben:* Hier sind 30 Effekte zusammengefasst, mit denen Sie die Aufmerksamkeit auf ein Objekt lenken können, das auf der Folie bereits erschienen ist. Das reicht vom *Ändern der Füllfarbe, Linienfarbe, Schriftart* und *-größe* über *Rotieren* und *Erhellen* bis zum *Blitzen* und *Blinken*. Bei diesen Effekten sind die Effektoptionen besonders nützlich. So können Sie, anders als in den Vorgängerversionen, zum Beispiel ein Objekt beliebig oft blinken lassen oder Rotationen vom kleinen Winkel bis zum ständigen Kreisen einstellen. Wie schnell das Objekt blinkt oder rotiert, ist frei wählbar. Auch diese Effekte sind in den oben genannten Stufen, *Einfach, Spezial, Angemessen* und *Aufregend,* sortiert.
03. *Beenden:* Unter noch mal gut 50 Optionen können Sie wählen, wie ein Objekt die Folie verlassen soll. Einfach *Verschwinden* oder *Hinausfliegen,* sich mit einmaligem *Aufblitzen* verabschieden oder von der Folie *springen*. Es sind weitgehend die gleichen Optionen wie beim Erscheinen, nur mit umgekehrter Wirkung.

Diese drei Kategoriebegriffe *Eingang, Hervorgehoben* und *Beenden,* sind lediglich Überschriften, um die Effekte zu sortieren. Die Effekte sind voneinander unabhängig. Sie können mit einem Beenden-Effekt durchaus ein Objekt verschwinden lassen, ohne dass es vorher mit einem Eingangseffekt erschienen ist, sondern einfach von Anfang an ohne jeden Effekt vorhanden war.

04. *Animationspfad:* Vollkommen neu ist der Bewegungs- bzw. Animationspfad. Dabei können Sie festlegen, ob und wie sich ein Objekt von einem Punkt zu einem anderen bewegt. Das muss nicht einfach nur geradlinig auf dem direkten Weg sein, es gibt über 60 Optionen dafür: auf einer *Treppe* oder *Spirale,* einem *Bogen,* einer *Welle* oder *aufprallend*. Sie können den Animationspfad auch frei zeichnen, die Geschwindigkeit bestimmen und im gewissen Umfang sogar die Beschleunigung und das Bremsen bei der Bewegung des Objekts einstellen.

Sie können auf ein Objekt mehrere Animationen nacheinander anwenden. So entstehen komplexe Abläufe.

## //127: Umstieg leichter gemacht

Wenn Sie bereits in einer früheren PowerPoint-Version mit Animationen gearbeitet haben, werden die vielen neuen Möglichkeiten Sie begeistern. Effekte, die man früher vermisst hatte oder nur sehr kompliziert über Umwege realisieren konnte, sind jetzt vorhanden. Beispielsweise das Blinken und das Bewegen eines Objekts von einer Position zu einer anderen.

Doch weniger begeistern wird Sie, dass sich zum größten Teil die Bezeichnungen für bekannte Effekte geändert haben. Dass aus *Rotieren* jetzt *Drehen* wurde und *Dehnen* in *Strecken* umbenannt wurde, lässt sich noch nachvollziehen. Aber um das häufig benutzte *Rollen* wiederzufinden, bedarf es einiger Mühe, bis man es schließlich als *Wischen* identifiziert. Eine Liste der Umbenennungen wäre sehr hilfreich.

Leider fehlt sie in der PowerPoint-Hilfe; daher ist sie in Abb. 69 aus »eigener Forschung« aufgestellt:

| Name in PPT 97-2000 | Bezeichnung in XP und 2003 |
|---|---|
| Auflösen | Einfach – Auflösen |
| Blenden | Einfach – Blenden |
| Dehnen | Angemessen – Strecken |
| Diagonal | Einfach – Streifen |
| Einblenden | Einfach – Kasten |
| Einmal blinken | Einfach – Einmal. Aufblitzen |
| Erscheinen | Einfach – Erscheinen |
| Langsam | Einfach – Hineinkriechen |

| Name in PPT 97–2000 | Bezeichnung in XP und 2003 |
|---|---|
| Linien | Einfach – Linien |
| Rollen | Einfach – Wischen |
| Rotieren | Aufregend – Drehen |
| Schließen, Öffnen | Einfach – Teilen |
| Spirale | Aufregend – Spirale |
| Text | Einfach – Einfliegen |
| Verkürzt | Einfach – Kurzer Blick |
| Zoom | Angemessen – Zoom |

**Abb. 69:** Die bekannten Effekte aus PowerPoint 97 und 2000 stehen auch in XP und 2003 – mit neuen Bezeichnungen – zur Verfügung.

## //128: Ihre Regiezentrale

Diese bewegte Welt erreichen Sie, wenn Sie mit der rechten Maustaste auf das zu animierende Objekte klicken und *Benutzerdefinierte Animation* auswählen. Den gleichen Punkt gibt es auch in der Menüleiste unter *Bildschirmpräsentation*. Es öffnet sich als großes Fenster das Dialogfeld *Benutzerdefinierte Animation*, gewissermaßen Ihre Regiezentrale (Abb. 70).

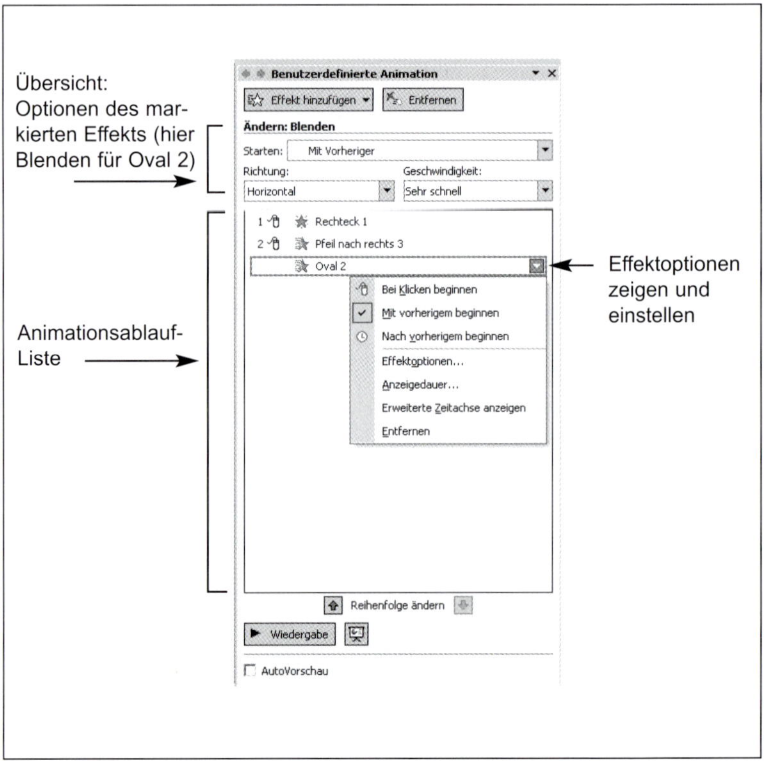


**Abb. 70:** Ihre Regiezentrale: das Dialogfeld *Benutzerdefinierte Animationen.*

**Übung:** Öffnen Sie das Dialogfeld *Benutzerdefinierte Animation* und klicken Sie dort auf *Effekt hinzufügen*. Sie sehen die oben (Tipp //126) aufgeführten vier Kategorien. In jeder Kategorie werden jeweils die zuletzt benutzten Effekte angezeigt. Durch Klicken auf *Weitere Effekte* innerhalb einer Kategorie werden Ihnen alle Effekte angezeigt, nach Gruppen geordnet. Wählen Sie einen Effekt aus und fügen Sie ihn hinzu. Er erscheint in Ihrer Regiezentrale in der *Animationsablauf-Liste*.

Um den Effekt weiter zu bearbeiten, klicken Sie ihn in der *Animationsablauf-Liste* doppelt an. Oder Sie markieren ihn und klicken auf das kleine Dreieck neben dem Effekt. Es öffnen sich die *Effektoptionen* (siehe Abb. 70). Dort suchen Sie jetzt Erweiterungen zum Effekt aus und legen fest, wie schnell und wann der Effekt ablaufen soll: ob bei Mausklick oder automatisch nach einem bestimmten Zeitablauf.

Einige der Optionen wie die Geschwindigkeit und das Startverhalten erreichen Sie auch ohne Doppelklick auf die Effekt-Optionen. Es genügt, den Effekt in der *Animationsablauf-Liste* zu markieren. Die zugeordneten Einstellungen erscheinen im oberen Bereich Ihrer Regiezentrale und können dort in mehreren Stufen variiert werden. Nur für eine stufenlose Einstellung müssen Sie doch mit Doppelklick die *Effektoptionen* aufrufen. Die dort angebotenen Pull-down-Menüs lassen in der Regel neben der Auswahl einer vorgegebenen Stufe auch die direkte Eingabe eines Wertes zu.

### Animationslisten clever nutzen

Bei komplexen Animationen mit vielen Effekten können Sie eine sinnvolle Funktion nutzen, die Sie vom Microsoft Explorer her kennen: Analog zu den Dateinamen im Explorer können Sie mehrere Animationen in der *Animationsablauf-Liste* gleichzeitig markieren. Wollen Sie mehrere aufeinander folgende Effekte markieren, klicken Sie auf den ersten Effekt und anschließend bei gedrückter [Shift]-Taste auf den letzten. Automatisch sind auch alle dazwischenstehenden markiert.

Wenn Sie einzelne Effekte zum Markieren auswählen wollen, halten Sie beim Klicken die [Strg]-Taste gedrückt. Und wenn Sie alle Effekte markieren wollen, drücken Sie einfach [Strg] A. Jetzt können Sie alle markierten Effekte gemeinsam bearbeiten, z. B. die Startoption festlegen oder sie in der zeitlichen Abfolge zusammen verschieben, und müssen das nicht für jeden einzelnen Effekt gesondert durchführen.

## b@w //129: Den richtigen Effekt finden

Bei einer Auswahl aus den angebotenen nahezu 200 Effekten ist es für Sie schwierig, zielgerichtet den für die auszuführende Animation »richtigen« Effekt zu finden. Die Bezeichnungen der Effekte vermitteln zudem keine klare Vorstellung davon, was dahinter steckt. In Kurztiteln mit nur ein oder zwei Begriffen ist das auch schwer möglich. Microsoft hat daher neben jede Animationsbezeichnung ein kleines Icon gesetzt, das zusätzlich symbolisieren soll, worum es sich handelt. Das hilft in den meisten Fällen aber nur wenig weiter.

Hilfreich ist eine schlichte Auflistung aller Effekte, wie sie als Anhang 1 beigefügt und auch im Internetworkshop zu diesem Buch unter www.book-at-web.de verfügbar ist!

### Effektvorschau nutzen

Noch einfacher ist die Auswahl, wenn Sie die Wirkung der Effekte betrachten können. Das geht mit der *Effektvorschau* jeweils für einen ausgewählten Effekt. Dazu müssen Sie das Kontrollkästchen im Auswahlmenü für Effekte aktivieren. Wenn Sie sich einen Gesamteindruck über alle Effekte verschaffen wollen, müssen Sie allerdings alle einzeln anklicken und durchprobieren.

**Hinweis:** Diese Mühe nimmt Ihnen eine PowerPoint-Datei im Internetworkshop zu diesem book@web ab, in der Sie sich alle Animationen für *Eingang, Hervorgehoben* und *Beenden* bequem anschauen können.

## //130: Versionenfalle

In PowerPoint XP stehen rund zehnmal mehr Effekte zur Verfügung als in der Vorgängerversion, PowerPoint 2000. Das heißt aber auch, dass 90 % der XP-Effekte unter der Vorgängerversion nicht so ablaufen, wie Sie sie unter XP sehen. Was wird aus Ihren schönen Animationen in diesem Fall? Eine genaue Auflistung für alle 198 Animationen finden Sie in Anhang 1. In Kurzform:

- Alle 52 Eingangseffekte werden unter den genannten Vorgängerversionen so behandelt, dass man »damit leben kann«: Das Objekt ist ausgeblendet, bis es per Mausklick oder zeitgesteuert erscheint. Die Art des Erscheinens gleicht in rund einem Drittel der Fälle dem Effekt unter XP mit eingeschränkten Effektoptionen. Diese relativ kompatiblen Effekte finden Sie in Abb. 69 in der Spalte »Bezeichnung in XP«. Die anderen Eingangseffekte werden überwiegend durch schlichtes Erscheinen ohne besonderen Effekt substituiert. Eine exakte Beschreibung für jeden einzelnen Effekt finden Sie in Anhang 1.

- Wenn Sie sich die Arbeit gemacht haben, mit der Effektkategorie *Hervorgehoben* ein Objekt blinken oder rotieren zu lassen, Farben oder Schriften zu ändern, ist das unter einer früheren Version verloren. Alle Effekte der Kategorie *Hervorgehoben* laufen nur in der Version XP und werden in der Vorgängerversion ignoriert.

- Gleiches gilt für alle *Beenden*-Effekte, mit denen Sie Objekte wieder verschwinden lassen. Unter den Vorgängerversionen bleiben Sie bis zur nächsten Folie auf dem Schirm. Wenn Ihre Dramaturgie davon lebt, dass Objekte verschwinden, arbeiten Sie entweder mit der Stapelanimation (Tipp //111) oder legen Sie über die Objekte animierte, rahmenlose Rechtecke in der Hintergrundfarbe, die bei Ihrem Erscheinen das darunter liegende Objekt überdecken. Da die Rechtecke die Hintergrundfarbe haben, sind sie selbst unsichtbar und lassen unter sich die Objekte verschwinden.

- Die Effekte der Kategorie *Animationspfad,* mit denen Sie ein Objekt auf unterschiedlichsten Pfaden über die Folie wandern lassen können, hat keine Entsprechung in den Vorgängerversionen. Beim Präsentieren unter einer Vorgängerversion bleibt das Objekt an der Stelle verwurzelt, an dem der Anfangspunkt seiner Bewegung ist.

Diese Einschränkungen beim Ablauf von XP-Präsentationen auf Vorgängerversionen gelten auch für die *Animationsschemas* (Tipp //114), weil diese auf den benutzerdefinierten Animationen beruhen. Erwarten Sie nicht, dass der Text abschnittsweise und originell animiert erscheint. In vielen Fällen beschränkt sich die Vorgängerversion auf einfaches Erscheinen des kompletten Textes.

**Hinweis:** Um sich selbst ein Bild zu machen, wie Ihre Animationen unter PowerPoint 2000 wirken, betrachten Sie sie am besten auf einem PC mit dieser Version. Wenn das nicht geht, speichern Sie Ihre Präsentation zum Testen der Animationen unter dem *Dateityp PowerPoint 95* und öffnen Sie diese dann mit Ihrer XP-Version. Was im »uralten« 95er-Dateityp animiert abläuft – und das ist bereits eine ganze Menge – läuft garantiert auch unter 97 und 2000.

## Regeln für gelungene Animation

► Zugegeben: In der Aufzählung erscheinen die Animationseffekte unüberschaubar. Aber so ist es nicht! Es gibt eigentlich nur zwei prinzipielle Möglichkeiten, wie ein Objekt auf der Folie animiert erscheinen kann: Entweder es fliegt von irgendwoher ein, oder es erscheint einfach ohne viel Fliegerei direkt an seinem zugehörigen Platz, zum Beispiel durch Vergrößern. Das ist die ruhigere Methode.

So treffen Sie die richtige Wahl:

### //131: Vielflieger-Programme

Viele der Animationseffekte lassen ein Objekt mehr oder weniger kunstvoll von irgendeiner Seite ein- bzw. zu ihr hinausfliegen. Egal welchen Effekt Sie wählen, beachten Sie folgende Regel:

Vermeiden Sie Kollisionen: Lassen Sie Grafiken oder Texte immer nur über »freies Feld« einfliegen. Es schmerzt in den Augen, wenn ein Text von oben kommt und sich dabei mit bereits vorhandenen Text überschneidet. Gleiches gilt für Grafikobjekte.

**Übung:** Entwickeln Sie eine Folie mit einer Überschrift und vier Kästchen mit Text, angeordnet wie in der nächsten Abbildung. Lassen Sie zuerst die Überschrift von oben kommen und die Kästchen jeweils von Ihrer nächstgelegenen Seite oder Kante einfliegen, das passt sehr gut. Setzen Sie das Rein- oder Rausfliegen auf eine hohe Geschwindigkeit: Es langweilt, wenn ein Objekt hereingekrochen kommt.

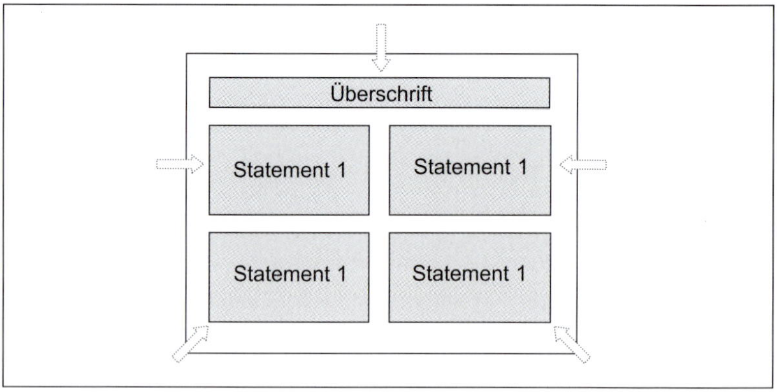


**Abb. 71:** Die Objekte fliegen aus der Pfeilrichtung auf die Folie.

Leider wird die »Freie-Feld«-Regel häufig missachtet und die ganze »Fliegerei« hat daher einen schlechten Ruf. Zu Unrecht. Es kommt darauf an, auf dem richtigen, kollisionsfreien Kurs einzufliegen und die Angemessenheit von Häufigkeit und Geschwindigkeit zu wahren.

## //132: Zum Inhalt passend animieren

Die Animation darf so aufregend sein wie die Inhalte der animierten Punkte. Beispiel: Ihre Folie enthält vier Aussagen, wovon die ersten drei das Problem beschreiben und die vierte eine neuartige, kreative und wirklich gute Lösung dafür liefert. Dann sollten die ersten drei Aussagen nicht oder nur dezent animiert sein – warum sollten sie auch wild einfliegen? Bei der letzten Aussage, der kreativen Lösung, können Sie dagegen richtig auf die Pauke hauen und eine Hingucker-Animation wählen.

Auf die gesamte Präsentation bezogen folgt daraus: Nutzen Sie den Spannungsbogen. Animieren Sie normale Aussagen gar nicht oder nur gering und sparen Sie sich aufregende Animationen zur Betonung Ihrer wirklichen Highlights auf.

## //133: Zur Zielgruppe und zu Ihnen passend animieren

Präsentationen sollten sich dem Anlass, Thema, Präsentator und dem Publikum anpassen! Eine Animation, die ein mit dem Gameboy aufgewachsener Kollege »cool« findet, mag sein älterer Vorgesetzter für »deplaciert« halten. Richten Sie sich im Zweifelsfall lieber nach dem älteren Kollegen und gestalten Sie Ihre Animation zurückhaltender. Doch zu weit brauchen Sie es mit der Selbstzensur nicht (mehr) zu treiben: Selbst Vorstandsvorsitzende großer Konzerne halten heutzutage lebhaft animierte Vorträge.

Wenn die Animation Ihnen gefällt und zu Ihrem Stil passt, weil Sie sehr lebendig präsentieren, dann nutzen Sie sie auch. Sie persönlich müssen sich vor dem Publikum damit wohl fühlen.

Anders sieht es aus, wenn Sie eine Präsentation für einen Dritten vorbereiten. Dann müssen Sie sie mit seinen Augen sehen. Aus den in Tipp //118 genannten Gründen verzichten Sie in solchen Fällen weitgehend auf Animationseffekte.

## //134: Zum animierten Objekt passend animieren

Eine Verbindung zwischen zwei Kästchen A und B, meist in Form eines Pfeils, lassen Sie besser nicht spiralförmig hereinwirbeln. Das wirkt kitschig. Wenn der Pfeil aber bei A beginnend nach B »wächst«, d. h. sich in Pfeilrichtung ausdehnt, betonen Sie sehr schön den Zusammenhang zwischen A und B. Wenn Sie mehrere Kästchen und mehrere Verbindungspfeile in alle möglichen Richtungen haben, animieren Sie jeden Pfeil jeweils passend zur Pfeilrichtung. Die dazu geeignete Animation gab es auch schon in früheren PowerPoint-Versionen unter *Rollen*. Sie heißt jetzt *Wischen* und findet sich in der Kategorie *Eingangseffekt-Einfach*.

Auch bei einem Säulendiagramm ist *Wischen* der passende Effekt, um die Säulen von unten nach oben wachsen zu lassen (Tipp //140).

Für ein rundes Objekt wirken aufregende Animationen wie *Springen, Spirale, Bumerang* oder *Sprossenrad* viel passender als für ein Rechteck. Von einem Ball ist man derartige Kapriolen gewöhnt. Ein Rechteck dagegen bewegt sich oder wächst eher geradlinig.

## //135: Einheitlicher Effektstil

Verwenden Sie nicht alle 198 Effekte in einer Präsentation, sondern bleiben Sie in Ihrer Präsentation einheitlich bei einigen wenigen Effektarten. Ähnlich wie die durchgängige Bildsprache sorgt ein einheitlicher Effektstil für ein professionelles Erscheinungsbild.

Beispielsweise lassen Sie ein Objekt mit dem gleichen (aber in der Richtung umgekehrten) Effekt auf dem Bildschirm erscheinen und wieder verschwinden. Oder wählen Sie zum Verschwinden die Fortsetzung des Eingangseffekts. Eine Fortsetzung ist zum Beispiel, wenn das Objekt von links einfliegt und dann in gleicher Richtung weiter wieder rausfliegt.

## //136: Keine zufälligen Effekte

Die aufgeführten Regeln machen deutlich: Wählen Sie die jeweils geeignete Animation bewusst und überlegt aus. Daher sollten Sie auf eine Animationsform verzichten: *zufällig*. Hierbei wählt PowerPoint nach dem Zufallsverfahren selbst irgendeine Animation. Das ist nur scheinbar attraktiv, weil man sich dann selbst keine Gedanken machen muss, aber es schadet Ihrer Präsentation.

# Animationsbeispiele



► Sie finden hier zehn konkrete Beispiele für den wirkungsvollen Einsatz von Animationen. Nutzen Sie sie als Vorlage für Ihre Präsentationen und lassen Sie sich von den Beispielen inspirieren. Es liegt in der Natur der (Druck-)Sache, dass sich in den abgebildeten Animationen hier im Buch natürlich nichts bewegt, es sei denn, das ganze Buch rutscht Ihnen aus der Hand. Gehen Sie dann lieber ins Bett.

**Hinweis:** Im Internetworkshop zu diesem Buch finden Sie die Beispiele in echter Bewegung. Dort können Sie sie als PowerPoint-Datei herunterladen, betrachten und für eigene Zwecke kopieren und modifizieren. Die meisten Effekte benötigen PowerPoint ab Version XP, daher beziehen sich auch die Beschreibungen im Folgenden jeweils auf XP.

## //137: Einfache Textfolie animieren

Beispiel: Auf Ihrer Folie stehen mehrere Statements, die Sie nacheinander erläutern wollen. Dann macht es Sinn, dass die Statements auch nacheinander erscheinen. Das birgt aber die in Tipp //117 beschriebene Gefahr, dass Sie beim Vortrag selbst nicht wissen, was als Nächstes kommt, und dies Ihnen den flüssigen Übergang zwischen den Punkten erschwert. Hier bietet es sich an, wie in Abb. 72 alle Punkte in einem hellen Grauton erscheinen zu lassen. Nur das Statement, das Sie gerade erläutern, ist schwarz und wird anschließend wieder etwas abgeblendet.

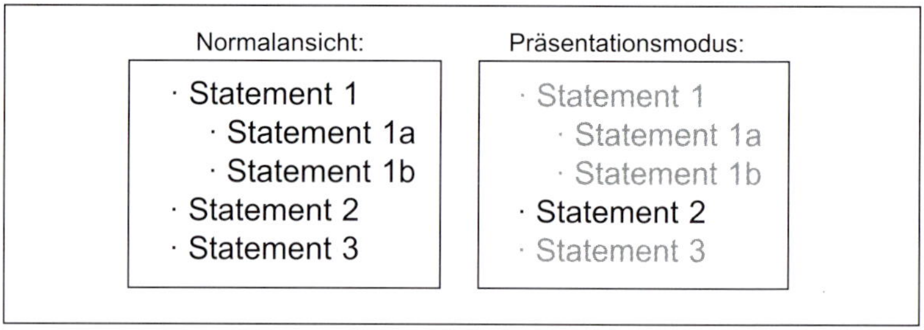


**Abb. 72:** Hervorhebung des jeweils behandelten Punktes.

Es gibt dafür ein passendes Animationsschema *Highlights,* mit dem Sie diesen Effekt für Ihre Folie insgesamt oder für den ganzen Vortrag einstellen können (Tipp //114).

**Übung:** Angenommen, Sie wollen den Effekt nur für einzelne Texte nutzen oder flexibler und mit mehr Optionen handhaben, dann nutzen Sie die benutzerdefinierte Animation. Schreiben Sie dafür Ihren Text in hellem Grau, markieren Sie den Kasten, in dem der Text steht, und wählen Sie dann unter den benutzerdefinierten Animationen den Effekt: *Hervorgehoben – Weitere Effekte – Einfach – Schriftfarbe ändern*.

Über seine *Effektoptionen* (Abb. 73) können Sie alle erforderlichen Einstellungen vornehmen: Wählen Sie im Dialogfeld der Effektoptionen zu *Schriftfarbe ändern* in der Registerkarte *Effekt* als *Schriftfarbe* Schwarz aus und als *Nach Animation* einen grauen Farbton. In der Registerkarte *Anzeigedauer* setzen Sie die Geschwindigkeit auf *sehr schnell,* damit der Farbwechsel zügig erfolgt. Schließlich wählen Sie in der Registerkarte *Textanimation* als Textgruppierung die Option *Bei 1. Abschnittsebene*. Das sorgt dafür, dass die Statements, jeweils zusammen mit ihren Unterpunkten, nacheinander schwarz und dann wieder grau werden.

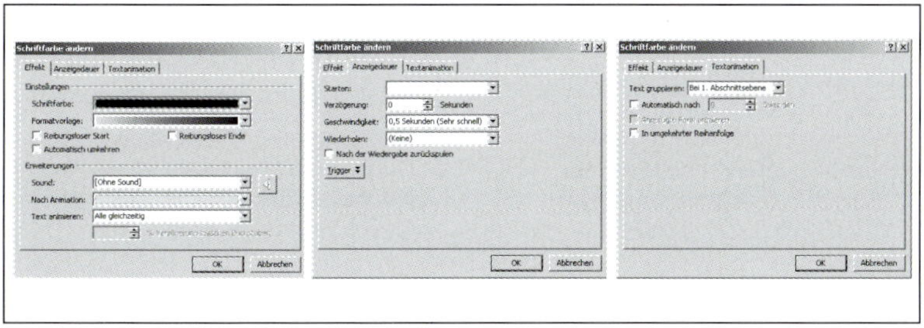


**Abb. 73:** Effektoptionen *Schriftfarbe ändern*. Einstellungen für die Animation der Textfolie.

Natürlich sind Sie nicht auf Schwarz und Grau beschränkt. Mit Rot und Gelb wird die Animation noch deutlicher. Neben der Änderung der Schriftfarbe oder als Zusatz dazu bieten sich noch andere Effekte an. Zur Animation können Sie mit *Schriftschnitt ändern* den Text fett werden lassen, Sie können die *Schriftgröße ändern* oder auch die *Schriftart*. Diese Effekte finden Sie in der Rubrik *Hervorgehoben* auf der Stufe *Einfach*.

## //138: Farbe bringt es ans Licht

Eine Animation muss nicht »der letzte Schrei« sein, um eine pointierte Wirkung zu erzielen. In der folgenden Abbildung beschreibt Ihre erste Folie ein düsteres Szenario in traurigem Farbton. Mit einfachem Betonen des ersten Buchstabens durch Farbwechsel sieht das Ganze schon hoffnungsfroher aus. Realisieren lässt sich das leicht mit der Stapelanimation.

| | |
|---|---|
| Wachstum unter Vorjahresniveau | **W**achstum unter Vorjahresniveau |
| Rückgang der Absatzzahlen | **R**ückgang der Absatzzahlen |
| Outplacement unvermeidbar | **O**utplacement unvermeidbar |
| Negative Zukunftsprognose | **N**egative Zukunftsprognose |
| Geschäftserfolg fraglich | **G**eschäftserfolg fraglich |

**Abb. 74**: Durch Farbänderung neue Erkenntnisse sichtbar machen.

Mit Farbwechseln können Sie in Texten und Grafiken die Aufmerksamkeit auf verborgene Zusammenhänge oder pointierte Aussagen lenken. Betonen Sie bei komplexen Abbildungen durch Farbwechsel die Teile der Abbildung, die Sie gerade erläutern. Neben der einfachen Stapelanimation stehen Ihnen dafür eine ganze Reihe von Effekten unter *Hervorgehoben – Einfach* und *– Spezial* zur Verfügung. Es sind: *Füllfarbe ändern, Linienfarbe ändern, Transparent, Durchtränken, Kontrastfarbe* und *Kontrastfarbe 2, Erhellen* und *Verdunkeln.*

**Hinweis:** Wenn nach der Erläuterung eines Folienpunktes dieser beim nächsten Mausklick wieder die Ursprungsfarbe annehmen soll, geht das nur, indem Sie ihm einen weiteren Effekt zur passenden Rückveränderung der Farbe zuordnen.

Wollen Sie allerdings ohne Mausklick den Farbwechsel oder einen anderen Effekt sofort nach der Animation rückgängig machen, brauchen Sie keinen zweiten Effekt. Dazu wählen Sie in den Effektoptionen unter *Anzeigedauer* den Punkt *Nach der Wiedergabe zurückspulen*. Einen zweiten Effekt benötigen Sie auch dann nicht, wenn mit dem nächsten Mausklick das Objekt ganz verschwinden soll. Dies können Sie sich unter dem Menü *Nach der Animation* bei den Effektoptionen im Registerblatt *Effekt* einstellen.

## //139: Lange Aufzählungen kurzweiliger machen

Wenn Sie viele kurze Punkte zeigen wollen, z. B. die Namen der 30 Gewinner einer Incentive-Reise, benutzen Sie wie im Fernsehen den Effekt *Abspann*, mit dem die Namen von unten nach oben über die Folie laufen. Er steht unter *Benutzerdefinierte Animation – Eingangseffekt – Aufregend* und entspricht dem Animationsschema gleichen Namens (Tipp //114). Im Unterschied zum Animationsschema für die gesamte Folie ist die benutzerdefinierte Animation für einzelne Objekte anwendbar.

**Übung:** Und wieder mal bauen Sie die folgende Abbildung nach! Dabei läuft ein Textfeld ohne Hintergrundfarbe von unten nach oben. Dazu nutzen Sie im Hintergrund die Dokumentenrolle aus *Autoformen – Sterne und Banner – vertikaler Bildlauf*. In den Vordergrund legen Sie Flächen, die den Text oberhalb und unterhalb des aufgerollten Papiers verdecken, damit er nur über dem Papier erscheint.

Und wenn Sie schon dabei sind, dann versuchen Sie sich auch an dem quer laufenden Ticker, der in der nächsten Übung beschrieben wird.

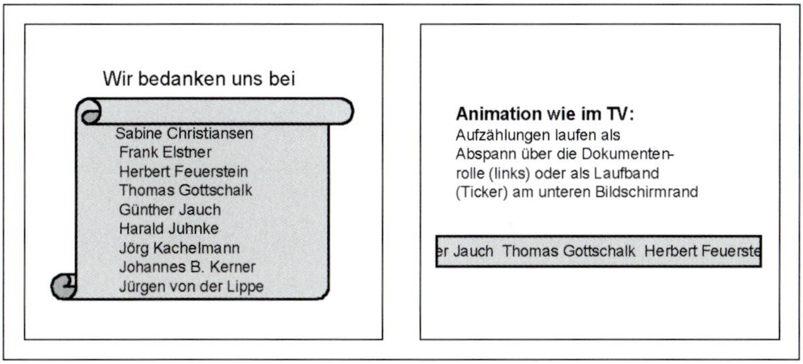


**Abb. 75:** Wie beim Filmabspann von unten nach oben. Mit etwas mehr Mühe auch als endloser Ticker von links nach rechts.

Leider kann man mit dem *Abspann* nicht solche Optionen erzeugen wie das tickerartige Laufenlassen der Namen von links nach rechts. Das Anhalten des Abspanns am Ende, damit der letzte Eintrag der Aufzählung auf dem Bildschirm verbleibt, ist auch nicht vorgesehen. Wenn die Aufzählung insgesamt etwas mehr als eine Bildschirmhöhe umfasst, wird es PowerPoint zu komplex und der Rest wird nicht mehr gezeigt. Das gilt auch für die neueste Version PowerPoint 2003.

Wenn Ihnen die Kapazität des *Abspanns* nicht reicht, greifen Sie zu den Animationspfaden, mit dem Sie ein Objekt beliebig über den Schirm wandern lassen können. Der Anfangs- und Endpunkt kann auch außerhalb der Folie liegen. Für Ersteres müssen Sie das Objekt außerhalb der Folie positionieren. Eine ungewöhnliche Position, aber durchaus zulässig. Passende Animationspfade finden Sie unter *Benutzerdefinierte Animationen – Animationspfad – Linie und Kurven.*

**Übung:** Um unten auf Ihrer Folie einen Ticker laufen zu lassen, brauchen Sie den Effekt *Animationspfad – Linie und Kurven – Rechts*. Damit er ständig wiederholt weiterläuft, selbst während Sie andere Objekte auf der Folie animieren, setzen Sie bei den *Effektoptionen* auf dem Registerblatt *Anzeigedauer* die Option *Wiederholen* auf *Bis zum Ende der Folie*. Auf demselben Registerblatt können Sie auch die Geschwindigkeit frei einstellen: Überschreiben Sie einfach den Eintrag im Pulldown-Menü mit einer Zahl, z. B. 30 für 30 Sekunden, wenn Sie 20 Namen aufzuzählen haben. Bei mehr oder weniger Namen (Information) passen Sie die Zeit entsprechend an.

## //140: Diagramme animieren

Lassen Sie bei einem Säulendiagramm die Säulen von unten nach oben wachsen. Das passt zum Objekt und Sie erreichen eine gewisse Spannung. Wenn das Diagramm die Umsätze der letzten Jahre und des aktuellen Jahres darstellt, wachsen die ersten Säulen schnell automatisch nacheinander. Die letzte Säule, der aktuelle Umsatz, wächst bei Mausklick etwas langsamer. Wenn das Diagramm eine Verteilung, z. B. ein Abstimmungsergebnis, darstellt und die einzelnen Säulen die Anzahl der Stimmen repräsentieren, lassen Sie alle Säulen gleichzeitig langsam wachsen. Wer am längsten wächst und damit am Ende die längste Säule hat, ist der Sieger. Die Animationsform kennen Sie als beliebte Abstimmungsdarstellung aus dem Fernsehen.

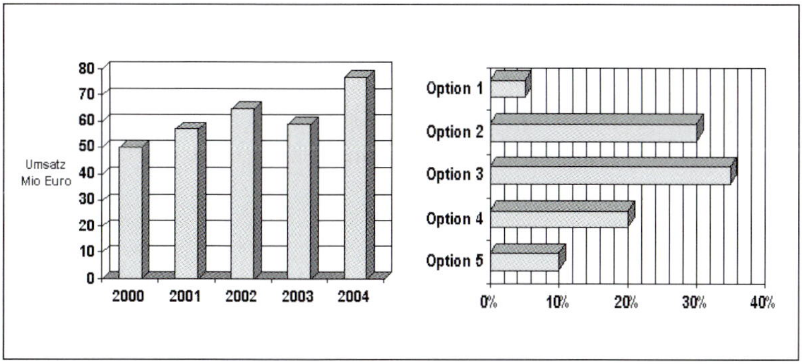


**Abb. 76:** Im linken Bild wachsen die Umsatzsäulen nacheinander in die Höhe. Mit dem rechten Bild können Sie Abstimmungs- oder Testergebnisse animieren.

Der Effekt heißt ab PowerPoint XP *Wischen*, unter PowerPoint 2000 war es *Rollen*. Das *Wischen* finden Sie in der Effektkategorie *Eingangseffekt – Einfach*.

PowerPoint erleichtert Ihnen die Arbeit bei der Animation von Diagrammen. Dafür muss es natürlich »wissen«, dass es sich bei einer Grafik um ein Diagramm handelt. Das ist dann der Fall, wenn es mit dem Icon [Diagramm] erzeugt wurde. Es funktioniert aber auch, wenn Sie das Diagramm in Excel erstellt und einfach auf Ihre Folie kopiert haben. Sie brauchen dann nicht jede Säule einzeln zu animieren.

In den Effektoptionen von *Wischen* erscheint ab PowerPoint XP beim Bearbeiten eines Diagrammobjekts eine zusätzliche Registerkarte *Diagramm-Animationen*. Dort können Sie festlegen, ob die Säulen einzeln oder in bestimmten Gruppen wachsen und ob das Koordinaten-Raster und die Legende des Diagramms animiert sein sollen. PowerPoint erzeugt daraus dann eine Gruppe von Animationseffekten, in der Sie bei Bedarf noch individuell die Animation einzelner Säulen modifizieren können. Das ist eine sehr flexible Lösung, die nicht allein auf den Effekt *Wischen* beschränkt ist. Sie steht Ihnen, mit etwas anderer Benutzeroberfläche, bereits in PowerPoint 2000 zur Verfügung.

Nun hat aber selbst die flexibelste Lösung ihre Grenzen. Etwa wenn Sie bei einem Kuchendiagramm jeweils ein Kuchenstück herausschneiden und zur Betonung das Stück nach außen bewegen wollen. Da das etwas komplexer ist, üben wir es gleich.

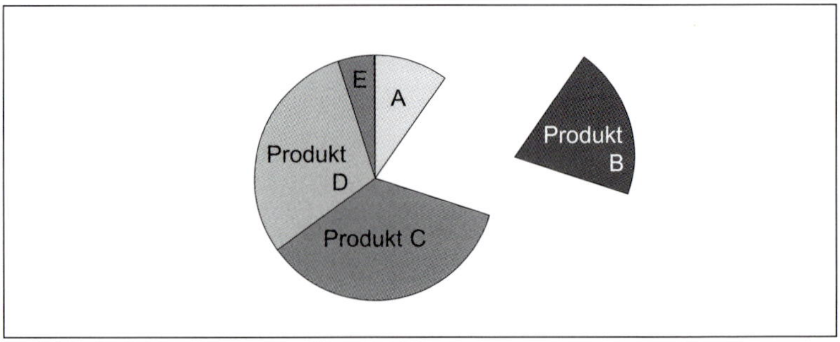


**Abb. 77:** Animation: Die Kuchenstücke wandern stückweise aus dem Kuchendiagramm heraus.

**Übung:** Wenn Sie das Diagramm erstellt haben, weisen Sie jedem betroffenen Kuchenstück individuell einen passenden *Animationspfad* zu. Damit Sie die Stücke in dieser Weise einzeln bearbeiten können, müssen Sie vorher das Diagrammobjekt in ein Zeichnungsobjekt umwandeln. Markieren Sie dafür das Diagramm, klicken Sie auf *Zeichnen* –

*Gruppierung aufheben* und beantworten Sie den Warnhinweis von PowerPoint mit »Ja«. Wahrscheinlich müssen Sie mehrfach Gruppierungen aufheben, bis Sie an das gewünschte Kuchenstück separat herankommen.

Mit der Umwandlung verliert das Objekt seine Diagrammeigenschaft. Die bequemen Diagrammeffekte von oben stehen dann nicht mehr zur Verfügung, dafür können Sie jedes einzelne Element des Diagramms beliebig individuell bearbeiten und animieren. Zur Animation am Beispiel vom Kuchenstück B wählen Sie *Effekt – Animationspfad – Linien und Kurven – Nach rechts*. Sie können die Länge und den Winkel des Animationspfads anschließend beliebig einstellen. Damit das schöne Kuchenstück nicht auseinander fällt, lassen Sie es vorsichtig herausgleiten und langsam anhalten. Dafür sorgen die Voreinstellungen unter Reibung auf der Registerkarte *Effekt*. Mehr zur Reibung finden Sie unter Tipp //145.

## //141: Organigramme animieren

Einfach ist mit PowerPoint auch die Animation von Organigrammen, vorausgesetzt, sie wurden mit *Einfügen – Schematische Darstellung – Organigramm* erzeugt (Tipp //79). Sie können einen Effekt für das gesamte Organigramm festlegen und dabei unter den Effektoptionen einstellen, ob alle Kästchen im Organigramm gleichzeitig, Ebene für Ebene oder nach Zweigen animiert erscheinen sollen.

PowerPoint erzeugt daraus eine Gruppe von Animationseffekten, in der Sie bei Bedarf jeden Effekt jedes einzelnen Kästchens noch individuell modifizieren können. Wahrscheinlich werden Sie die Start-Option an einigen Stellen verändern, um passend zu Ihrem Vortrag festzulegen, welche Kästchen oder Teilzweige automatisch oder erst bei Mausklick erscheinen sollen.

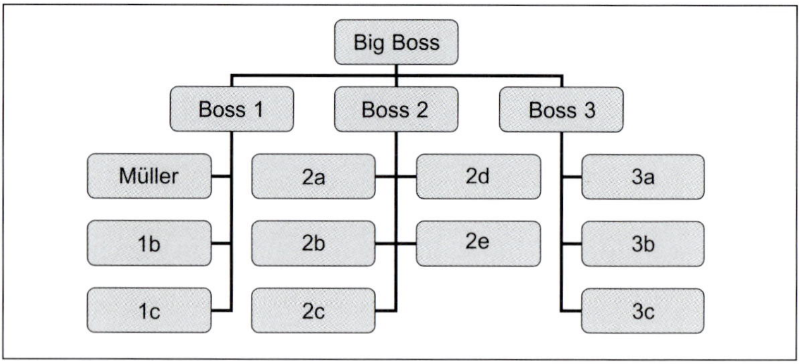


**Abb. 78:** Organigramme lassen sich leicht in PowerPoint erstellen und animieren.

Da es sich bei einem Organigramm oft um eine der wichtigsten Informationen im Unternehmen handelt, wählen Sie für die Animation zurückhaltende Effekte. Beispielsweise *Erscheinen, Karo, Kasten, Linien, Streifen,* alle unter *Eingangseffekt – Einfach.* Sie blenden das Objekt in ruhiger Form ein. Statt mit Eingangseffekten das Organigramm nach und nach aufzubauen, können Sie es von Anfang an ganz zeigen und sukzessive einzelne Teile hervorheben. Dies geht zum Beispiel durch Farbänderung mit dem Effekt *Hervorgehoben – Spezial – Komplementärfarbe.*

Auch wenn Sie mit der Animation des Organigramms hintergründige Aussagen verknüpfen wollen, gibt es eine Reihe passend benannter Effekte, wie *Schwanken, Hineinkriechen, Gekrümmt nach oben, Schlinge* oder *Hinausfliegen.* Passen Sie dann aber auf, dass Letzteres Ihnen nicht selbst passiert, wenn Sie den Big Boss schwanken lassen.

## b@w //142: Professionelle Prozess-Charts

Die Art und Weise, wie (sauber) Geschäftsprozesse im Unternehmen ablaufen, ist gerade in Zeiten knapper Kassen ein wichtiges und weit reichendes Thema. Viele Bereiche müssen mit einbezogen werden. Umso wichtiger ist es, das Thema Prozesse überzeugend präsentieren zu können. Geeignete Animation Ihrer Folien hilft dabei. Wenn Sie professionell präsentieren, glaubt man Ihnen auch eher, dass Sie die Prozesse professionell managen können.

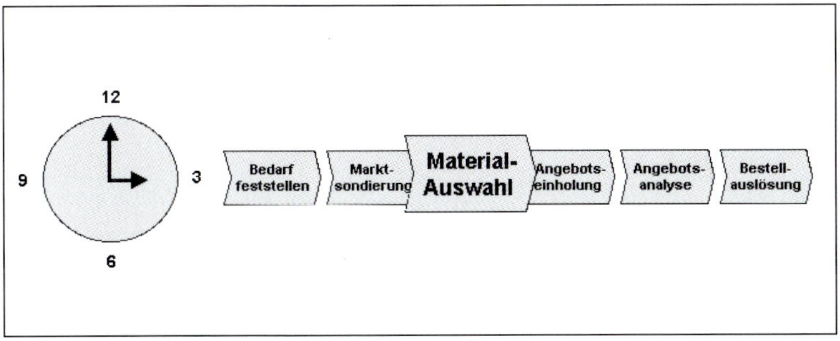


**Abb. 79:** Typisches Prozess-Chart mit außergewöhnlicher Darstellung der Zeitachse.

Abb. 79 zeigt ein typisches Prozess-Chart. Die einzelnen Prozess-Schritte werden durch Blockpfeile symbolisiert. Ungewöhnlich ist die eingefügte Uhr, die Sie unter Tipp //146 wiederfinden. Die können Sie bei der Erläuterung eines Prozess-Schritts jeweils ein Stück mitlaufen lassen, um die Länge jedes Schrittes zu symbolisieren.

**Für die Animation der Blockpfeile bieten sich zwei Möglichkeiten an:**

01. Lassen Sie die einzelnen Blockpfeile jeweils beim Mausklick entstehen, indem Sie in Pfeilrichtung wachsend entstehen. Das bringt etwas Bewegung in den Prozess. Sie erreichen es mit dem *Eingangseffekt – Einfach – Wischen*. Bei den *Effektoptionen* stellen Sie bei der *Richtung* ein, dass sich die Pfeile *von links* entfalten sollen. Im Registerblatt *Textanimation* der *Effektoptionen* müssen Sie angeben *Angefügte Form animieren*, damit der Text im Pfeil sich mit

dem Pfeil gemeinsam entfaltet. Zusätzlich können Sie bei *Anzeigedauer* für jeden Pfeil einstellen, wie schnell er wachsen soll. Vorteilhaft ist die augenfällige Darstellung, nachteilig jedoch, dass der Vortragende selbst die Schritte erst dann sieht, wenn Sie auf der Leinwand erscheinen. Das macht einen flüssigen Übergang zwischen den Prozess-Schritten beim Vortrag nicht einfach.

02. Eine gute Alternative ist es daher, das gesamte Prozess-Chart auf einmal anzuzeigen und die einzelnen Schritte bei ihrer Erläuterung jeweils nacheinander deutlich vergrößert hervorzublenden. Damit gewinnen Sie doppelt: Ihr Publikum ist Ihnen dankbar, da die Schrift in den Blockpfeilen sowieso meist recht klein und durch die Vergrößerung besser lesbar ist. Sie selbst können, vorne an der Leinwand, auch die Schrift in den nicht hervorgeblendeten Pfeilen gut lesen und sehen damit jederzeit den Gesamtzusammenhang. Die einfachste Lösung, um diese Animation zu realisieren, ist die Stapelanimation (Tipp //111). Kopieren Sie die Folie mit dem Prozess-Chart mit *Einfügen – Folie duplizieren* bzw. [Strg] [Shift] D sechsmal und stellen Sie auf jeder Kopie jeweils einen Prozess-Pfeil deutlich vergrößert in den Vordergrund. Bei der Präsentation erzeugen Sie mit dem Folienwechsel den Eindruck, der Pfeil hätte sich »aus sich heraus« schnell vergrößert.

Es geht natürlich auch mit der benutzerdefinierten Animation *Hervorgehoben – Einfach – Vergrößern/Verkleinern*. Benutzen Sie diese aber nur, wenn Sie geringfügig vergrößern – bis etwa 110 %. Das hat zwei Gründe:

- Alle Zoom-Effekte für Objekte vergrößern Schrift in einer Form, die sie schlecht lesbar macht. Bei fetter Schrift und geringem Zoom, bis etwa 110 %, fällt das nicht so sehr auf. Sie können das Problem mit etwas Zusatzaufwand umgehen: Vergrößern Sie Pfeil und Schrift mit zwei unterschiedlichen Animationseffekten: Für den Pfeil *Hervorgehoben – Einfach – Vergrößern/Verkleinern* und für die Schrift als separates Textfeld, nicht gruppiert mit dem Pfeil, *Hervorgehoben*

*– Einfach – Schriftgröße ändern* oder auch *Hervorgehoben – Angemessen – Mit Farbe zunehmend.*

- Wenn Sie einen Pfeil, etwa den dritten, ordentlich vergrößern, wird er natürlich ein Stück von Pfeil 2 und 4 überdecken müssen. Damit das klappt, muss der 3. Pfeil in der 3D-Reihenfolge (Tipp //86) vor Pfeil 2 und 4 liegen. Beim nächsten Schritt ist Pfeil 4 groß und überdeckt teilweise 3 und 5. Damit liegt Pfeil 4 erst hinter und dann vor Pfeil 3. Mit der Animation müsste sich also nicht nur die Größe, sondern auch die 3D-Reihenfolge ändern. Letzteres ist nicht möglich. Die einzige Lösung ist, die Vergrößerung nicht so groß zu machen, dass sie andere Objekte überdeckt. Bei 110 % ist meist noch genug Luft zu den Nachbarobjekten vorhanden.

**Übung:** Mit der folgenden Kurzanleitung versuchen Sie es selbst: Setzen Sie den Text in den Pfeilen fett, markieren Sie alle Pfeile und wählen Sie als Animation *Hervorgehoben – Einfach Vergrößern/ Verkleinern* mit der Geschwindigkeit *sehr schnell*. Stellen Sie den Vergrößern-Effekt auf 110 %. Damit ein Pfeil nach dem Vergrößern beim Mausklick wieder auf Normalgröße zurückschrumpft, müssen Sie ihn verkleinern. Markieren Sie nochmals alle Pfeile, wählen Sie wieder den *Vergrößern/Verkleinern*-Effekt, diesmal auf 91 %. Jetzt haben Sie im PowerPoint-Animationsfenster eine Liste mit sechs Vergrößerungseffekten, gefolgt von sechs Verkleinerungseffekten. Sortieren Sie in der Liste die Effekte in die richtige, wechselnde Reihenfolge von Vergrößern und Verkleinern und wählen Sie die Startoptionen jeweils so, dass mit einem Mausklick der vergrößerte Pfeil verkleinert und sein Nachfolger gleichzeitig vergrößert wird.

## //143: Vereinfachung sichtbar machen

Verringerung von Komplexität, schlanke Organisation, Business Process Re-Engineering – das sind Schlagworte in fast allen Unternehmen. Wenn Sie dazu etwas präsentieren, müssen Sie Vereinfachungen oder Verschlankungen sichtbar machen. Angenommen, Sie wollen zeigen, wie durch Ihre neuartige Lösung ein Geschäftsprozess vereinfacht werden kann. Die einzelnen Prozess-Schritte sind als Pfeile wie in Abb. 79 dargestellt. Bei komplexen Prozessen können das leicht 30 oder 40 Schritte sein. Die Lösung, die Sie entwickelt haben und vorstellen wollen, macht die Hälfte davon überflüssig. Das können Sie eindrucksvoll demonstrieren, indem die überflüssigen Pfeile nacheinander verschwinden. Dafür stehen Ihnen bei den benutzerdefinierten Animationen 52 Effekte in der Kategorie *Beenden* zur Verfügung. Wenn es eher verhalten sein soll, passen die Effekte *Auflösend hinaus, Kasten, Streifen* oder *Schachbrett* gut. Etwas peppiger und passend zum Thema Vereinfachung sind *Reduzieren, Zusammenziehen, Verblassender Zoom, Wachsen* und *Bewegen*. Richtig fetzig wird es beim *Wirbeln, Drehen, Falten, Schnipser* und bei *Lichtgeschwindigkeit*.

Die Beenden-Effekte gab es in früheren PowerPoint-Versionen nicht. Trotzdem können Sie auch dort Objekte einfach verschwinden lassen. Im Dialogfeld *Benutzerdefinierte Animation* gibt es dort auf der Registerkarte *Effekte* eine Option *Nach Animation*.

### Durchstreichen statt verschwinden lassen

Statt Teile verschwinden zu lassen, können Sie sie auch durchstreichen. Dann bleiben Sie auf der Folie erhalten und somit lesbar. Um mit einem »X« durchzustreichen, bilden Sie das X aus zwei roten Linien, die aufeinander folgend von unten nach oben bzw. oben nach unten wachsen. Das sieht aus, als ob das X gerade geschrieben würde. Die richtige Animation dafür ist wieder das *Wischen* unter *Eingangseffekt – Einfach*. Lassen Sie sich nicht davon verwirren, dass im normalen Ansichtsmodus das »X« immer da ist.

Im Präsentationsmodus erscheint es erst, wenn Sie die Animation auslösen.

**Hinweis:** Mit diesen Effekten können Sie nicht nur augenfällig darstellen, dass Prozess-Schritte verschwinden. Es eignet sich auch gut zum »Verschwindenlassen« von Kosten aller Art, von Bearbeitungszeiten und überhaupt allem, das kleiner besser ausschaut als größer. Wenn Sie diese Parameter auch nicht ganz verschwinden lassen können, lassen Sie sie mit dem Effekt *Hervorgehoben – Einfach – Vergrößern/Verkleinern* deutlich kleiner werden.

## //144: Wachstum und Entwicklung präsentieren

Zur Darstellung, wie Ihr Umsatz, die kumulierten Stückzahlen oder andere Business-Parameter gewachsen sind, ist das Säulendiagramm unschlagbar. Sie brauchen natürlich einen Aufwärtstrend. Die Animation dafür liefert Ihnen Tipp //140.

Wenn Sie die Entwicklung nicht nur an Zahlen festmachen wollen, sondern an Begriffen, verwenden Sie konzentrische Kreise oder Ellipsen. Sie können damit zeigen, wie sich Ihr Produkt über die Jahre mit neuen Features weiterentwickelt hat und wie sich die Entwicklung fortsetzt. Die Urversion Ihres Produkts symbolisiert der innerste Kreis. Darin stehen einige Features dieser Version. Die nachfolgenden Ringe sind die späteren Versionen und enthalten jeweils die neu hinzugekommenen Features. Die äußersten Ringe können einen Ausblick auf künftige Versionen geben.

Einen sehr wirkungsvollen Effekt erzielen Sie, wenn die einzelnen Ringe sich bei der Präsentation nacheinander von innen nach außen aufbauen.

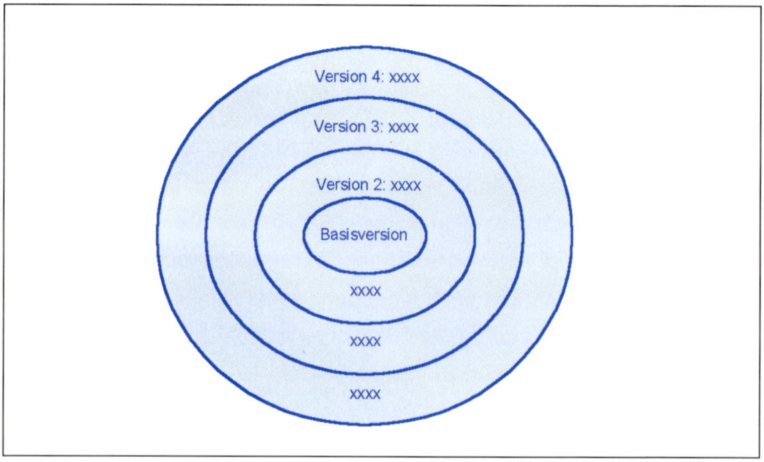


**Abb. 80:** Die »Baumringe« wachsen nacheinander aus der Mitte und vergrößern wirkungsvoll das Bild.

Für die Realisierung zeichnen Sie zunächst die äußerste Ellipse. Kopieren Sie sie mit [Strg] D und verkleinern Sie die Breite und Höhe der Kopie um mindestens 2 cm, damit im Ring noch Raum für Text bleibt. Die Größe lässt sich exakt auf der Registerkarte *Objekt formatieren – Größe* einstellen. Erzeugen Sie die nächsten Ellipsen in der gleichen Weise, jeweils um den gleichen Betrag verkleinert. Beim abschließenden exakten konzentrischen Ausrichten hilft Ihnen PowerPoint: Markieren Sie alle Ellipsen und führen Sie im Menü *Zeichnen – Ausrichten* oder *Verteilen* sowohl *Horizontal verteilen* als auch *Vertikal verteilen* durch. Die Beschriftungen in den Ringen sind Textfelder, die mit der jeweils zugehörigen Ellipse gruppiert sind.

Für die Animation weisen Sie jeder dieser Gruppen den *Eingangseffekt – Einfach – Kreis* zu. Als *Effektoption* legen Sie auf der Registerkarte *Kreis-Effekt* die Richtung *Aus* fest, d. h. der Kreis wächst von innen nach außen.

## //145: Modularisierung verdeutlichen

Weiteres Beispiel: Sie stellen ein Produkt oder eine Lösung vor, die aus mehreren Komponenten besteht, und wollen zeigen, wie perfekt alles zusammenpasst. Hier bieten sich Puzzlestücke oder Legobausteine an. Puzzleteile finden Sie unter *Autoformen – Weitere Autoformen*, die Legobausteine können Sie sich leicht selbst aus den Standardformen *Rechteck bzw. Würfel* und *Zylinder* zusammenstellen. Neben Puzzle und Lego eignen sich auch alle anderen geometrischen Formen, die nahtlos zusammenpassen: einfache Rechtecke oder Würfel als Bauklötze, Sechsecke als Bienenwaben – oder lassen Sie sich von Tetris- oder Tangram-Formen inspirieren.

Welche Formen Sie auch wählen, mit Animationseffekten können Sie sehr passende Komponenten zusammenbauen. Dafür fliegen die Objekte aus adäquaten Richtungen ein. Der *Eingangseffekt – Einfach – Einfliegen* lässt dafür acht Richtungen und beliebige Geschwindigkeiten zu. In der Effektoption *Anzeigedauer* sind Sie nicht auf die in der Pull-down-Liste vorgegebenen Geschwindigkeiten beschränkt, sondern können selbst Zeiten eingeben.

Bremsen Sie das fliegende Objekt vor dem Andocken ein wenig ab, indem Sie bei den Effektoptionen *Reibungsloses Ende* aktivieren. Die Bezeichnung dieser Effektoption gelang Microsoft leider nicht reibungslos, sie ist sinnverdreht: Wenn Sie Start oder Ende auf reibungslos einstellen, erfolgen diese mit Reibung, also mit Beschleunigen oder Bremsen. Wenn Sie *reibungslos* ausschalten, erfolgt es ohne Reibung. Diese Verdrehung ist auch in PowerPoint 2003 noch nicht behoben.

Wenn Ihnen das einfache Einfliegen zu langweilig ist, dann nehmen Sie unter *Eingangseffekt – Aufregend* die Effekte *Lichtgeschwindigkeit, Sausen, Schnipser* oder *Springen*.

**Hinweis:** Noch effektvoller wird es, wenn die Objekte nicht nur geradlinig einfliegen, sondern auf beliebigen Bahnen und allen Richtungen. Die Objekte können sich dann auch noch von Ihren Plätzen wegbewegen und untereinander die Plätze tauschen. Hier ist das Einsatzgebiet der Effektkategorie *Animationspfad – Linien und Kurven*.

**Hinweis:** Vielleicht passen die Komponenten einer Lösung in der Realität doch nicht so perfekt zusammen, wie auf Ihrer PowerPoint-Folie. Das gilt natürlich nicht für Ihre eigene Lösung, sondern nur für die des Wettbewerbers. Auch das können Sie schön veranschaulichen: Einige Bausteine passen nicht exakt und liegen schief. So wird das ganze Bauwerk nach und nach instabiler, bis es schließlich – mit Animationspfaden animiert – zusammenbricht.

## //146: Kernaussagen unterstreichen

Wenn Sie Spaß an der Bewegung gefunden haben, können Sie mit etwas Fantasie und Übung Ihre Kernaussagen mit animierten Objekten gekonnt unterstreichen. Damit fallen Sie auf. Vergessen Sie aber vor lauter Begeisterung nicht die Regeln aus Tipp //131 bis //136, die Animation muss zur Aussage und zur Zielgruppe passen, sie darf nicht überzogen sein. Vergessen Sie bei der Arbeit am PC auch nicht, sich zwischendurch selbst ein wenig zu bewegen. Es besteht bei den Animationen die Gefahr, dass Sie sonst Stunden vor dem PC verbringen und sich am Ende zwar Ihre Objekte wunderbar bewegen, aber Sie selbst eingerostet sind.

**Abb. 81:** Mit Animation Kernaussagen unterstreichen: blinkendes Follow-me-Zeichen, laufende Uhr, rotierendes Kreisverkehrszeichen.

Abb. 81 gibt drei Anregungen, wie Sie Ihre Kernaussagen mit Animation unterstreichen können.

01. Das blinkende »FOLLOW ME«-Zeichen kann ein guter Abschluss für Ihren Vortrag sein. Es kann dazu auffordern, Ihrer Meinung zu folgen. Sie können damit aber auch, und damit ist Ihnen ein Lacher sicher, das Buffet eröffnen und gleichzeitig sicherstellen, dass Sie der Erste am Büffet sind. Realisiert ist »Follow me« durch den Effekt *Hervorgehoben – Aufregend – Blinken*. Der Trick dabei ist, dass der Blinken-Effekt nicht dem blinkenden Objekt selbst zugeordnet ist. Das würde dann abwechselnd erscheinen und verschwinden. Beim richtigen Blinken verschwindet ein Objekt natürlich nicht, sondern wird nur heller und dunkler. Daher ist der Blinken-Effekt einer Fläche zugeordnet, die über dem Objekt liegt und mit transparenter dunkler Farbe gefüllt ist. Die Transparenz können Sie unter *Format – Autoform formatieren – Farben und Linien* einstellen.
02. Eine laufende Uhr ist immer geeignet, wenn es um Zeit oder Geschwindigkeit geht. Natürlich können Sie die Uhr auch so animieren, dass Sie anhält oder rückwärts läuft. Sehr augenfällig lässt sich die Zeitdauer einzelner Bearbeitungsschritte für einen Vorgang sichtbar machen: Die Uhr läuft jeweils so weit, wie ein Schritt dauert. Die Uhrzeiger sind Linien, denen der Effekt *Hervorgehoben – Einfach – Rotieren* zugeordnet ist. In den Effektoptionen ist die *Geschwin-*

*digkeit* passend eingestellt: Der große Zeiger rotiert in einer Sekunde, der kleine in zwölf. Der *Betrag* ist auf *360° im Uhrzeigersinn* gesetzt und bei der *Anzeigendauer* ist *Wiederholen bis zum Mausklick* gewählt. Ein Trick ist auch bei der Uhr dabei: Beim Effekt *Rotieren* rotiert das Element um seinen Mittelpunkt, der Zeiger soll jedoch um seinen Anfangspunkt rotieren. Daher ist die Hälfte der Linie durch eine Linie in Folienfarbe übermalt und damit quasi ausradiert. Die beiden Linien sind gruppiert.

03. Das rotierende Kreisverkehrszeichen ist ein wirklicher Hingucker, weil es als Objekt in der realen Welt unbewegt ist. Damit erreichen Sie einen Überraschungseffekt, der in Erinnerung bleibt und Ihre Kernaussage unterstreicht. Der Kreisverkehr passt zur Aussage, »wir bewegen uns im Kreis«. Anschließend können Sie auf einem Autobahn-Wegweiser die Richtung vorgeben, in die Sie das Publikum lenken möchten. Realisiert ist das Kreisverkehrszeichen mit mehreren konzentrischen Kreisen in Blau und Weiß. Der innerste ist blau, es folgen ein weißer, blauer und schließlich wieder weißer Kreis, letzterer mit Linie. Der zweite weiße Kreis bildet den Ring für die drei Pfeile. Mit kleinen blauen Rechtecken ist der Ring dreimal unterbrochen, die Pfeilspitzen sind aus weißen Rechtecken erstellt. Das ganze ist gruppiert und – wie bei der Uhr – mit *Hervorgehoben – Einfach – Rotieren* animiert, diesmal allerdings gegen den Uhrzeigersinn. Zumindest in Ländern mit Rechtsverkehr.

# Gekonnter Medienmix

Beschränken Sie sich in Ihrer Präsentation nicht nur auf Texte und Zeichnungen, sondern kombinieren Sie das mit weiteren Medien wie:

- ClipArts
- Fotos
- Sound
- Film
- Internetseiten.

Auch weitere Medien vor Ort, vom klassischen Flipchart bis zum neuartigen interaktiven Whiteboard, können Sie gekonnt einbinden.

**Hinweis:** Geben Sie auch den Teilnehmern Medien in die Hand, vom einfachen Handout auf Papier bis zum Memory-Stick mit Ihrer Präsentation. Das ist ein edles Werbegeschenk, mit dem Sie sich in beste Erinnerung bringen.

## ClipArts

► ClipArts sind kleine Grafiken, die häufig in Präsentationen eingefügt werden. Sie können Sie als schmückende, humorige oder symbolische Elemente einsetzen. Weil ClipArts so beliebt sind, sind die am leichtesten zugänglichen auch ziemlich abgegriffen:

In jeder Präsentation fanden sich die immer gleichen wie die bekannten Screen Beans von Bitbetter (www.bitbetter.com). Doch mittlerweile ist eine richtige ClipArt-Industrie entstanden. Die Auswahl ist gewaltig und selbst die Screen Beans haben so viele neue Varianten erhalten, dass Sie sich mit Ihnen wieder in die Öffentlichkeit trauen können. Machen Sie sich auf die Suche nach frischen ClipArts!

Dafür müssen Sie ein wenig über die ClipArt-Formate wissen: von der einfachen Grafik bis zum animierten ClipArt, das eine kurze filmartige Sequenz zeigt.

## //147: ClipArts als Schmuck

Die häufigste Anwendung von ClipArts ist ganz einfach: Schmuck. Die Inhalte Ihrer Präsentation werden durch ClipArts zwar nicht verständlicher, aber attraktiver dargeboten. Dieser Schmuck kann ein dröges Thema auflockern, er kann aber auch abschreckend wirken.

Beachten Sie dabei dieselben Grundregeln wie beim Anlegen von echtem Schmuck: Weniger ist mehr, es muss zusammenpassen und darf nicht immer dasselbe sein.

Wenn Sie mehrere ClipArts einbauen, ist es wichtig, dass Sie vom Stil zusammenpassen. Wenn schon Bernsteinkette, dann auch Bernsteinohrringe.

**Abb. 82:** ClipArts, zum Ausschmücken des Themas Teamwork.

## //148: ClipArts mit Humor

Humor ist eine ernste Sache. Er entsteht mit ClipArts, wenn das ClipArt die Aussage auf der Folie überspitzt darstellt oder ihr ironisch widerspricht.

Überspitzte Darstellungen erreichen Sie schon durch das Auswählen »putziger Personen«. Deutlich verstärkt wird der Eindruck noch durch Bewegung. Ab der Version PowerPoint 2000 können auch animierte ClipArts angezeigt werden. In aller Regel dient die Animation einer humorvollen Darstellung. So ziehen die drolligen Kollegen im linken ClipArt der Abb. 83 animiert an einem Strang. Sichtbar wird die Animation natürlich erst im Präsentationsmodus.

Ironie im geschriebenen Text kann man nicht erkennen – diese leidvolle Erfahrung vieler Autoren gilt bis zu einem gewissen Grad auch für multimediale Präsentationen. Deshalb stellen Sie sicher, dass das Publikum versteht, welche Aussage Sie wirklich ernst meinen: die im Text oder die im (ironisierenden) ClipArt.

**Abb. 83:** Humorvolle und ironische ClipArts zu Teamwork.

Verzichten Sie nicht auf Humor. Er verringert die Distanz zwischen Ihnen und dem Publikum. Es entspannt die Atmosphäre, wenn man gemeinsam über etwas lachen oder schmunzeln kann.

Die Amerikaner machen es uns mit Ihrer lässigen Art zu präsentieren – und auch zu referieren – vor. Und mittlerweile legen auch Vorstandsvorsitzende renommierter Unternehmen auf internationalen Konferenzen das eine oder andere humorvolle ClipArt auf, wenn es gut zum Thema passt.

## b@w //149: ClipArts als Symbol

Neben der nur schmückenden Funktion können ClipArts auch als Hinweisschilder genutzt werden. Das book@web-Symbol in diesem Buch ist dafür ein Beispiel. In ihrer Präsentation können Sie mit einem passenden, einheitlich benutzten ClipArt einzelne Stellen besonders hervorheben. Typisch ist das Ausrufungszeichen oder das dreieckige »Gefahr«-Verkehrszeichen.

**Hinweis:** Überlegen Sie, ob sich ein Begriff auch durch ein Symbol darstellen oder ergänzen lässt. Ländernamen oder Regionen können durch die Fahnen, Wappen oder Kartenausschnitte repräsentiert werden. Umfrageergebnisse über die Kundenzufriedenheit mit einer ganzen Palette von Smileys, von böse bis glücklich. Neben Smileys eignen sich auch Wettersymblole, von Sonne über Wolke bis zum Gewitter. Viele Tiere stehen synonym für bestimmte Eigenschaften. Nutzen Sie bekannte Symbole von Piktogrammen oder Verkehrszeichen. Beispiele für die Anwendung von Verkehrszeichen sind im Internetworkshop zu diesem book@web enthalten.

**Hinweis:** Nutzen Sie branchen- und unternehmensspezifische Symbole! Um vor Elektronikern zu symbolisieren, dass mit großem Widerstand bei einer Lösung zu rechnen ist, eignet sich nichts besser, als ... Ja! Ein durch die Farbcodierung erkennbarer elektrischer Widerstand im oberen Megaohm-Bereich. Ihre Kunden können Sie durch deren Logos repräsentieren. Sie können diese meist einfach von deren Internetseite laden – und machen einen guten Eindruck, wenn Sie das Kundenlogo auf der Titelseite Ihres Vortrages übernommen haben. Verzerren oder verändern Sie diese aber nicht! Und setzen Sie sie nicht zu häufig ein, vor allem dann nicht, wenn es erst Ihr Kunde werden soll. Das funktioniert in vielen Bereichen, aber lassen Sie die Finger von religiöser Symbolik.

Besonders bei der Anwendung von ClipArts als Symbole ist wichtig: Bleiben Sie bei einem Stil. Mischen Sie zum Beispiel nicht zweidimensionale, abstrahierte schwarz-weiße Symbole mit bunten 3D-Zeichnungen.

## //150: ClipArt-Formate

ClipArts sind relativ kleine Dateien, in denen die Grafik fast immer im GIF-Format abgelegt ist. Sie erkennen das an der Endung *gif* im Dateinamen. In einer GIF-Grafik können mehre Bilder enthalten sein, die nacheinander erscheinen und den Eindruck von Bewegung vermitteln. Das sind so genannte animierte GIFs. Mehr über das GIF-Format finden Sie unter Fotos, Tipp //156.

In der PowerPoint-ClipArt-Galerie sind die meisten ClipArts jedoch nicht im GIF-Format gespeichert, sondern im Windows-Meta-File-Format, Dateiendung *wmf*. Animation ist damit nicht möglich. Dafür lassen sich die ClipArts in der Regel direkt in PowerPoint recht gut bearbeiten, beispielsweise neu einfärben. Ansonsten gibt es für Sie in der Praxis keinen Unterschied zwischen ClipArts im GIF- oder WMF-Format.

Daneben gibt es weitere firmenspezifische Formate. CorelDRAW zum Beispiel hat eine umfassende, gut gegliederte ClipArt-Sammlung, die deutlich über die von PowerPoint hinausgeht. Die ClipArts sind im CorelDRAW-Format, Dateiendung *cdr*, und lassen sich mit PowerPoint nicht direkt benutzen. Über die Corel-Software können Sie jedoch in andere Formate konvertiert oder über Kopieren eingefügt werden.

## //151: Microsoft-ClipArt-Galerie

Die bequemste Quelle ist die ClipArt-Galerie von Microsoft-Office. Sie gehört zum Lieferumfang jedes Office-Produktes, also auch von PowerPoint. Bei PowerPoint XP und 2003 finden Sie dort um die 20.000 ClipArts, unter PowerPoint 2000 sind es rund die Hälfte – und außerdem oft andere. Achten Sie daher darauf, dass bei der Installation der Software die ClipArt-Sammlungen mit installiert werden. Auf die ClipArts können Sie über das Menü *Einfügen – Grafik – ClipArt* zugreifen.

**Hinweis:** Alle ClipArts sind mit Schlüsselwörtern versehen, nach denen Sie suchen können. Es sind Substantive in deutscher Sprache. Wenn Sie bei der Suche mit der Einzahl des Substantivs nichts finden, versuchen Sie es mit dem Plural und umgekehrt. Wenn Sie mehrere Wörter zum Suchen eingeben, interpretiert PowerPoint-2000 das als ODER-Verknüpfung, ab XP ist es eine UND-Verknüpfung.

Wie schon erwähnt, sollten Sie bei einem Stil von ClipArts bleiben. Unter PowerPoint XP und 2003 erreichen Sie das, indem Sie im Dialogfeld *ClipArt einfügen* mit der rechten Maustaste auf ein ClipArt klicken und *ähnliche Formatvorlage suchen* auswählen. Dann sehen Sie alle ClipArts, die im gleichen Stil wie das Angeklickte zur Verfügung stehen. Unter PowerPoint 2000 haben Sie diese Funktion über das Fernglas, das beim Klicken auf einen Clip mit der linken Maustaste im Dialogfeld *ClipArt einfügen* erscheint.

**Hinweis:** Mit ClipArts vergleichbare Grafiken, die sich wie Autoformen weiter bearbeiten lassen, stecken hinter dem Menü *Autoformen – Weitere Autoformen*. Diese Grafiken finden Sie auch über die oben beschriebene Stichwortsuche.

**Hinweis:** Eine große Anzahl weiterer ClipArts bietet Ihnen Microsoft im Internet. Klicken Sie dafür in PowerPoint im Dialogfeld *ClipArt einfügen* auf *Clips Online*. Auch dort können Sie ClipArts eines Stils anzeigen. Klicken Sie auf ein ClipArt und nehmen Sie im sich öffnenden Vorschaufenster den Link zum angezeigten Stil.

## //152: Weitere ClipArt-Quellen

Im Internet gibt es noch jede Menge weiterer ClipArts. Als größte Grafikressource mit weit über eine Million ClipArts bezeichnet sich ArtToday, *http://www.arttoday.de*. Sie steht sogar in Deutsch zur Verfügung. Dort müssen Sie allerdings Geld in Form von Mitgliedsbeiträgen bezahlen, nur die Probesuche ist kostenlos.

Eine umfassende ClipArt-Suchmaschine ist »The Whole Internet Guide To ClipArt« unter *http://www.clipartguide.com*. Einen deutschen Ableger gibt es davon nicht, folglich müssen natürlich Ihre Suchbegriffe in Englisch sein.

**Hinweis:** Bei Microsoft und über die anderen genannten Quellen finden Sie genug für die Kategorien Schmuck und Humor aus Tipp //147 und //148. Für Symbole (Tipp //149) dagegen sind die Quellen nicht so gut geeignet, besonders wenn die Symbole einen einheitlichen Stil haben sollen. Die Verkehrszeichen zum Beispiel, mit denen Sie von Ablehnung bis Zustimmung, Gefahr oder Chance vieles symbolisieren können, fehlen fast ganz. Sie finden daher im Internetworkshop zu diesem book@web eine ganze Sammlung mit Anwendungsbeispielen – Sie können sie von dort in Ihre Präsentation übernehmen. Besonders nett sind animierte Verkehrszeichen, in denen sich die Personen oder Symbole bewegen.

Daneben gibt es am Markt große Symbolsammlungen separat oder als Teile anderer Programme zu kaufen. Microsoft Visio zum Beispiel enthält in der Professional Version eine umfassende

Sammlung an Symbolen, unter anderem für IT-Diagramme, Gebäudepläne und Verfahrenstechnik-Komponenten. Lohnend ist auch die ClipArt-Sammlung von CorelDRAW. Allerdings sind sowohl die Visio- als auch die Corel-Symbole in einem Format, das Sie nur über Umwege in PowerPoint einfügen können (Tipp //153).

Wenn Sie ClipArts aus dem Internet oder anderen Sammlungen einsetzen, müssen Sie selbstverständlich die entsprechenden Urheberrechtsbestimmungen beachten.

## //153: ClipArt einfügen und anpassen

Microsoft-ClipArts fügen Sie über *Einfügen – Grafik – ClipArts* ein. ClipArts aus einer anderen Quelle, die als Dateien vorliegen, mit *Einfügen – Grafik – aus Datei*, sofern die Datei das GIF- oder ein anderes Standardformat hat. Notfalls probieren Sie es mit *Kopieren* des ClipArts aus der Ursprungsanwendung und *Einfügen* auf Ihre Folie. Wenn selbst das nicht funktioniert, »fotografieren« Sie den Bildschirm ab, indem Sie die Taste [Druck], oben rechts auf Ihrer Tastatur neben der Funktionstaste F12, drücken. Fügen Sie mit [Strg] V das Abbild des Bildschirms auf der PowerPoint-Folie ein und beschneiden Sie das Bild, wie das in Tipp //157 erklärt wird.

Normalerweise werden Sie das ClipArt nur in der Größe anpassen und ansonsten nicht weiter bearbeiten. Die Größenanpassung erfolgt, wie bei jedem anderen Objekt auch, durch Klicken auf das Objekt und anschließendem Ziehen an den angezeigten Ziehpunkten. Mit dem Klicken auf dem ClipArt wird die Grafik-Symbolleiste eingeblendet, über die Sie einige Formatierungsmöglichkeiten haben (Tipp //157).

### ClipArt anders einfärben

Eine Bearbeitungsform ist jedoch ClipArt-spezifisch und sei hier erwähnt: das Neu-Einfärben. Diese Option steht Ihnen bei den meisten ClipArts im WMF-Format zur Verfügung. Klicken Sie ab

PowerPoint XP doppelt auf das ClipArt bzw. nehmen Sie bei PowerPoint 2000 die rechte Maustaste und wählen Sie im Kontextmenü *Grafik formatieren*. In beiden Fällen kommen Sie auf das Registerblatt *Autoform formatieren – Grafik*. Klicken Sie dort auf *Neu einfärben*. Sie können dann jede einzelne Farbe der Grafik neu bestimmen.

Wenn Sie aus dem ClipArt Teile herausnehmen, kopieren oder verschieben wollen, heben Sie vorher mit *Zeichnen – Gruppierung aufheben* die Gruppierung der Grafikteile auf und wandeln Sie es damit in ein Microsoft-Zeichnungsobjekt um. Je weiter Sie in die Details gehen wollen, umso öfter müssen Sie die Gruppierung aufheben.

## Fotografien

► PowerPoint ist kein Fotobearbeitungsprogramm, bietet Ihnen aber alle Möglichkeiten, (bearbeitete) Fotografien gekonnt und wirkungsvoll in Ihrer Präsentation zu verwenden.

### //154: Fotos sinnvoll in Präsentationen einsetzen

Welche Fotos bauen Sie in Ihre Präsentation ein und wofür? Dazu hier einige Vorschläge.

- Produktpräsentationen: Dafür bieten sich selbstverständlich Fotos an. Die liegen bei Ihrer Firma in der PR-Abteilung oder der Marktkommunikation vor, vielleicht sogar auf der Internet-Homepage. Halten Sie einen Vortrag über nur ein Produkt, setzen Sie dessen Bild auf den Folienmaster ein: Es erscheint dann als gemeinsames Element auf allen Folien.

- Porträts: Wenn Sie über Personen sprechen, zum Beispiel die Mitglieder Ihres Teams vorstellen oder ein Organigramm auflegen, wird Ihre Folie mit Fotos der Beteiligten viel lebendiger. Beim Organigramm genügt die Topebene, falls sonst der Platz für die Aufnahmen zu klein würde.

- Zitate: Gern werden Zitate bekannter Persönlichkeiten herangezogen, um die eigene Position zu untermauern. Schmücken Sie das Zitat mit einem Foto der zitierten Person. Von allen Prominenten finden Sie Aufnahmen im Internet. In hierarchisch geprägten Unternehmen wirkt ein Zitat aus dem Munde – resp. dem Foto – des Geschäftsführers oder Vorstands Wunder.

- Assoziationen: Einen Volltreffer können Sie in Ihrer Präsentation mit einem Foto landen, das Ihre Aussage perfekt unterstreicht oder zuspitzt. Das bleibt in Erinnerung. Oft sind gerade Tieraufnahmen gut geeignet, Analogien herzustellen. Assoziieren Sie aber Ihren Big Boss nicht mit einem Walross oder Ihre Gleichstellungsbeauftragte mit einer Meckerziege. Neben Tieraufnahmen sind Kinder, Sport und auch Essen mögliche Themenfelder für pointierte Fotos, weil Sie damit Emotionen oder Appetit wecken. Leicht zu finden sind solche Fotos nicht, da helfen die nächsten Tipps.

- Bilder sollen Ihren Vortrag illustrieren, d. h., der Inhalt Ihres Vortrags bestimmt die Auswahl der Bilder. Seien Sie dabei aber nicht dogmatisch und lassen Sie es zu, dass ein Bild den Inhalt Ihres Vortrags mitbestimmt. Bei der Planung Ihres Vortrags ist am Anfang der mögliche Inhalt noch recht diffus, aber Sie haben ein paar sehr gute Bilder. Dann berücksichtigen Sie bei der Entscheidung über den Inhalt auch mit, ob Sie ein gutes Bild unterbringen können.

- Viele Unternehmen legen sich im Rahmen ihres Corporate Designs auf eine einheitliche Bildsprache fest. Das können Themenfelder sein, Makro-Aufnahmen oder spezielle Verfremdungen im Bild.

Die Aufnahmen sind in der Regel speziell für Ihr Unternehmen erstellt und damit einzigartig. Sprechen Sie Ihre Kollegen von der PR oder Marktkommunikation an und nutzen Sie die teuren Aufnahmen auch in Ihrer Präsentation.

- Wenn Sie in Ihrem Vortrag eine Story erzählen oder über Ereignisse berichten, illustrieren Sie dies mit Fotos. Gehen Sie durchaus so weit, dass Ihre ganze Präsentation nur aus Fotos besteht. Das stellt Sie als Redner wieder mehr in den Vordergrund und ist eine angenehme Abwechslung zu üblichen Folienvorträgen.

- Stellen Sie gleich mit Ihrer Titelfolie einen Bezug zu Ihrem Publikum her. Eine einfache, aber wirkungsvolle Möglichkeit: Platzieren Sie auf der Titelseite ein Foto der Stadt, in der Sie Ihren Vortrag gerade halten, wenn die meisten Ihrer Zuhörer aus der Region kommen. Das können Sie auch als Einstieg für Ihren Vortrag nutzen, um mit ein paar freundlichen Worten über den Ort zu beginnen. Passende Fotos finden Sie leicht auf den Homepages der Städte im Internet.

- Zeigen Sie als Abschlussfolie die Daten Ihrer Visitenkarte. Damit fordern Sie die Teilnehmer zum Kontakt auf. Natürlich ist auf dieser Folie auch ein Bild von Ihnen.

Die Wirkung der Fotos können Sie noch steigern, indem Sie ihnen Bewegung verleihen. Wie das mit Fotos ohne die Einbindung von Film geht, lesen Sie unter Tipp //162 bis //165.

## //155: Quellen für Fotos

Eine vollständige PowerPoint XP-Installation enthält bereits rund 2.000 Fotos, die Sie frei ohne Urheberrechts-Einschränkungen verwenden können. Klicken Sie in PowerPoint XP und 2003 auf *Einfügen – Grafik – ClipArts* und schränken Sie im Dialogfeld *ClipArt einfügen* unter Ergebnisse die Suche auf Fotos ein. Ein Beispiel: Suchen Sie Geld und Sie werden rund 50-mal fündig.

Unter PowerPoint 2000 sind immerhin rund 1.000 Fotos verfügbar. Die Suche lässt sich dort nicht durch Ankreuzen auf Fotos einschränken. Sie müssen im Fenster *ClipArt einfügen* neben dem Suchbegriff unter *Clips suchen* die Bezeichnung *jpg* eingeben, in diesem Beispiel *Geld jpg*. Alle Fotos in PowerPoint 2000 sind mit dem Schlüsselwort *jpg* versehen (Tipp //156). Sie erhalten eine Trefferliste aller Bilder, die *Geld* oder *jpg* enthalten. Die ersten der angezeigten Treffer in der Liste enthalten sowohl *Geld* als auch *jpg*, sind also Fotos über Geld.

### Online-Gallery und Suchmaschinen nutzen

In beiden PowerPoint-Versionen kommen Sie über das Dialogfeld *ClipArt einfügen* mit *Clips Online* ins Internet zur Microsoft Gallery, die Sie schon von der ClipArt-Suche kennen (Tipp //151). In der Galerie können Sie die Suche so einschränken, dass nur Fotos angezeigt werden. Auch *http://www.arttoday.de* und *http://www.clipart-guide.com*, die Sie bereits aus Tipp //151 kennen, bieten Fotos.

Die ergiebigste Quelle für Fotos aller Art ist natürlich das Internet. Dort finden Sie sicher etwas Passendes für Ihren Zweck. Einige Internet-Suchmaschinen haben eigene Suchfunktionen für Bilder. Die umfassendste ist Google unter *www.google.de* mit deutlich über 400 Millionen Bildern. Das schafft nicht mal die gefürchtete Urlaubsdiasammlung Ihres Nachbarn.

Fotos suchen Sie in Google in der gleichen Weise wie Websites: indem Sie einen oder mehrere charakteristische Begriffe eingeben. Die meisten Treffer erhalten Sie mit englischen Begriffen. So liefert die Suche nach *Nashorn* nur gut 800 Bilder, während Ihnen bei *Rhinoceros* eine Herde von rund 6.000 entgegenkommt, das ist mehr als die Hälfte der Nashorn-Population in Afrika. Wenn Sie die Suche speziell auf das *Spitzmaul- oder Breitmaulnashorn* einschränken, erhalten Sie in beiden Fällen immer noch zweistellige Ergebnisse. Bei der Suche können Sie die gleichen booleschen Operatoren wie bei der üblichen Google-Suche verwenden und unter *erweiterte Bildsuche* zusätzliche Angaben machen. Die gefundenen Bilder werden Ihnen im »Daumennagelformat« als Thumbnails, also als kleine Vorschaubilder gezeigt.

**Hinweis:** Wenn Sie außergewöhnliches Bildmaterial suchen, graben Sie an ungewöhnlichen Plätzen! Beispielsweise könnten Sie etwas Passendes in einem Museum finden, wobei die Spanne von der Frühgeschichte und Industrialisierung über Kunstmuseen bis zur Hightech reicht. Sie sind auf der Suche nach einem Foto eines Kunstwerks oder einer Werkschau eines Künstlers? Dann schauen Sie auf die Homepages eines Museums, in dem er vertreten ist. Gibt es einen Verband oder eine öffentliche Institution für Ihr Thema? Auch deren Homepages enthalten oft geeignete Bilder. Und: Setzen Sie auf Communitys im Netz! Das sind Internetgemeinschaften von Teilnehmern mit gleichen Interessen. Deren Seiten sind oft nur für Mitglieder zugängig und werden von Google nicht durchsucht. Wenn Sie Mitglied bei Microsoft Net, *www.msn.de,* oder Yahoo, *http://de.groups.yahoo.com,* sind, um nur die beiden größten zu nennen, haben Sie Zugriff. Praktisch jede Community hat eine Abteilung *Bilder*.

### Bilder herunterladen

Wenn Sie ein Bild auf einer Internetseite gefunden haben und dort keine spezielle Download-Funktion für das Bild vorhanden ist, klicken Sie mit der rechten Maustaste auf das Bild und wählen Sie »Bild speichern unter«. Dann wird es als Datei auf Ihrem Rechner gespeichert. Das ist technisch ganz einfach, rechtlich aber womöglich nicht unkompliziert.

Denn Bilder im Internet können durch Urheberrechte geschützt sein – auch wenn Ihnen das nicht auf den ersten Blick ersichtlich ist. Bei Bildern aus öffentlichen Einrichtungen ist das meist nicht der Fall. Nehmen Sie im Zweifelsfall zu dem Besitzer der Website Kontakt auf, um eine entsprechende Erlaubnis zu erhalten.

Urheberrechtliche Fragen gilt es auch bei weiteren guten Quellen für Bilder zu bedenken, etwa Fotobände und Zeitschriften. Besonders pointierte Aufnahmen finden Sie in der Anzeigenwerbung. Die können Sie mittels Scanner digitalisieren und in PowerPoint einbinden. Aber: Gehen Sie davon aus, dass diese Motive geschützt sind. Das ist nur in wenigen Fällen, etwa wenn Schutzrechte bereits erloschen sind oder Sie den Motiven eine beträchtliche eigene künstlerische Leistung angedeihen lassen, nicht der Fall. Das Problem haben Sie prinzipiell nicht, wenn Sie Ihre eigenen Bilder verwenden. Vielleicht lohnt sich doch der Kauf einer Digitalkamera?

**Hinweis:** Beginnen Sie frühzeitig, Ihr eigenes kleines Archiv als Quelle für Bilder anzulegen. Wenn Sie irgendwo ein besonders gelungenes und pointiertes Foto sehen, »verwandeln« Sie es in eine Datei – wenn es noch nicht als solche vorliegt – und heben Sie es sich auf. Fangen Sie nicht erst an, ein Bild zu suchen, wenn Sie es kurzfristig für einen Vortrag brauchen.

## //156: Fotoformate

Fotodateien haben Dateiendungen wie *jpg, gif, png, tif, bmp* usw. Es handelt sich dabei um verschiedene Speicher- und Komprimierungsmethoden. In PowerPoint können Sie alle üblichen Formate verwenden. Rufen Sie einfach *Einfügen – Grafik – aus Datei* auf und das ausgewählte Bild erscheint auf Ihrer Folie. Ein paar Dinge sollten Sie aber über die Formate wissen, damit Ihnen nicht die Speichergröße explodiert oder Sie Überraschungen bei der Bildqualität erleben:

- Das gängigste Dateiformat für Fotos ist JPEG: Die Abkürzung steht für Joint Photographic Experts Group, die Dateiendung ist *jpg oder jpeg*. Dies sollten Sie im Regelfall in Ihren PowerPoint-Präsentationen verwenden, denn dank geschickter Komprimierung haben JPEG-Dateien relativ geringe Dateigrößen. Das geht zwar auf Kosten der Qualität, doch reicht sie bei einem rund 100 KByte großen JPEG-Bild meist aus, damit Sie das Bild über die gesamte Folienfläche aufziehen können. Für kleine Darstellungen genügen JPEG-Dateien unter 50 KByte.
- Das zweithäufigste Format ist GIF, Graphical Interchange Format. Das haben Sie bereits oben bei den ClipArts kennen gelernt. Das Format kann maximal nur 256 Farben anzeigen, was für hochqualitative Farbfotos zu wenig ist. Für kleine Bilder, Schwarz-Weiß-Zeichnungen und Farbgrafiken ist das GIF-Format dagegen gut geeignet und sehr speichereffizient, wenn darin große Blöcke von Vollfarben vorkommen. Der Vorteil gegenüber JPEG ist, dass GIF-Bilder animiert sein können und dass das Dateiformat transparente Flächen erlaubt.
- Das PNG-Format, Portable Network Graphics, ist ein neues Format, dass sich voraussichtlich stark verbreiten wird. Vorteile: In diesem Format gespeicherte Bilder verlieren nicht an Qualität, auch wenn die Datei komprimiert ist. Es gibt keine relevante Beschränkung bei der Anzahl der Farben und es ist, wie bei GIF, Transparenz möglich. Die Dateien haben meist eine akzeptable Größe und können problemlos verwendet werden.
- Aufpassen müssen Sie bei *bmp* und *tif*. Die Endungen stehen für bitmap und TIFF = tagged image file format. Diese Formate führen in der Regel zu sehr großen Bilddateien. Die Qualität ist dafür auch entsprechend hoch – allerdings viel höher, als Sie sie für eine PowerPoint-Präsentation benötigen. TIFF wird im Publishing verwendet und ist das Standardformat beim Einscannen von Bildern.
  Wenn ein bmp- oder TIFF-Bild um oder über ein Megabyte groß ist, wandeln Sie es vor dem Einbinden in Ihre Folie in JPEG- oder PNG-Format um. Das geht notfalls auch direkt in PowerPoint:

Fügen Sie zunächst das TIFF- oder bmp-Bild mit *Einfügen – Grafik – aus Datei* in Ihre Präsentation ein. Ab PowerPoint XP können Sie komprimieren – mehr dazu in Tipp //161. Unter PowerPoint 2000 schneiden Sie das Bild gleich wieder aus und fügen es im geänderten Format erneut ein. Klicken Sie dafür auf das Menü *Bearbeiten – Inhalte einfügen – als Bild (JPEG)* bzw. *als Bild (PNG)*. Das Einfügen als JPEG spart am meisten Speicherplatz, das Einfügen als PNG liefert die bessere Qualität. Probieren Sie daher zunächst JPEG aus, wenn Ihnen das Ergebnis nicht gefällt, wählen Sie PNG.

## //157: Foto einfügen und anpassen

Nachdem Sie ein Foto mit *Einfügen – Grafik – aus Datei* auf Ihre Folie übernommen haben, schieben Sie es zunächst auf die gewünschte Position und passen Sie die Größe an. Das geht wie mit jedem anderem Objekt auch (Tipp //4). Wenn Sie die Größe anpassen, behalten Sie das Verhältnis von Breite und Höhe in etwa bei – vor allem, wenn Menschen auf dem Foto zu sehen sind. Machen Sie aus Ihrer schlanken Personalchefin keine breite Matrone, es sei denn, Sie verkaufen Schlankheitsmittel und wollen es als Vorher-Nachher-Vergleich nutzen. Noch schlimmer sieht es aus, wenn Sie das ohnehin sehr schmale Gesicht Ihres Oberbuchhalters noch mehr in die Länge ziehen.

Statt die Proportionen des Bildes zu verändern, schneiden Sie besser ein Stück ab. Beim Klicken auf das Bild erscheint die Ihnen schon von den ClipArts bekannte Grafik-Symbolleiste, nur ist diesmal, anders als bei GIF-ClipArts, das Icon [Zuschneiden] aktiviert.

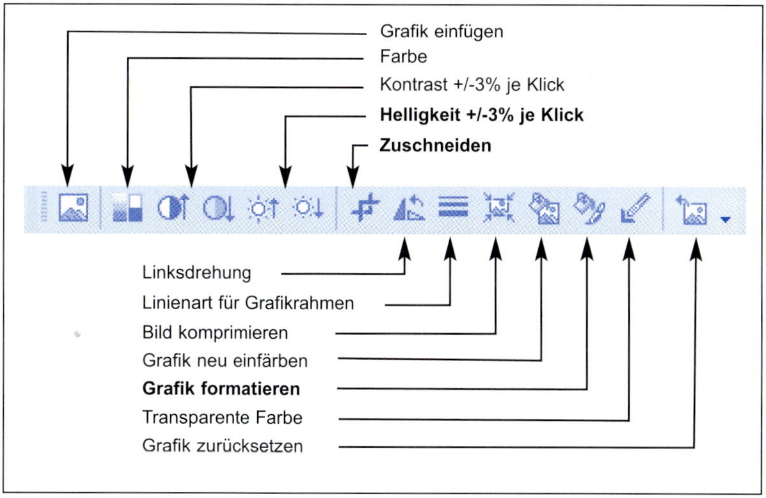


**Abb. 84:** Grafik-Symbolleiste. Die am häufigsten benutzten Icons sind fett gedruckt.

**Übung:** Klicken Sie auf ein Bild, das Sie in Ihre Übungsfolien eingefügt haben, und dann auf das Icon [Zuschneiden]. Ziehen Sie anschließend mit der Maus einen der Markierungspunkte des Bildes nach innen. Der Mauszeiger nimmt dabei die Form des Zuschneiden-Icons an. Auf diese Weise können Sie auch Ausschnittsvergrößerungen machen, indem Sie erst das Bild bis auf den gewünschten Ausschnitt zuschneiden und dann vergrößern.

Die abgeschnittenen Bildteile gehen nicht verloren. Mit erneutem [Zuschneiden] und Ziehen an den Markierungspunkten nach außen werden die abgeschnittenen Teile wieder sichtbar. Das ist eine freundliche Geste von PowerPoint, die aber unnötig viel Speicherplatz verbraucht, wenn Sie große Teile des Bildes abgeschnitten haben. Wie Sie diesen Platz freigeben können, steht unter Tipp //161.

Bei manchen Aufnahmen müssen Sie die Helligkeit erhöhen. Mit jedem Klick auf das entsprechende Icon in der Grafik-Symbolleiste steigt die Helligkeit um 3 %. Mit höherer Helligkeit geht Kontrast verloren, den Sie auch über die entsprechenden Kontrast-Icons nachregeln können.

**Hinweis:** Haben Sie am Ende das Foto so verstellt und verzerrt, dass Sie am liebsten davonlaufen wollen? Bleiben Sie lieber da und klicken Sie auf das Icon [Grafik zurücksetzen] ganz rechts in der Grafik-Symbolleiste: Schon wird der Ursprungszustand wieder hergestellt.

## //158: Bilder freistellen

PowerPoint ist kein Fotobearbeitungsprogramm. Die oben beschriebenen Funktionen zum Vergrößern und Zuschneiden des Bildes, zur Anpassung von Helligkeit und Kontrast reichen für einfache Bedürfnisse aus. Für komplexere Manipulationen benötigen Sie ein spezielles Programm wie Corel Photo-Paint oder Adobe Photo Shop.

Eine recht komplexe Aufgabe ist das Freistellen von Bildern. Eine Person beispielsweise soll ohne Hintergrund erscheinen, weil es einfach besser aussieht. Sie haben dann kein viereckiges Foto mehr, sondern nur noch das Objekt, auf das es ankommt.

In PowerPoint können Sie ein Bild freistellen, wenn der Hintergrund exakt nur eine Farbe hat. Dann können Sie ihn entfernen. Im Regelfall müssen Sie dazu das Bild vorher mit einem Fotoprogramm mit Maskenfunktionen bearbeiten. In PowerPoint klicken Sie in der Grafik-Symbolleiste auf das Icon [Transparente Farbe bestimmen] und dann auf den Hintergrund im Bild, der durchsichtig werden soll. Jetzt promeniert die Person frei stehend auf Ihrer Folie.

## //159: Auf Fotos zeichnen und schreiben

In PowerPoint können Sie auf Fotos zeichnen und schreiben oder sie in Zeichnungen einbinden. Hier einige Anregungen:

- Legen Sie einer Person auf dem Foto ein paar Worte in den Mund, indem Sie eine Sprechblase hinzufügen. Sie finden diese unter *Autoformen – Legenden.* Mit der *Wolkenlegende* können Sie sogar nicht ausgesprochene und geheime Gedanken verraten.

- Sie können auf einem Foto Bildteile zur Erklärung mit Text versehen, zum Beispiel in Legenden, Blockpfeilen oder Textfeldern. Zeigt das Foto das Armaturenbrett Ihres Porsche, dann beschriften Sie die Knöpfchen als Erklärung für Ihren Kumpel, der mal eine Proberunde drehen will. Damit sich die Schrift vom edlen, dunklen Lederinterieur abhebt, wählen Sie weiße Schriftfarbe.

- Ist auf einem Foto ein Monitor-Bildschirm, ein Fernseher, eine Plakatwand oder die Medienwand eines Kontrollzentrums zu sehen, dann nutzen Sie die Fläche für Ihren Text oder für Ihre Grafik. Den Originalinhalt müssen Sie gegebenenfalls vorher entfernen, indem Sie die Fläche mit einer passend gefärbten Autoform übermalen. Damit der Text zur Perspektive passt, arbeiten Sie mit einer Kombination aus WordArt und 3D-Art, wie in Tipp //108 erläutert.

- Stellen Sie sich, als weitere Anregung, das Bild eines von unten nur klein zu erkennenden Jumbojets am blauen Himmel vor, der den Namen Ihres Produkts mit Kondensstreifen in den Himmel schreibt. Mit PowerPoint brauchen Sie dafür keinen Tropfen Kerosin.

- Alles, was Fenster hat, bietet sich an, mit Köpfen von Personen versehen zu werden. Zeigen Sie zum Beispiel an Ihrem Bürogebäude, wer hinter welchem Fenster arbeitet, um Ihr Team vorzustellen. Montieren Sie die Köpfe in die Fenster der Zeichnung eines Busses, wenn Sie sich gemeinsam auf den Weg machen wollen.

## //160: Fotoalbum

Bauen Sie doch mal Ihre Präsentation nur aus Fotos auf, ohne oder mit nur wenig Text. Das ist toll für Reiseberichte im privaten und geschäftlichen Bereich, aber auch generell zur Illustration jeder Story, für die ausreichend Fotomaterial vorliegt. Von der ausgelassenen Betriebsfeier über den Produktionsablauf für den PKW bis hin zu komplexen wissenschaftlichen oder technischen Themen.

Viele Fotos in PowerPoint einzufügen war bis zur Version XP ein mühsames Geschäft. Ab XP gibt es dafür die neue Funktion *Fotoalbum*. Damit erstellen Sie sehr schnell eine Präsentation aus Ihren Bildern. Probieren Sie es anhand des Beispiels aus:

**Übung:** Klicken Sie auf *Einfügen – Grafik – Neues Fotoalbum*. Es erscheint das Dialogfeld *Fotoalbum* (Abb. 85). Klicken Sie auf *Datei/Datenträger* und wählen Sie ein paar Bilder, acht bis zehn, für das Album aus. Jetzt klicken Sie nur noch auf *Erstellen* und fertig ist eine PowerPoint-Präsentation mit einer noch leeren Titelseite und nachfolgenden Folien mit jeweils einem Foto. Jedes Fotos ist in der Größe so angepasst, dass es möglichst die ganze Folie füllt.

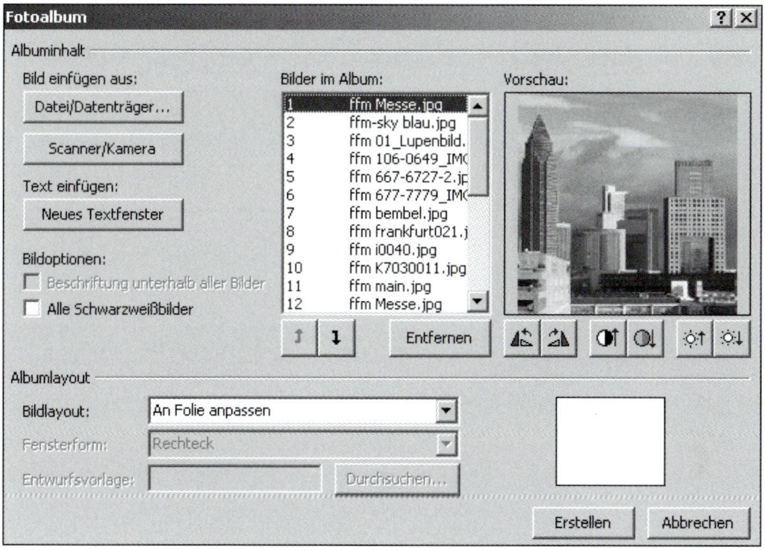


**Abb. 85:** Die neue Funktion *Fotoalbum* ab PowerPoint XP erleichtert das Erstellen von Präsentationen mit vielen Fotos.

**Übung:** Angenommen, Sie hätten doch lieber zwei Fotos pro Seite und je Seite eine Titeltextzeile. Gehen Sie dann zum weiteren Bearbeiten auf *Format – Fotoalbum*. Es erscheint das gleiche Dialogfeld wie beim Erstellen des Albums. Unter *Bildlayout* wählen Sie *zwei Bilder mit Titel.* Bei *Fensterform* können Sie unter anderem drei verschiedene Formen von Fotoecken (PowerPoint nennt sie »Tabstopps«) einstellen, die die Bilder im Album festhalten. Allerdings fallen sie auch ohne Fotoecken nicht heraus. Unter *Entwurfsvorlage* lässt sich ein Hintergrund auswählen. Die entsprechenden Vorlagen stehen üblicherweise unter *c:/programme/microsoft office/templates/presentation designs*. Bleiben Sie am Anfang bei weißem Hintergrund ohne Fotoecken.
Klicken Sie auf *Aktualisieren*.

**Übung:** Jetzt werden Sie zusätzlich zur Überschrift beim fünften Bild noch Text einfügen: Markieren Sie im Dialogfeld *Fotoalbum* in der Liste *Bilder im Album* das fünfte Bild und klicken Sie auf *neues Textfenster* und *Aktualisieren*. Dort, wo das sechste Bild war, steht Ihnen jetzt ein Textfeld zur Verfügung. Das sechste Bild ist auf die nächste Seite gewandert. Durch das Einfügen von Textfeldern, die natürlich auch leer bleiben können, können Sie somit den Seitenumbruch steuern. Vergessen Sie nicht, die Datei abzuspeichern.

Die automatisch erstellte Fotoalbum-Datei können Sie wie jede andere PowerPoint-Präsentation manuell weiter bearbeiten und zum Beispiel Zeichnungen, Animationen oder Folienübergänge einfügen. Der Haken dabei: Wenn Sie die so bearbeitete Datei danach mit *Format – Fotoalbum* noch mal anpassen wollen, um zum Beispiel das Bildlayout zu modifizieren, die Bildreihenfolge zu ändern oder weitere Bilder einzufügen, gehen Ihre manuellen Änderungen verloren. Nur die Einstellungen über das Dialogfeld *Fotoalbum*, wie die Titeltexte oder Textfelder, bleiben erhalten. Verzichten Sie daher am besten darauf, eine mit Fotoalbum erstellte Datei mit umfangreichen zusätzlichen Objekten und Effekten zu versehen, die Sie beim Ändern und Erweitern des Albums wieder einarbeiten müssten.

Ein kleines Versionsproblem kann auch auftreten: Sie können Bilder beim Einfügen in das Fotoalbum drehen, wenn sie im Original auf dem Kopf stehen. Das zeigt aber nur Wirkung, wenn Sie das Fotoalbum in PowerPoint XP betrachten. Bei Betrachtung in PowerPoint 2000 steht das Bild weiterhin auf dem Kopf und lässt sich auch nicht drehen.

### Vom Fotoalbum zum Webarchiv

Wenn Ihr Album fertig ist, können Sie es auch Ihren Nachbarn vom Dia-Abend zukommen lassen. Auch wenn diese kein PowerPoint haben, aber Internetverbindung. Dazu speichern Sie Ihr Fotoalbum im Internetformat: *Datei – Speichern unter, Dateityp Web-Archiv – Speichern*. Der Dateityp Web-Archiv sorgt dafür, dass alle Folien des

Albums in eine gemeinsame Internetdatei eingebunden werden, die Sie dann auf Ihrer Internet-Homepage einstellen oder Ihren Nachbarn mailen können. Die entstandene Datei *fotoalbum.mht* kann mit allen üblichen Browsern betrachtet werden. Der linke Teil des Browserfensters dient als Navigationsleiste und enthält die Folienüberschriften.

## //161: Speicherplatz-Verbrauch reduzieren

Wenn Sie mehrere Bilder in Ihre Präsentation eingebunden haben, überprüfen Sie mit *Datei – Eigenschaften* oder im Windows-Explorer deren Dateigröße. Wenn mehrere Megabyte zusammengekommen sind, müssen Sie eingreifen. Zumindest dann, wenn Sie die Datei auch per E-Mail verschicken oder gar auf Diskette speichern wollen. Räumen Sie auf:

- Haben Sie unter *Extras – Optionen – Speichern* die Schnellspeicherung abgeschaltet? Falls nicht, deaktivieren Sie sie – und tuen Sie Buße, weil Sie dem Tipp //13 nicht gefolgt sind. Durch das Deaktivieren der Schnellspeicherung sorgen Sie dafür, dass gelöschte Bilder nicht unnötig die Datei aufblähen können.
- Bevor Sie weiter Speicherplatz optimieren, speichern Sie die Datei unter neuem Namen ab und bearbeiten Sie die neue Version. Dann steht Ihnen die alte Version noch zur Verfügung, falls etwas schief geht. Am Ende können Sie die alte Version löschen.
- Ab PowerPoint XP gibt es einen neuen Befehl *Bild komprimieren,* der Ihnen die weitere Arbeit sehr erleichtert. Er steht als Icon in der Grafik-Symbolleiste zur Verfügung und öffnet Ihnen das folgende Dialogfeld (Abb. 86):

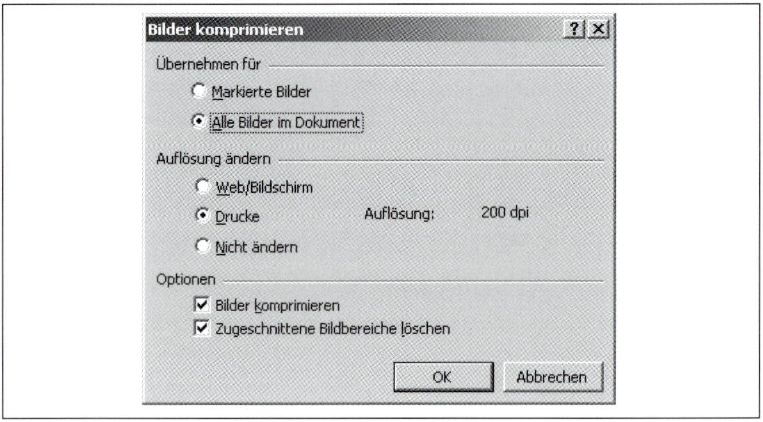


**Abb. 86:** Ab PowerPoint XP lässt sich mit der Funktion *Bilder komprimieren* der Speicherbedarf von Fotos reduzieren.

Die pragmatischste Vorgehensweise ist es, mit den Einstellungen aus Abb. 86 auf einen Schlag alle Fotodateien zu verkleinern, dann die Datei zu speichern und zu schauen, was an Speicherplatz eingespart wurde. Ist das zu wenig, dann wählen Sie bei *Auflösung ändern* die Option *Web/Bildschirm*, womit Sie die Auflösung auf 96 dpi (dots per inch) etwa halbieren. Für die Präsentation am Monitor oder auf dem Beamer reicht diese Auflösung völlig. Speichern Sie nochmals und prüfen Sie den Speicherbedarf. Mehr lässt sich mit PowerPoint automatisch nicht reduzieren.

**Hinweis:** Bevor Sie Ihre Arbeit abschließen, drucken Sie die neue Datei aus und prüfen Sie sowohl am Ausdruck als auch am Bildschirm das Ergebnis. Haben die Fotos noch eine ausreichende Qualität, besonders diejenigen mit Text? Wenn ein Foto nicht mehr brauchbar ist – das wird der Ausnahmefall sein – löschen Sie es und kopieren Sie es aus der Ursprungsversion der Datei in die neue Datei.

Unter PowerPoint 2000 gibt es noch keinen Komprimierungsbefehl. Da müssen Sie einzeln die »verdächtigen« Fotos durchgehen: Die, die beim Einfügen sehr groß waren und stark verkleinert wurden, und die, von denen Sie viel abgeschnitten haben. Besonders verdächtig sind TIFF- und Bitmap-Fotos – aber die haben Sie ja bereits entsprechend Tipp //156 nach dem Einfügen in JPEG oder PNG umgewandelt. Schneiden Sie jeweils das verdächtige Foto aus und fügen Sie es gleich wieder mit *Bearbeiten – Inhalte einfügen – als Bild (JPEG)* bzw., falls die Qualität von JPEG nicht reicht, *als Bild (PNG)* ein. Dabei wird es, anders als beim einfachen Einfügen mit [Strg] V, in der Auflösung automatisch auf die benötigte Größe angepasst und abgeschnittene Bildteile werden endgültig entfernt.

Wenn Sie ein Bild eingefügt und an mehrere Stellen in Ihre Präsentation kopiert haben, brauchen Sie keine großen Bedenken hinsichtlich des Speicherplatzes zu haben: PowerPoint ist intelligent genug, es nur einmal in der Präsentationsdatei gespeichert zu halten. 100%ig darauf verlassen kann man sich allerdings erst ab der PowerPoint-Version 2003.

**Hinweis:** Natürlich können Sie zum Schluss die neue PowerPoint-Datei noch mit dem Programm WinZip in eine zip-Datei umwandeln und damit verdichten. Das liefert aber dann keine direkt ausführbare PowerPoint-Datei mehr. Vor der Ausführung muss die Datei mit WinZip erst wieder »entzippt«, also ausgepackt werden.

## Filmreife Effekte mit Fotos

b@w

► Sie wissen ja noch gar nicht, was Sie mit ein paar Fotos alles anfangen können! Statt sie nur einfach statisch zu zeigen, können Sie ihnen dynamische Effekte verleihen, die schon an Film erinnern. Damit lässt sich jedes unter Tipp //154 beschriebene Einsatzfeld weiter aufpeppen. Die Beispiele sind zur Ansicht im Internetworkshop unter www.book-at-web.de enthalten.

Die meisten der im Folgenden beschriebenen Effekte stehen erst ab PowerPoint XP und noch nicht in PowerPoint 2000 zur Verfügung. Achten Sie darauf, wenn Sie Ihre Präsentation unter XP erstellen, dass auch auf dem Präsentationsrechner XP installiert ist, sonst laufen die Effekte nicht ab.

## //162: Fotos und Überblendungen kombinieren

Was früher nur mit aufwendigen Dia-Überblendprojektionen möglich war, lässt sich ohne zusätzlichen technischen Aufwand mit PowerPoint realisieren. Sie finden bei den Folienübergängen unter dem Menü *Bildschirmpräsentationen – Folienübergang* rund 60 verschiedene Übergänge. Für das Überblenden von Fotos zu empfehlen sind *horizontale* und *vertikale Linien, auflösen* und *vertikal öffnen.* Letztere erzeugt den bühnenartigen Effekt, als ob sich rechts und links der Vorhang öffnet. Die beim Film so genannte »weiche Blende«, bei der das gezeigte Bild langsam ausblendet, während das nächste einblendet, heißt *Glatt ausbleichen.* Auf so eine Bezeichnung kommt man nicht so leicht. Das macht aber nichts, denn der Effekt tut sich mit dem Fließen beim Übergang sowieso schwer und ist daher weniger zu empfehlen.

Den fließenden Übergang erreichen Sie besser auf einem anderen Weg: Legen Sie auf einer Folie zwei Bilder exakt übereinander und animieren Sie das zweite Bild mit dem Eingangseffekt *Spezial – Verblassen.* Sie kommen in das entsprechende Menü durch Klicken mit der rechten Maustaste auf das 2. Bild und Auswahl von *benutzerdefinierte Animation – Effekt hinzufügen – Eingang – Weitere Effekte.* Über die Effektoptionen können Sie beliebig langsame Übergänge einstellen.

**Hinweis:** Dies wirkt besonders gut, wenn Sie zwei Aufnahmen mit identischem Motiv, etwa einer städtischen Skyline bei Tag und bei Nacht, haben. Mit diesem Effekt können Sie es fließend Abend oder

Morgen werden lassen. Den Effekt können Sie auch – wenn Sie schnellen Übergang einstellen – für Bildsequenzen nutzen: Fotos, die kurz hintereinander aufgenommen worden sind und einen Bewegungsablauf zeigen. Sie erreichen damit eine nahezu filmische Darstellung.

## //163: Kameraschwenk

Führen Sie Regie: Die Kamera schwenkt über ein Panorama, von links nach rechts und zurück. Es kann auch ein Schwenk über Ihre Teammitglieder oder Ihre Produktpalette sein, wobei bei jedem Mitglied oder jedem Produkt der Schwenk bis zum nächsten Mausklick anhält, damit Sie etwas dazu sagen können. Oder ein Schwenk nach oben an einem Gebäude hinauf und wieder herunter. Der Schwenk muss nicht horizontal und vertikal sein, er kann auch suchend in beliebigen Richtungen laufen, wie durch ein Zielfernrohr: Mit dem Zielfernrohr können Sie das Konkurrenzprodukt suchen und ins Visier nehmen.

Diese Effekte lassen sich erstaunlich einfach ohne Film mit nur einem Foto realisieren. Der Trick dahinter ist, dass von dem Bild nur ein Ausschnitt sichtbar ist. Der Rest ist abgedeckt. Unter der Abdeckung und dem Ausschnittsfenster bewegt sich das Gesamtbild.

**Übung:** Vergrößern Sie dafür ein Foto auf Foliengröße oder noch darüber hinaus. Decken Sie auf der Folie die Ränder mit breiten Rechtecken ab, sodass von dem Foto nur noch ein Ausschnitt zu sehen ist, etwa 10 x 10 cm groß. Die Rechtecke füllen Sie mit weißer Farbe und geben ihnen auch weiße Begrenzungslinien. Damit entsteht der Eindruck, die Folie sei leer mit Ausnahme des sichtbaren Bildausschnitts. Natürlich können Sie die »leere Folienfläche« noch für Text und Grafik nutzen.

Als Nächstes verleihen Sie dem Bild Bewegung auf einem Animationspfad, zum Beispiel einem Kreis. Klicken Sie also mit der rechten Maustaste auf das Bild und wählen Sie *Benutzerdefinierte*

*Animation – Effekt hinzufügen – Animationspfade – Weitere Animationspfade – Kreis*. Geben Sie bei den Effektoptionen eine langsame Animationsgeschwindigkeit ein, wie *Geschwindigkeit* 10 s, und ein *Wiederholen* bis *zum nächsten Klick*. Außerdem müssen Sie bei Effektoptionen den *reibungslosen Start* und das *reibungslose Ende* deaktivieren. (Wie Sie sich aus Tipp //145 erinnern, sind diese Optionen falsch bezeichnet und bewirken bei Aktivierung genau das Gegenteil.)

Nach diesem Prinzip können Sie alle oben beschriebenen Schwenks durchführen; es kommt nur auf die Auswahl des Animationspfads an. Wenn Sie nur horizontal oder vertikal schwenken wollen, brauchen Sie die seitlichen bzw. oberen Rechtecke zur Abdeckung nicht. Damit der Schwenk auch wieder zurückläuft, nehmen Sie als Animationspfad den Kreis und stauchen ihn eng zusammen.

**Hinweis:** Wenn Sie Rechtecke zur Abdeckung nutzen, entsteht ein rechteckiges Ausschnittsfenster. Für das Zielfernrohr muss es rund sein. Das erreichen Sie am einfachsten, wenn Sie die Form *Halbbogen* unter *Autoformen – Standardformen* zum Abdecken mit benutzen. Zeichnen Sie zusätzlich ein Fadenkreuz mithilfe von zwei Linien und einem kleinen, durchsichtigen Kreis im Kreuzungspunkt in das runde Ausschnittsfenster und Sie haben das perfekte Zielfernrohr.

Um beim Schwenk über eine Personengruppe jeweils eine Person zu zeigen, macht sich ein ovales Fenster, wie man es von frühen Porträtaufnahmen kennt, gut. Auch das erreichen Sie mit den Halbbögen, die Sie zu Ellipsen ziehen können.

Wenn Sie den Eindruck haben, Ihr Ausschnittsfenster verändert seine Form während der Animation, haben Sie entweder die Abdeckungen versehentlich mit animiert. Oder Sie bewegen das Bild unter den Abdeckungen so weit, dass es sich zum Teil aus dem Fenster herausbewegt. Da die Fläche hinter dem Bild ebenfalls weiß ist – wie die Abdeckungen – entsteht der Eindruck, die Abdeckungen würden größer werden.

## //164: Vom Hölzchen aufs Stöckchen

Bei Vorträgen geht man in der Regel vom Allgemeinen ins Detail. Das können Sie mit Fotos sehr schön unterstützen: Die erste Aufnahme ist eine Gesamtaufnahme aller Ihrer Produkte, dann zoomen Sie ein Produkt heraus, dann ein Produktdetail. Und das kann weitergehen bis auf die molekulare Ebene. Natürlich sind dabei auch dem höchstaufgelösten Foto Grenzen gesetzt. Ab dieser Ebene ist eine neue, detailliertere Aufnahme hinterlegt.

**Übung:** Realisieren Sie diesen Effekt mit *Benutzerdefinierte Animation – Effekt hinzufügen – Hervorgehoben – Weitere Effekte – Einfach – Vergrößern/Verkleinern*. Und grenzen Sie das Bild durch im Vordergrund liegende Rechtecke ein, wie beim Schwenken. Die praktische Ausführung ist allerdings etwas trickreicher, denn der Effekt vergrößert in einer Weise, die nicht die ursprüngliche, gute Auflösung des Bildes verwendet. Probieren Sie es aus, indem Sie ein Bild einfügen und mit der Maus deutlich verkleinern, um es anschließend mit dem Effekt *Vergrößern/Verkleinern* ungefähr wieder auf Originalgröße zu zoomen. Originalgröße bedeutet leider nicht Originalauflösung.

Das Problem lösen Sie, indem Sie das Bild nicht mit der Maus verkleinern, sondern dafür ebenfalls den Effekt *Vergrößern/Verkleinern* benutzen. Beschneiden Sie zunächst das Bild so, dass das zu zoomende Detail in der Mitte liegt. Ziehen Sie das Bild über die Folienfläche auf. Geben Sie ihm nun als Erstes den Effekt *Vergrößern/Verkleinern* auf 40 % und als Zweites den Effekt *Vergrößern/Verkleinern* auf 250 %. Um die Werte frei eingeben zu können, müssen Sie unter Umständen die passende Vergrößerungsrubrik *Kleiner* und *Riesengroß* wählen. Die Vergrößerung soll *beide* Richtungen umfassen, horizontal und vertikal.

Der erste Effekt kann sehr schnell laufen. Der zweite startet beim Mausklick und läuft sehr langsam. Damit das Verkleinern des Bildes für das Publikum nicht sichtbar wird, ist es während dieser Zeit durch ein Rechteck abgedeckt. Dieses verschwindet durch die

Ausgangsanimation *Einfach – Verschwinden* nach dem Verkleinern.

Für noch stärkere Vergrößerungen arbeiten Sie mit einem Detailbild. Positionieren Sie es dafür verkleinert so über das Übersichtsbild, dass es exakt über dem Detail liegt. Am Gesamtbild erkennt man dann nicht mehr, dass zwei Bilder übereinander liegen. Gruppieren Sie beide Bilder und animieren Sie die Gruppe in gleicher Weise wie oben beschrieben.

Als letztes Highlight können Sie das Zoom noch mit einem Bewegungspfad animieren, falls das Zoomdetail nicht in der Mitte des Bildes liegt. Der Schwenk auf das Detail und das Heranzoomen des Details erfolgen gleichzeitig, einfach, indem beide Effekte gleichzeitig starten.

## //165: Einfach spannend

Kennen Sie noch »Dalli Klick«? Das ist ein sehr einfacher Effekt, mit dem Sie einem Foto stärkere Wirkung verleihen und Spannung erzeugen können. Ziehen Sie das Foto groß auf, zeigen Sie es aber in der Präsentation nicht auf einmal komplett, sondern decken Sie es Stück für Stück auf. Erst am Ende ist das Foto komplett zu sehen.

Gut geeignet sind Bilder, in denen mehrere Themen stecken, die Sie nacheinander ansprechen: beispielsweise Kollagen.

Das Verfahren empfiehlt sich auch, wenn im Foto eine oder mehrere Pointen stecken, die Sie nach und nach »zelebrieren«. Vielleicht nimmt Ihre Story zum Bild beim weiteren Aufdecken auch unerwartete Wendungen – ein guter dramaturgischer Kniff.

# Sound

► Der Sound der Trompeten von Jericho brachte die Stadtmauern zu Fall. Je nachdem, ob man es von der Seite der Einwohner oder der Belagerer sieht, war das eine Niederlage oder ein Erfolg. Der Sound in Ihrer Präsentation kann sie zu Fall bringen oder auch zum Erfolg beitragen, je nachdem, wie Sie ihn einsetzen.

Jetzt weiter mitzuüben, gehört natürlich zum guten Ton!

## //166: Einsturzgefahr

Bei Ihrem Vortrag spricht nur einer – und das sind Sie. Das sollten Sie sich auch nicht von PowerPoint aus der Hand nehmen lassen.

Sie werden in Tipp //170 sehen, wie einfach es ist, Musik von einer CD in PowerPoint zu übernehmen. Eine einminütige Sound-Wiedergabe ist für Sie als Referent aber noch schwerer durchzustehen als ein gleich langes Video. In beiden Fällen stehen Sie nur untätig auf der Bühne herum. Während bei einem Video wenigstens alle auf die Leinwand schauen, schauen bei reinem Sound in Ermangelung anderer Ziele alle auf Sie. Das macht die eine Minute für Sie zur Ewigkeit und Ihr Publikum langweilt sich. Eventuell werden Sie sogar die Musik nervös abbrechen müssen.

Es braucht also keine sieben Tage wie bei Jericho, es kann schon eine Minute zum Einsturz reichen. Wenn Sie Sound während der Präsentation benutzen, dann immer nur kurz.

## //167: Einsatzfelder von Sound in Präsentationen

Unterstreichen Sie eine eingefügte Grafik oder ein Foto mit einem kurzen Sound-Effekt, der zum dargestellten Objekt passt.

Einen abgebildeten Wecker lassen Sie klingeln, einen Hahn krähen oder eine Trompete zum Angriff blasen, wenn Sie am Ende Ihrer Präsentation das Publikum zur Tat auffordern oder einfach nur wieder wecken wollen.

Benutzerdefinierte Animationen wirken noch stärker, wenn Sie sie mit Sound hinterlegen. Das schnelle Einfliegen von Objekten können Sie mit einem Rennwagen- oder Düsenjäger-Sound vertonen. Das zeichenweise Erscheinen eines Textes mit Schreibmaschinen-Geklapper. Gehen Sie jedoch sparsam mit diesen Effekten um. Beim zehnten Wiederholen des Rennwagen-Sounds wird es selbst dem eingefleischten Michael-Schumacher-Fan zu viel.

Hat Ihr Unternehmen einen eigenen Jingle? Dann nehmen Sie ihn als Einstiegssignal oder als Ende Ihrer Präsentation.

Auch sehr ungewöhnlich: Führen Sie ein fiktives Telefoninterview mit einer anderen Person. Sie stellen die Fragen – und die Antworten kommen aus einer vorher aufgezeichneten Sound-Datei, die Sie in Ihre Präsentation eingefügt haben. Natürlich sind auch die bekannten Telefongeräusche dabei, vom Freizeichen über Wählgeräusche bis zum Klingelton. Zeigen Sie während der Vorführung in PowerPoint ein Bild Ihres Gesprächspartners, am besten mit Telefon in der Hand.

**Hinweis:** Blockieren Sie Ihre Fantasie nicht durch den Zwang, dass der Sound unbedingt aus der PowerPoint-Datei und damit Ihrem Rechner kommen muss. Noch wirkungsvoller sind choreographierte Live-Sounds: Beim Hahn oder dem Düsenjäger mag das schwer zu realisieren sein, aber die Trompete kann Ihr freundlicher Kollege im Publikum blasen und das Telefoninterview kann natürlich über Verstärker live geführt werden. Lassen Sie Ihrer Fantasie für die geeignete Inszenierung freien Lauf.

## //168: Quellen für Sound

Der einfache Weg zum Sound führt in PowerPoint über das Menü *Einfügen – Film und Sound – Sound aus Clip Organizer* (PowerPoint XP, 2003) bzw. *Sound aus Galerie* (PowerPoint 2000). Unter XP werden Sie, abhängig von der Organisation Ihres Clip Organizers, mit Sounds erschlagen, von denen viele keinen aussagekräftigen Namen haben. Unter 2000 hilft die Einteilung nach ClipArt-Kategorien nur wenig.

Wenn Sie mit XP oder 2003 arbeiten, ist es am bequemsten, die normale ClipArt-Suche mit *Einfügen – Grafik – ClipArt* zu verwenden. Geben Sie zur Suche einen Begriff für die Geräuschquelle (Auto, Mann, Frau, Trompete) zusammen mit dem Begriff »Sound« ein. Sie können alternativ im Dialogfenster *ClipArt einfügen* unter Ergebnisse den *Mediatyp* auf Sounds einschränken. Dann müssen Sie später daran denken, die Einschränkung wieder aufzuheben.

Auch bei PowerPoint 2000 nutzen Sie die normale ClipArt-Suche, geben den Begriff ein (ohne Ergänzung Sound) und schauen sich auf dem Registerblatt *Sound* des Dialogfensters *ClipArt einfügen* das Ergebnis an. Unter Umständen brauchen Sie für spätere Aktionen den vollständigen Dateinamen der gefundenen Sound-Datei. Den erfahren Sie jeweils über die *Eigenschaften* des Sounds.

### Online-Sound-Galerie und weitere Quellen

Ein paar Sounds gibt es auch in der Online-Galerie von Microsoft. Klicken Sie dafür im Dialogfeld *ClipArt einfügen* auf *Clips Online*. Derzeit ist das aber noch keine ergiebige Quelle. Im ClipArt-Katalog *http://www.arttoday.de* (Tipp //152) sind nach Angaben des Betreibers 5.000 Sounds katalogisiert; dort müssen Sie allerdings Mitgliedsbeiträge zahlen.

PowerPoint kann auch MP3-Dateien abspielen. In diesem Dateiformat sind im Internet praktisch alle zeitgenössischen und auch klassischen Musikstücke in den diversen Musik-Tausch- oder -Kaufbörsen verfügbar. Beachten Sie die Kopier- und Wiederaufführungsbedingungen für private oder öffentliche Zwecke.

Wenn Sie wie ein Profi Sound-Effekte nutzen wollen, lohnt sich die Investition in professionelle Sammlungen. Ein Anbieter davon ist Masterbits (s. Anhang 3).

Sounds für PowerPoint können Sie auch von CD-ROM übernehmen oder selbst aufnehmen. Dazu mehr weiter unten.

## //169: Einfügen und Abspielen von Sound

Wenn Sie einen Sound gefunden haben und dann über das Menü *Einfügen* in Ihre Präsentation übernehmen, erschreckt Sie PowerPoint mit dem Dialogfenster »Möchten Sie, das Ihr Sound in der Bildschirmpräsentation automatisch wiedergegeben wird? Wenn nicht, beginnt die Wiedergabe, wenn Sie darauf klicken.«

Die Antwort *Ja* bedeutet, dass beim Erscheinen der Folie der Sound abgespielt wird. Das werden Sie so nicht immer brauchen können. Die Antwort *Nein* aber führt zu einer umständlichen Fummelei mit der Maus, während Sie präsentieren.

Am besten sollte der Sound so behandelt werden wie eine benutzerdefinierte Animation, also als Teil der Animationsreihenfolge. Als Beispiel: Beim ersten Klick oder Drücken auf die Enter-Taste im Präsentationsmodus soll ein Rechteck erscheinen, ohne jeden Sound. Beim zweiten Klick soll ein Sound abgespielt werden. Beim dritten soll ein Kreis erscheinen, dessen Erscheinen mit einem anderen Sound untermalt ist. Dann müssen Sie beim Präsentieren immer nur die Enter-Taste drücken. Und so realisieren wir das Beispiel in vier Schritten:

### Übung:

01. Zeichnen Sie zunächst das Rechteck und animieren Sie es. Klicken Sie dafür mit der rechten Maustaste auf das Rechteck, fügen Sie unter *Benutzerdefinierte Animation* den Effekt *Erscheinen* hinzu.

02. Im nächsten Schritt fügen Sie aus dem Clip-Organizer oder einer Datei über das Menü *Einfügen* einen Sound ein. Es erscheint der oben zitierte Dialog, den Sie mit *Nein* beantworten. Klicken Sie mit der rechten Maustaste auf das dadurch auf der Folie eingefügte Lautsprecher-Symbol und wählen Sie im Kontextmenü *Benutzerdefinierte Animation*. Es öffnet sich das gleich lautende Animationsfeld. Der Sound ist dort als *Medien 2* in der Animationsreihenfolge eingetragen und mit der Eigenschaft versehen, dass der Sound beim Klicken auf das Lautsprecher-Symbol ablaufen soll.

03. Diese Eigenschaft ändern Sie folgendermaßen. Ab PowerPoint XP klicken Sie dafür mit der rechten Maustaste auf *Medien 2* und wählen *Effektoptionen*. Auf dem Registerblatt *Anzeigedauer* markieren Sie *Animation als Teil der Klickreihenfolge*. In PowerPoint 2000 setzen Sie im dort angezeigten Dialogfeld *Benutzerdefinierte Animation* ein Häkchen bei *Medien 2*. Und auf der Registerkarte *Multimediaeinstellungen* bei *Wiedergabe in der Animationsreihenfolge*. In dem Dialogfeld können Sie weitere Optionen wählen, zum Beispiel wie oft der Sound wiederholt werden soll. Auf dem Registerblatt *Effekt* stellen Sie die Lautstärke ein. Die auch dort vorhandene Option *Nur bei Wiedergabe anzeigen* ist missverständlich formuliert. Sie bewirkt, dass das Lautsprecher-Symbol im Präsentationsmodus gar nicht erscheint, auch nicht während der Sound-Wiedergabe. Sie können die Option einschalten, denn Sie brauchen das Lautsprecher-Symbol während der Präsentation nicht.

04. Als drittes Objekt fügen Sie einen Kreis ein und animieren ihn ebenfalls mit dem *Erscheinen*-Effekt. In den Effektoptionen für den Effekt können Sie einen Sound auswählen, der mit dem Ablauf des Effekts, also hier beim Erscheinen des Kreises, abgespielt wird. Die Auswahl der angezeigten Sounds bei den Effektoptionen ist nicht besonders groß. Wenn nichts Passendes dabei ist, suchen Sie sich mit den in Tipp //168 beschriebenen Methoden eine passende Sound-Datei aus. Sie muss die Dateiendung *wav* haben. Geben Sie diese Datei bei den Effektoptionen als Sound-Datei an. Dafür wählen Sie unter Sound die Option *anderer Sound*.

## //170: Sound von CD und Mikrofon

Der Sound kann auch von einer CD kommen: Legen Sie die CD ein und wählen Sie *Einfügen – Film und Sound – CD Audiospur wiedergeben*. In dem darauf erscheinenden Dialogfeld *Film- und Sound-Optionen* sollte die Gesamtspielzeit der CD angezeigt werden. Dann ist Ihr PC richtig konfiguriert und Sie können ein Musikstück auswählen. Um beispielsweise vom zweiten Musikstück auf der CD die ersten zehn Sekunden abzuspielen, tragen Sie *als Spur bei Start* und *Ende* eine »2« ein, *Startzeit* bleibt bei *00:00* und *Endezeit* wird *00:10*.

Wichtig: Bei der Präsentation müssen Sie die CD auf jeden Fall dabei haben, um sie in den Präsentationsrechner einzulegen. In Vorträgen sollten Sie keine längeren Musikstücke laufen lassen.

Einen Sound können Sie auch über den Mikrofoneingang Ihres PCs aufnehmen. Das geht mit *Einfügen – Film und Sound – Sound aufzeichnen*.

## //171: Risikofaktoren beim Sound

Wenn Sie mit einer großen Sound-Datei arbeiten, wird sie nicht in die PowerPoint-Präsentationsdatei übernommen, sondern nur verknüpft. Über einen Parameter unter *Extras – Optionen – Allgemein* ist der Grenzwert einstellbar. Es sind im Standardfall 100 KByte, was für übliche Sound-Effekte völlig ausreicht. Wenn Ihre Datei größer ist, gehen Sie damit um wie mit großen Videodateien in Tipp //175.

Wenn Sie den Sound über den Lautsprecher Ihres PCs oder Ihres Notebooks abspielen, reicht das nur für kleine Meetings mit vier oder fünf Teilnehmern. Manche Beamer haben eingebaute Lautsprecher, die ein wenig leistungsfähiger sind. Aber gehen Sie mit Sicherheit davon aus: Vor Ort wird das Kabel fehlen, um die Audio-Buchsen von Beamer und Rechner zu verbinden. Packen Sie es also ein! Bei den ganz neuen Beamern in Zigarrenkisten-Größe ist der Lautsprecher nur noch im Mikroformat und kaum zu gebrauchen.

**Hinweis:** Um sicherzugehen, dass der Sound ordentlich wiedergeben wird, bringen Sie zu Ihrem Vortrag Ihre eigenen Aktivboxen, einschließlich Anschlusskabel, mit.

## Videos

► Mit den kleinen animierten ClipArts oder dem Zoomen und Schwenken von Fotos haben Sie schon die ersten Schritte zum Video gemacht. Wie können Sie »echte« Videos in Ihrer Präsentation nutzen und einbinden? Die Dateien sind deutlich größer und liegen meist in Formaten wie AVI, MPEG und Windows Media-Video mit den Dateiendungen *avi, mpeg* oder *mpg* und *wmv* vor.

### //172: Einsatzfelder von Videos

Gibt es TV-Werbung oder einen Image-Film Ihres Unternehmens? Dann bauen Sie Ausschnitte daraus in Ihre Präsentation ein, wenn Sie Ihr Unternehmen oder beworbene Produkte vorstellen. Ein solcher Clip kann auch zur Gliederung Ihres Vortrags dienen. Nutzen Sie jeweils einen kurzer Ausschnitt, um ein Thema anzureißen, und lassen Sie Ihre Erläuterungen folgen.

Stellen Sie sich vor, Sie wollen auf einer internen Präsentation Ihr Produkt oder Ihre Idee vorstellen. Dazu gibt es in vielen großen Firmen kein besseres Argument als ein kurzes Videoclip Ihres Big Bosses, in dem er sein Commitment zum Produkt oder zu Ihrer Idee ausspricht und zur Unterstützung auffordert.

Das geht am besten in Form eines kurzen Interviews. Wenn es Ihnen nicht gelingt, einen Termin für eine Aufzeichnung zu bekommen, genügen auch Video-Ausschnitte aus seinen Reden, die zu Ihrem Thema passen.

Die gelungene Einbindung eines humorvollen Clips kann die Krönung Ihres Vortrags sein. Die Wirkung ist umso größer, je pointierter er zu Ihrem Vortrag passt. Quellen dafür können die Beiträge in Fernsehsendungen wie »Pleiten, Pech und Pannen« oder »Die witzigsten Werbespots der Welt« sein. Es lohnt sich, solche Sendungen aufzuzeichnen, möglichst digital. Zur privaten Nutzung ist das erlaubt; bei öffentlicher Wiedergabe müssen Sie sich mit dem Sender über die Lizenz abstimmen.

**Hinweis:** Die Einspielung einer aktuellen zu Ihrem Thema passenden Nachrichtenmeldung als Video wird Ihr Publikum umso mehr überraschen, je aktueller sie ist. Wenn Sie erwarten, dass etwas Passendes gesendet wird – eine Meldung über Ihre Firma oder Ihre Branche – nehmen Sie es auf und bauen Sie das ein!

## //173: Quellen für Videos

Weder in PowerPoint selbst noch in der Microsoft-Medien-Galerie sind Filme enthalten – abgesehen von animierten GIFs. Im Internet gibt es jedoch eine Suchmaschine bei Lycos unter *http://multimedia.lycos.com*, die Sie auf Videos einschränken können.

Daher werden Sie meist auf eigene Aufzeichnungen aus dem TV-Programm oder selbst erstellte Videos zurückgreifen. Die dafür erforderlichen Videobearbeitungsprogramme, wie zum Beispiel *Dazzle Moviestar*, erzeugen ein avi-Dateiformat, das Sie in PowerPoint übernehmen können.

Das Einfügen von Szenen aus einer DVD ist in PowerPoint auch in der Version 2003 auf direktem Weg nicht möglich. Nach Aussage von Microsoft erstellen einige Drittanbieter Add-ins, die es

PowerPoint ermöglichen, während einer Präsentation DVD-Video wiederzugeben.

Alternativ können Sie mit geeigneter Software eine Sequenz von einer DVD kopieren und in avi-Format für PowerPoint konvertieren.

Bei der Verwendung von Videos, die Sie nicht selbst gedreht haben, beachten Sie bitte das Urheberrecht.

## //174: Einfügen und Abspielen von Videos

Gehen Sie auf *Einfügen – Film und Sound – Film aus Datei* und wählen Sie eine vorhandene Videodatei aus. Der weitere Ablauf ist wie beim Einfügen von Sound. Sie können das Abspielen des Videos in gleicher Weise als Teil Ihrer Animationsreihenfolge festlegen, wie es in Tipp //169 für Sound beschrieben ist.

Das Videobild können Sie wie eine Autoform vergrößern oder verkleinern. Darunter kann jedoch die Wiedergabequalität leiden. Um die optimale Größe festzulegen, klicken Sie mit der rechten Maustaste auf das Videobild und wählen im Kontextmenü *Grafik formatieren*. Auf der Registerkarte *Größe* wählen Sie *Optimal für Bildschirmpräsentation, Zurücksetzen* und *OK*.

Wenn Sie mit der rechten Maustaste auf das Videobild klicken, finden Sie im Kontextmenü auch den Eintrag *Filmprojekt bearbeiten*. Dort können Sie zum Beispiel festlegen, ob die Wiedergabe endlos wiederholt werden soll. Aus einer kurzen Filmsequenz machen Sie damit eine abendfüllende Aufführung, die aber nur für sehr Vergessliche interessant ist.

In PowerPoint 2003 steht als neue Option unter *Filmprojekt bearbeiten* zusätzlich der *Vollbildmodus* zur Verfügung. Dann wird der Film nicht mehr in einem Rechteck auf der Folie wiedergegeben, sondern nimmt den ganzen Bildschirm ein.

**Hinweis:** Wenn sich das Video nicht in PowerPoint vorführen lässt, öffnen Sie die Videodatei auf Ihrem Desktop, um zu sehen, ob eine andere Anwendung das Video abspielen kann. Wenn dem so ist, können Sie von PowerPoint aus die andere Anwendung aufrufen, um das Video zu zeigen:

Fügen Sie dafür auf der PowerPoint-Folie mit *Autoformen – Interaktive Schaltflächen* die Schaltfläche *Film* ein. Dabei erscheint das Dialogfeld *Aktionseinstellungen*. Klicken Sie dort auf *Programm ausführen* und dann auf *Durchsuchen*. Wählen Sie im Feld Dateityp *Alle Dateien* und suchen Sie die gewünschte Videodatei. Beenden Sie den Vorgang mit *OK*.

Wenn die Folie mit dem Filmobjekt während der Bildschirmpräsentation eingeblendet wird, klicken Sie auf das Objekt, um die Anwendung zur Wiedergabe des Films zu starten. Wenn die Wiedergabe beendet ist, beenden Sie den Player und Sie sind wieder im Präsentationsmodus von PowerPoint.

## //175: Risikofaktoren beim Einsatz von Video

Wenn Sie Ihr Video bei der Präsentation auf dem gleichen PC abspielen, auf dem Sie die Präsentation entwickelt und getestet haben, sind Sie auf der sicheren Seite. Natürlich muss der Sound aus dem Video für einen größeren Raum über eine geeignete Anlage abgespielt werden, aber das ist meist vor Ort auch noch kurzfristig machbar.

Vor Ort hilflos sind Sie jedoch, wenn der fremde Präsentations-PC das Video gar nicht oder nur fehlerhaft abspielt:

- »Gar nicht« liegt meist daran, dass die Videodatei schlicht fehlt. PowerPoint fügt Video-Dateien, genauso wie Sound-Dateien, ab üblicherweise 100 KB (Tipp //171) nicht in die PowerPoint-Datei ein, sondern erstellt lediglich eine Verknüpfung. Es genügt dann nicht, nur die PowerPoint-Datei für Ihren Vortrag vor Ort dabeizuhaben.

Sie müssen auch die verknüpften Dateien von Ihrem PC auf den Präsentations-PC kopieren. Die Directory-Beziehung muss ebenfalls stimmen. Am leichtesten ist das sicherzustellen, wenn auf Ihrem Entwicklungs-PC die PowerPoint-Datei und die verknüpften (Video- und Sound-)Dateien im selben Directory stehen. Dann können alle benötigten Dateien auf dem Präsentations-PC in ein beliebiges Verzeichnis kopiert werden. Der *Pack-and-Go-Assistent* in PowerPoint 2000 und 2002 bzw. die Funktion *Verpacken für CD* in PowerPoint 2003 können Ihnen dabei helfen (Tipp //218). Sie finden sie jeweils im Menü *Datei*.

- »Fehlerhaft« liegt in der Regel an der Konfiguration oder Leistungsfähigkeit des Präsentations-PCs. Bei älteren PCs wird Ihr Video nicht ruckelfrei ablaufen, im schlimmsten Fall bleibt die Präsentation stecken oder der Rechner stürzt sogar ganz ab.

Probieren Sie daher unbedingt Ihre Präsentation vorab auf dem Präsentations-PC aus und bereiten Sie sich für den Fall vor, dass es nicht funktioniert: Bringen Sie eine zweite Version Ihrer Präsentation ohne Video-Anteile mit, stattdessen nur mit einigen Fotos. Falls Sie auf das Video nicht verzichten wollen, nutzen Sie den klassischen Videorekorder oder einen DVD-Player.

# Hyperlinks

► Sie können in PowerPoint

- jeden Text und auch andere Objekte wie
- Autoformen,
- animierte und nicht animierte ClipArts oder
- Fotos

zu Hyperlinks machen. Das bedeutet: Beim Anklicken des Objekts im Präsentationsmodus wird eine dem Objekt zugeordnete Aktion ausgeführt. Das kann der Aufruf einer Seite aus der aktuellen Präsentation sein, aus einem anderen Dokument oder auch aus dem Internet.

Mit Hyperlinks können Sie so während der Präsentation von der vorgegebenen Folienreihenfolge abweichen und auf andere Folien verzweigen – und auch direkt ins Internet.

## //176: Text als Hyperlink definieren

Einen Text können Sie ganz einfach als Hyperlink festlegen – und auch einfach üben.

**Übung:** Öffnen Sie eine PowerPoint-Datei, die schon ein paar Folien enthält. Schreiben Sie auf einer neuen Folie als Beispiel den Text »Ich möchte Ihnen den Workshop zeigen« und markieren Sie darin den Begriff »Workshop«. Drücken Sie [Strg] K für Hyperlink. Alternativ steht Ihnen dieselbe Funktion auch noch unter dem Menü *Einfügen* und im Kontextmenü beim Drücken mit der rechten Maustaste zur Verfügung. Es öffnet sich das Dialogfeld *Hyperlink einfügen* (Abb. 87): Wählen Sie dort zunächst unter *Link zu* das Symbol für *aktuelles Dokument* aus, wie in der Abbildung. Anschließend markieren Sie im daneben stehenden

Fenster die Seite, zu der beim Klicken verzweigt werden soll. Zusätzlich geben Sie nach Klicken auf *Quickinfo* einen kurzen Text ein. Dieser erscheint, wenn Sie mit der Maus im Präsentationsmodus über den Hyperlink streichen.

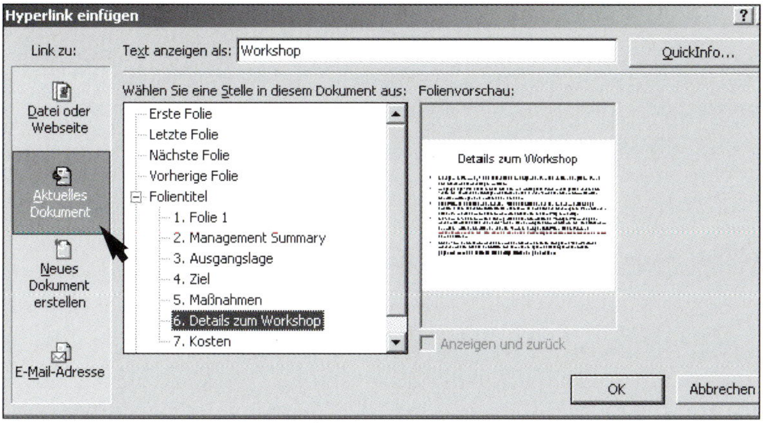


**Abb. 87:** Im Dialogfeld *Hyperlink einfügen* stellen Sie die Aktion ein, die beim Klicken auf den Hyperlink im Präsentationsmodus ausgeführt werden soll.

Der zum Hyperlink erklärte Text wird farbig und unterstrichen. Nach der ersten Benutzung ändert der Hyperlink seine Farbe. Die Farbgebung können Sie über das Farbschema (Tipp //33) steuern.

## //177: Objekt als Hyperlink definieren

Ein Objekt, zum Beispiel ein Rechteck, lässt sich genauso leicht als Hyperlink festlegen wie ein Text: Markieren Sie das Rechteck und drücken Sie [Strg] K. Es erscheint das Dialogfeld *Hyperlink einfügen*, das Sie in gleicher Weise ausfüllen können. Beim Klicken auf das Rechteck im Präsentationsmodus wird die ausgewählte Seite angesprungen. Beim Rechteck wird nichts unterstrichen und auch keine Farbe geändert, auch wenn im Rechteck Text steht.

Es hat einen großen Vorteil, wenn Sie ein Objekt als Hyperlink anlegen statt eines Textes: Das Rechteck wird in aller Regel größer sein. Sie treffen es daher leichter bei der Präsentation, bei der Sie oft nicht den Platz oder die Ruhe haben, eine Maus oder einen Joystick genau zu positionieren. Der Präsentator muss allerdings wissen, dass hinter dem Rechteck ein Hyperlink steckt. Deswegen gibt es eine spezielle Autoform, von deren Aussehen man so etwas schon erwartet: die interaktive Schaltfläche.

## //178: Interaktive Schaltflächen

Die interaktiven Schaltflächen haben die Form von Tasten und wenn Sie im Präsentationsmodus darauf klicken, erwecken sie den Eindruck, dass darauf gedrückt worden sei. Sie finden sie unter *Autoformen – Interaktive Schaltflächen*.

**Übung:** Wählen Sie die erste Schaltfläche aus der angezeigten Auswahl. Sie ist ohne Aufschrift und heißt *Anpassen*. Setzen Sie sie auf Ihre Folie. Gleich beim Einfügen möchte PowerPoint von Ihnen die *Aktionseinstellungen* wissen. Was soll passieren, wenn man auf die Taste mit der Maus klickt bzw. nur mit der Maus darüber fährt *(Mouseover)?* Das *Mouseover* sollten Sie im Normalfall nicht benutzen. Die Gefahr ist viel zu groß, dass Sie bei Ihrer Präsentation mit der Maus auf dem Weg zu irgendeinem Ziel versehentlich über die Taste kommen und dadurch ungewollt eine Aktion auslösen.

Im Registerblatt *Mausklick* markieren Sie *Hyperlink zu* und wählen *Folie* aus. In dem sich daraufhin öffnenden Fenster *Hyperlink zur Folie* markieren Sie die Folie, die beim Klicken auf die Taste gezeigt werden soll. Beschriften Sie anschließend die Taste. Markieren Sie sie dafür und schreiben Sie direkt darauf.

Natürlich können Sie den Hyperlink später verändern. Markieren Sie die Taste und drücken Sie das schon bekannte [Strg] K.

## //179: Hyperlinks mit Wackelkontakt

Stellen Sie sich vor, Sie stehen vor Ihrem Publikum und der angeklickte Hyperlink funktioniert nicht. Aber gestern ging es doch noch? Hat die Taste einen Wackelkontakt?

Nein. Dieser Effekt kann sowohl bei den Tasten als auch bei jedem anderen Hyperlink-Objekt auftreten. Er stammt daher, dass über dem Hyperlink-Objekt noch ein anderes Objekt im Vordergrund liegt. Wenn Sie zum Beispiel auf einer Taste ein kleines ClipArt anbringen, um damit den Link grafisch zu symbolisieren, liegt das ClipArt im Vordergrund. Das ClipArt hat, sofern nicht vorab eingestellt, keine Hyperlink-Funktion. Um den Hyperlink auszuführen, müssen Sie mit der Maus das Stück der Taste treffen, das nicht vom ClipArt überdeckt ist. Einzige Lösung ist hier, beide Objekte, sowohl die Taste als auch das ClipArt, zum Hyperlink zu erklären. Die Gruppierung der beiden Objekte ist keine Lösung, da einer Gruppe leider kein Hyperlink zugewiesen werden kann.

**Hinweis:** Der Wackelkontakt-Effekt tritt sogar auf, wenn Sie ein transparentes Textfeld mit Text auf der Taste anlegen. Wenn beim Klicken die Maus nahe an einem Buchstaben steht, wird die Hyperlink-Funktion der Taste nicht ausgeführt. Deswegen sollten Sie, wie in der obigen Übung, direkt auf die Taste schreiben, ohne vorher ein Textfeld zu erstellen. Das ist – siehe Tipp //55 – generell die empfehlenswertere Vorgehensweise.

## //180: Vordefinierte interaktive Schaltflächen

Sie haben in der Übung die interaktive Schaltfläche *Anpassen* benutzt. Das ist die Universal-Schaltfläche, daher ohne Tastenaufdruck. Den können Sie bestimmen. Daneben gibt es unter *Autoformen – interaktive Schaltflächen* elf weitere interaktive Schaltflächen für häufig benötigte Aktionen. Sie sind bereits mit einem Tastenaufdruck und zum Teil Voreinstellungen versehen. Da sehen Sie, dass die interaktiven Schaltflächen mehr können als die einfachen Hyperlinks. Unter anderem können Sie, wie bereits in Tipp //174 angewendet, einen Sound oder ein Video wiedergeben.

Da Sie mit einer interaktiven Schaltfläche auch ein beliebiges anderes Programm starten können, bietet sie Ihnen besonders breite Anwendungsmöglichkeiten. Allerdings ist es etwas umständlich, den vollen Pfadnamen des Programms herauszufinden und einzugeben. Falls Sie mit dem Programm eine Datei ansprechen und die Dateinamensendung mit dem Programm verknüpft ist, genügt es auch, diese Datei anzugeben.

## //181: Zwischen Hoch- und Querformat wechseln

In PowerPoint ist es nicht möglich, innerhalb einer Präsentation zwischen Hoch- und Querformat zu wechseln.

Falls Sie einen solchen Wechsel wünschen, erstellen Sie zwei

PowerPoint-Dateien, eine im Quer- und eine im Hochformat. Per Hyperlink wechseln Sie zwischen den beiden Präsentationen.

## Internet

► Mit den im letzten Kapitel vorgestellten Hyperlinks können Sie nicht nur in Ihrer Präsentation navigieren, Sie kommen auch heraus aus dem Konferenzraum ins World Wide Web.

### //182: Mit Hyperlinks ins Internet

**Übung:** Öffnen Sie die gleichen Folien wie im letzten Kapitel und schreiben Sie den Text »Ich möchte Ihnen den Workshop zeigen«. Markieren Sie darin den Begriff «Workshop» und drücken Sie [Strg] K für Hyperlink. Es öffnet sich das Dialogfeld *Hyperlink einfügen* aus Abb. 87. Diesmal erzeugen Sie aber keine Verbindung zu einer anderen Folie, sondern geben dort unter *Adresse* bzw. unter *Webseite,* abhängig von Ihrer PowerPoint-Version, eine Web-Adresse an, zum Beispiel *www.book-at-web.de.*

Beim Klicken auf den Hyperlink im Präsentationsmodus wird Ihr Browser in einem neuen Fenster aufgerufen und die Internetseite angezeigt. Mit Schließen des Browsers sind Sie wieder im PowerPoint-Präsentationsmodus. Bei einigen Browsern genügt auch das Drücken der Taste [Zurück] (über der [RETURN]-Taste) oder das Anklicken eines eventuell vorhandenen [Zurück]-Icons. Das hat den Vorteil, dass Sie den Browser nicht beenden und er daher beim nächsten Aufruf schneller verfügbar ist.

In gleicher Weise wie das Wort »Workshop« können Sie mit [Strg] K auch Objekte als Hyperlinks ins Internet definieren, zum

Beispiel ein Rechteck, eine beliebige Autoform oder ein Bild (Tipp //177). Um über eine interaktive Schaltfläche (Tipp //178) ins Internet zu kommen, wählen Sie in deren Dialogfeld unter *Hyperlink* zu den Eintrag *URL* aus.

## //183: Dynamische Web-Anwendungen einbinden

Der Clou: Präsentieren Sie Daten und Zahlen nicht nur als statischen Text auf Ihrer Folie, sondern sekundenaktuell aus den IT-Systemen Ihres Unternehmens. Das können Reports aus Data-Warehouse- und Business-Intelligence-Systemen sein, Zahlen aus ERP-Systemen wie SAP, Börsenkurse oder Monitoring-Anwendungen, zum Beispiel über die aktuelle Auslastung des Callcenters. Solche Anwendungen enthalten oft recht gute Visualisierungen, die Sie in Ihrer Präsentation einsetzen können. Besonders eindrucksvoll sind dynamische Seiten, auf denen sich während der Anzeige die Daten und Diagramme aktualisieren.

Technische Voraussetzung dafür ist, dass die entsprechende Anwendung Web-fähig ist, also über einen Browser bedient werden kann. Das trifft auf eine zunehmende Zahl von Business-Anwendungen zu. Dabei ist der Zugriff von PowerPoint aus nichts anderes als ein Hyperlink auf die entsprechende Webseite. Diese wird sich meist im firmeninternen Intranet befinden. Aber aufgrund der Vertraulichkeit der Daten dürften solche Präsentationen in der Regel auch nur firmenintern stattfinden.

**Hier sind noch ein paar Stolperfallen, die Sie vermeiden können:**

- Greifen Sie auf solche Anwendungen zu, können Sie das Publikum interaktiv mit einbeziehen. Stellen Sie in der Anwendung Abfragen zu Punkten, die Ihr Publikum interessieren. Doch lassen Sie das nicht ausufern, sonst wird aus Ihrem Vortrag eine technische Demonstration der Anwendung.

- Stellen Sie sicher, dass die Anwendung tatsächlich zu dem Zeitpunkt verfügbar ist, zu dem Sie sie präsentieren. Die neuesten Anwendungen sind natürlich die interessantesten, aber gerade deren Stabilität ist kritisch. Wenn es eine firmeninterne Anwendung ist, geben Sie Ihren zuständigen Kollegen genau Bescheid, wann Sie sie präsentieren, nicht dass gerade dann Wartungsarbeiten durchgeführt werden.

- Zeigen Sie keine Daten, zu denen zwar Sie persönlich Zugang haben, die aber Ihr Zielpublikum nicht sehen darf. Das kann Ihnen auch versehentlich passieren, wenn Sie aus einer Anwendung Daten extrahieren.

## //184: Wir schalten um

Live-Schalte: Das kennen Sie von den Fernsehnachrichten. Während eines Beitrags wird zu einem Korrespondenten umgeschaltet, der live auf die Fragen des Nachrichtenmoderators antwortet. Das können Sie auch in Ihren Vortrag einbauen! Sie brauchen dafür weder einen Übertragungswagen noch ein großes Kamerateam. Am Übertragungsort muss lediglich eine Webcam mit Mikrofon installiert sein, die Sie mit einer Videokonferenz-Anwendung oder über eine Internetadresse anwählen können. Es gibt am Markt auch drahtlose Webcams, zum Beispiel von *Logitech*, die das Kabelgefummel vor allem bei Außenübertragungen vermeiden.

Die Videokonferenz-Anwendung, zum Beispiel Intel Proshare, starten Sie in Ihrer Präsentation über eine interaktive Schaltfläche. Geben Sie in deren Dialogfeld *Aktionseinstellungen* auf dem Registerblatt *Mausklick* unter *Programm ausführen* den Pfadnamen des Programms mit den erforderlichen Startparametern an.

### Internet-Webcams über Hyperlinks aufrufen

Aber auch wenn Sie keine spezielle Software dafür installiert haben, können Sie nach außen umschalten, wenn eine Webcam im Internet erreichbar ist. Beim Klicken auf den Hyperlink wird über den Browser die Web-Adresse angewählt und Sie sind zusammen mit Ihrem Publikum live vor Ort. Allerdings ist hier die Bildwiederholrate um vieles geringer als bei der Videokonferenz.

Für die Realisierung brauchen Sie neben der Webcam eine Homepage bei einem Webcam-tauglichen Provider. Im Grunde muss der Provider lediglich die Einwahl per Windows-DFÜ ermöglichen. Außerdem dürfen keine Proxies (»Weiterleitungs-Server«) oder Firewalls (Sicherungssoftware) den FTP-Upload (FTP = File Transfer Protocol, »Aufzug für schwere Dateilasten«) behindern. Das ist nicht bei jedem Provider der Fall, aber beim größten deutschen Provider, T-Online, sind diese Voraussetzungen erfüllt.

Welches Verfahren Sie auch benutzen, die Qualität und die Bildwiederholrate sind natürlich nicht so gut wie bei den Profis im Fernsehen. Sehr viel hängt von der Bandbreite Ihres Internetzugangs ab. Im schnellen Firmen-LAN und bei T-DSL sind Sie auf der sicheren Seite, bei ISDN sollten beide ISDN-Kanäle gemeinsam genutzt werden. Auf Live-Übertragungen mit Bild müssen Sie verzichten, wenn Sie in einem Raum präsentieren, in dem nur ein Analog-Zugang zum Netz besteht.

## //185: Wenn der Zugang nicht gelingt

Verlassen Sie sich nicht darauf, dass der Internetzugang wirklich funktioniert. Das gilt vor allem, wenn Sie an einem fremden Ort, zum Beispiel in einem Hotel oder Kongress-Center, präsentieren. Eventu-ell sind dort spezielle Einwahlverfahren erforderlich oder die Leitun-gen sind einfach nicht geeignet geschaltet. Es reicht nicht, vorab nur telefonisch nachzufragen. Sie müssen es vor Ort ausprobieren. Viel-leicht ist auch Ihre Rechnerkonfiguration für die

Umgebung nicht geeignet.

So bereiten Sie sich vor für den Fall, dass es nicht funktioniert: Sie können die Internetseiten, die Sie zeigen wollten, als Screen-Shots in Ihre PowerPoint-Präsentation übernehmen: Rufen Sie dafür die Internetseite im Browser auf, kopieren Sie den Bildschirminhalt mit der Taste [Druck] in den Zwischenspeicher und kopieren Sie diesen mit [Strg] V in PowerPoint auf eine Folie. Anschließend müssen Sie das kopierte Objekt in PowerPoint noch etwas verkleinern, damit es auf die Folie passt.

Alternativ können Sie die Internetseite selbst auf Ihrem Rechner abspeichern. Der Browser hat dafür in der Regel einen Befehl *Datei – Speichern unter.* Geben Sie in PowerPoint als Hyperlink für die aufzurufende Seite dann nicht die Web-Adresse, sondern den Dateinamen an, unter dem Sie die heruntergeladene Seite auf Ihrem Rechner gespeichert haben.

## //186: Geschwindigkeit steigern

Der Aufbau einer Internetseite kann recht lange dauern, was Ihren Präsentationsfluss stört. Auch dagegen gibt es einen guten Trick: Damit die Seiten schnell geladen werden, rufen Sie vor Ihrer Präsentation, etwa am Abend davor, auf dem Präsentationsrechner alle zu besuchenden Websites einmal auf. Im Standardfall speichert der Browser die Elemente, insbesondere die Bilder, der zuletzt aufgerufenen Seiten im so genannten Cache und kann sie von dort viel schneller darstellen.

Gehen Sie am besten auch direkt vor Beginn Ihrer Präsentation ins Internet und melden Sie sich gegebenenfalls bei den benötigten Anwendungen mit Namen und Passwort an. Das spart nicht nur Zeit, sondern auch die Peinlichkeit, dass Sie sich womöglich vertippen.

Trotz der vorherigen Anmeldung kann es Ihnen passieren, dass Sie sich erneut anmelden müssen, wenn Sie später in Ihrer Präsentation auf das Internet zugreifen. Grund: Ihr Provider oder eine

Anwendung hat bis dahin die Verbindung wieder unterbrochen. Bei einigen Anwendungen können Sie diese Zeitspanne einstellen. Oder Sie erstellen eine kleine, selbst geschriebene Kommandoprozedur, die regelmäßig einen so genannten *PING* in das Netz schickt und damit die Verbindungen aufrecht hält. Wenn Sie sich das nicht selbst zutrauen, sagen Sie freundlich *PING* zu Ihrem IT-Administrator, er kann Ihnen dann schon helfen.

## //187: Schriftgröße erhöhen

Ein Killerkriterium bei der Darstellung von Internetseiten in Ihrer Präsentation kann die Schriftgröße sein. Zumindest die Teile, auf die Sie sich beziehen, müssen für das Publikum lesbar sein.

Meist lässt sich bei den Browsern die Schriftgröße erhöhen, beim Microsoft-Explorer zum Beispiel durch das Menü *Ansicht – Schriftgrad – Sehr groß*. Allerdings sind eine ganze Reihe von Seiten im Internet so programmiert, dass dort die Schriftgröße fest eingestellt ist und nicht über den Browser vergrößert werden kann.

Die Schrift können Sie dann nur noch vergrößern, indem Sie die Bildschirm- und Beamer-Auflösung verringern. Klicken Sie auf Ihrem Desktop auf eine freie Fläche mit der rechten Maustaste und wählen Sie *Eigenschaften*. Es erscheint das Dialogfeld *Eigenschaften von Anzeige*. In der Registerkarte *Einstellungen* können Sie die *Auflösung* verringern, zum Beispiel auf 800 x 600. Wenn die benötigten Websites damit besser erkennbar sind, bleiben Sie für Ihre Präsentation bei dieser Auflösung.

## Klassisches Handout

► Das gesprochene Wort – und auch Ihr PowerPoint-Vortrag – ist flüchtig. Daher liebt es auch Ihr Publikum, wenn es im Anschluss an Ihren Vortrag eine Unterlage, ein so genanntes Handout, erhält – selbst wenn es später doch nicht mehr reinschaut. Auch Sie wollen ja eine nachhaltige Wirkung erzielen und vom Marketingeffekt profitieren, wenn überzeugte Teilnehmer Ihren Vortrag als »Hardcopy« im Unternehmen oder auch extern verbreiten.

Die Form des Handouts reicht vom einfachen Papierausdruck bis zum USB-Memory-Stick, der Ihre Präsentation enthält und gleichzeitig als edles Werbegeschenk dient.

### //188: Papierausdruck als Handout

Knallen Sie Ihren Teilnehmern nicht einfach einen Packen Folienausdrucke auf den Tisch, womöglich ohne Seitenzahlen und ungeheftet. Sie haben sich so viel Mühe mit Ihrem Vortrag gegeben – nun investieren Sie auch ein paar Minuten in die Vorbereitung des Handouts!

Erstellen Sie ein Titelblatt für Ihr Handout. Darauf setzen Sie im Wesentlichen die Informationen und Grafiken Ihrer Titelfolie. Im Unterschied zur Titelfolie legen Sie das Titelblatt jedoch im Hochformat an. Dem Titelblatt folgen durchnummerierte Ausdrucke Ihrer Folien, wobei Sie jeweils zwei Folien untereinander auf ein Blatt setzen (Abb. 88). Natürlich sind Ihre Seiten durchnummeriert.

**Abb. 88:** Alle Seiten im Handout sind im Hochformat angelegt. Einer vorangestellten Titelseite folgen Seiten mit jeweils zwei Folien untereinander.

**Übung:** Um das zu realisieren, erstellen Sie zwei PowerPoint-Dateien aus der Datei, die Sie zu Übungszwecken bisher angelegt haben.

Die erste enthält Ihre Titelseite und ist mit *Datei – Seite einrichten* im Punkt *Folien* auf *Hochformat* eingestellt. Sie wird unverkleinert ganz normal gedruckt. Die zweite Datei ist eine Kopie Ihrer Präsentationsdatei mit den Folien im üblichen Querformat. Entfernen Sie daraus die Titelfolie und Folien, die Sie nicht austeilen wollen. Unter *Datei – Seite einrichten* stellen Sie bei dem Punkt *Notizen, Handzettel, Gliederung* das *Hochformat* ein, falls Sie das noch nicht bei Tipp //34 getan haben. Im Handzettelmaster unter *Ansicht – Master – Handzettelmaster* legen Sie individuelle Kopf- und Fußzeilen fest, die auf jeder Seite erscheinen sollen. Dabei sollte wenigstens die Seitenzahl ausgedruckt werden. Nach diesen Vorbereitungen drucken Sie dann die zweite Datei im Format *Handzettel* mit *zwei Folien pro Seite*.

**Hinweis:** Falls die Einstellungen in den Kopf- und Fußzeilen auf dem Master keine Wirkung zu haben scheinen, gehen Sie in dem Menü *Ansicht – Kopf und Fußzeile* in das Registerblatt *Notizblätter und Handzettel*. Dort sind eventuell Kopf- oder Fußzeilen-Elemente deaktiviert.

## //189: Handout als professioneller Bericht

Statt nur die Folieninhalte auszudrucken, können Sie aus Ihren Folien ein professionelles Dokument machen, das als eigenständige Publikation oder als Bericht dient. Senden Sie dafür Ihre Folien nach Word. Im Word-Dokument nutzen Sie sie als Abbildungen, denen Sie noch beschreibende Texte hinzufügen.

**Übung:** Den Befehl dazu finden Sie unter *Datei – Senden an – Microsoft Word*. Wählen Sie im Dialogfeld *An Microsoft Word senden* als Beispiel die erste Option *Notizen neben den Folien*. Word erstellt Ihnen eine dreispaltige Tabelle mit einer Tabellenzeile pro Folie. In der ersten Spalte steht jeweils die Foliennummer, in der zweiten ist die Folie abgebildet und in die dritte Spalte schreiben Sie erläuternden Text zur Folie.

Es steht Ihnen der volle Funktionsumfang von Word zur Verfügung, um die Tabelle weiterzubearbeiten oder auch ganz umzuwandeln. Am Ende kann eine eigenständige Publikation, ein Bericht mit Überschriften, Fließtext und Abbildungen entstehen. Die Überschriften und der Fließtext sind neu erstellt, die Abbildungen sind die Folien Ihrer Präsentation.

Im Dialogfeld *An Microsoft Word senden* können Sie zudem als Option *Verknüpfung einfügen* wählen. Die Folien werden dadurch ebenfalls Teil Ihrer Word-Datei. Sie werden aber aktualisiert, wenn Sie sie in der PowerPoint-Präsentation modifizieren. Das ist besonders für Berichte geeignet, bei denen sich noch in letzter Minute etwas ändert.

Hinter der Verknüpfung in Word steckt die Feldfunktion »*link*«. Sie sehen sie in Word durch Drücken von [Alt] [F9]. Um die Verknüpfungen zu aktualisieren, drücken Sie in Word [F9]. Weitere Optionen für Verknüpfungen stehen Ihnen in Word im Menü *Bearbeiten – Verknüpfungen* zur Verfügung.

## //190: Ausdruck in Farbe oder Schwarz-Weiß?

Ein Farbausdruck sieht edler und teurer aus – und ist es auch. Es kann sein, dass Sie bei internen Meetings mit Farbausdrucken eher anecken als Lob einheimsen, weil Sie Geld verschwenden. Vor allem, wenn keine Farbe benötigt wird, um den Inhalt zu verstehen, bleiben Sie besser bei Schwarz-Weiß.

Natürlich muss der Schwarz-Weiß-Ausdruck lesbar sein. Wenn Sie weiße Schrift auf dunkelblauem Hintergrund haben, ist das in Farbe perfekt lesbar. Im Schwarz-Weiß-Ausdruck kann es aber schwarz auf dunkelgrau erscheinen. Schauen Sie sich am Bildschirm an, wie Ihr Dokument am Schwarz-Weiß-Drucker aussieht, indem Sie auf das Icon *Farbe/Graustufe* (PowerPoint XP, 2003) bzw. *Graustufenvorschau* (PowerPoint 2000) klicken. Das Icon finden Sie oben rechts in der Standard-Symbolleiste (Abb. 89):

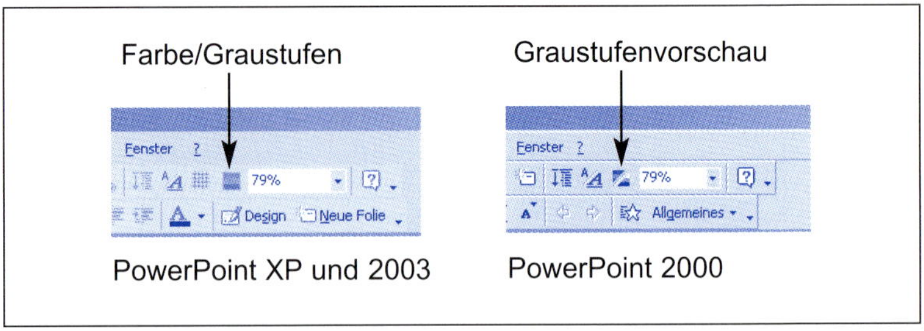


**Abb. 89:** Icons zum Umschalten zwischen Farbe und Schwarz-Weiß in PowerPoint XP, 2003 und 2000.

Wie Sie das Problem schwarzer Schrift auf grauem Hintergrund in PowerPoint lösen, haben Sie in Tipp //60 gesehen. Das Problem ergibt sich nicht, wenn Sie eine PowerPoint-Präsentation nach Word senden (Tipp //189) und dort ausdrucken.

Für externes Publikum entscheiden Sie den Einsatz der teuren Druckfarbe je nach Bedeutung der Leser für Sie und Ihr Unternehmen. Wenn Farbe nicht für das Verständnis erforderlich ist, gibt es einen guten Kompromiss: nur die Titelseite in Farbe zu drucken und den Rest in Schwarz-Weiß.

### //191: Auf den Leim gehen

Egal, ob einfaches Handout oder aufwendige Publikation, geben Sie keine »Loseblattsammlung« heraus. Heften Sie mindestens die Seiten zusammen. Eine besondere Freude machen Sie den Teilnehmern, wenn zusätzlich die Seiten bereits gelocht sind. Noch professioneller wirkt es, wenn Sie Ihr Handout binden lassen. Fragen Sie Ihre Hausdruckerei oder den Copy-Shop um die Ecke nach deren technischen Möglichkeiten. Die Leimbindung sieht besser aus als das einfache Binden mit Plastik oder Metallspiralen. Bei umfangreicheren Handouts eignet sich ein Ringbuch passender Breite. Im gebundenen Handout oder Ringbuch kann zusätzlich eine Tasche sein, in der Sie die CD mit den Daten und Ihre Visitenkarte einlegen.

## Handouts in Form elektronischer Medien

► Der Papierausdruck ist heute noch die häufigste Form des Handouts. Immer mehr Teilnehmer wollen sich aber – besonders bei internationalen Konferenzen – damit nicht abschleppen und trotzdem gern die Vorträge mit nach Hause nehmen. Das ist ja auch in Ihrem Interesse – also stechen Sie mit alternativen Formen des Handouts hervor!

## //192: CD-ROM als Handout-Medium

Verteilen Sie Ihren Vortrag auf CD-ROM. Besonders handlich sind die Mini-CD-ROMs im 3½ Zoll-Format. Darauf können Sie neben Ihrem Vortrag bequem noch weitere Informationen, Broschüren im pdf-Format oder Videos unterbringen.

Beschriften Sie sowohl die CD-ROM als auch das Cover (Jewel-Case) professionell. PowerPoint ist dafür nicht besonders gut geeignet, aber bei den CD-ROM-Brennprogrammen ist in der Regel passende Software dabei. Sie ist in der Lage, JPEG-, GIF- oder BMP-Bilder zu nutzen. Diese Bilder können Grafiken aus Ihrer Präsentation sein, die Sie mit PowerPoint als Bild im benötigten Format speichern. In PowerPoint XP oder 2003 klicken Sie dafür mit der rechten Maustaste auf die Grafik und wählen im Kontextmenü *Als Grafik speichern.* In PowerPoint 2000 können Sie nur ganze Folien speichern. Das geht über *Datei – Speichern unter* und passender Einstellung des Dateityps.

Die professionellste Lösung ist es, die CD-ROM mit einem Booklet zu verteilen. Das ist eine kleine Broschüre mit einigen wenigen Seiten, die inhaltlich zu Ihrem Vortrag passen. Das Booklet hat die Größe des Jewel-Cases und kann zusammen mit der CD-ROM darin eingelegt werden. Mini-CD-ROMs können direkt ins Booklet eingelegt werden.

## //193: Memory-Stick als Handout-Medium

Wenn Ihnen Ihre Gäste sehr wertvoll sind, verteilen Sie Ihre Präsentation auf einem Memory-Stick. Das ist ein kleines Speichermedium in der Größe eines üblichen Schlüsselanhängers, das Sie in den USB-Port Ihres PCs stecken. Es gibt die Sticks tatsächlich auch als Schlüsselanhänger. Sie können dann sehr einfach und sehr schnell auf die gespeicherten Daten zugreifen. Da das Medium beliebig oft wieder beschreibbar und mechanisch belastbar ist, eignet es sich hervorragend zum bequemen Datenaustausch.

Für einen 32-MB-Memory-Stick zahlen Sie derzeit um die 20 Euro, 256 MB kosten noch über 100 Euro. Ein edles Werbegeschenk, das noch nicht jeder hat. Natürlich muss der Stick das Logo Ihres Unternehmens tragen.

## //194: E-Mail als Handout-Medium

Sie können Ihren Zuhörern auch anbieten, dass Sie ihnen die Präsentation per E-Mail senden. Positiver Nebeneffekt: Das motiviert Ihre Teilnehmer auch, Ihnen die E-Mail-Adressen zu geben.

Lassen Sie die Adressen nicht mehrere Tage liegen, sondern senden Sie zügig Ihren Vortrag mit einer freundlichen E-Mail an die Teilnehmer.

**Berücksichtigen Sie dabei zwei Punkte:**

01. Halten Sie das Datenvolumen erträglich! Bei deutlich mehr als ein bis zwei Megabyte werden Sie die Teilnehmer mit langsamen E-Mail-Verbindungen ärgern. Wie Sie das Datenvolumen bei Bildern verringern, verrät Ihnen Tipp //161. Verkleinern Sie zusätzlich mit der üblichen WinZip-Software Ihre Datei.

02. Machen Sie die E-Mail-Adressen aller Teilnehmer im *An*-Fenster der E-Mail unsichtbar, zumindest bei einem größeren Teilnehmerkreis. Schicken Sie entweder jedem Teilnehmer eine eigene E-Mail; dafür können Sie gegebenenfalls die Serienbrief-Funktionen nutzen. Oder einfacher: Verbergen Sie die E-Mail-Adressen als Blind Copy (»bcc«) bzw. in einem nicht extrahierbaren E-Mail-Verteiler.

## //195: Internetseite als Handout-Medium

Sie können Ihren Vortrag auch ins Internet einstellen, am besten schon zum Vortragstermin. Teilen Sie Ihrem Publikum die Web-Adresse und ein eventuell erforderliches Kennwort mit. Die Adresse kann zusätzlich auf einem einfachen Werbegeschenk, wie einem Kugelschreiber, stehen.

Wenn dann ein Teilnehmer Ihre Internetseite besucht, machen Sie es ihm einfach, Ihren Vortrag auch wirklich zu finden. Holen Sie ihn auf der angegebenen Seite durch einen entsprechenden Hinweis ab und ersparen Sie ihm damit langes Suchen.

Mit dieser Methode erzeugen Sie zusätzlichen Verkehr auf Ihrer Internetseite und können durch geeignete Statistik-Tools auch erfahren, wie oft Ihr Vortrag heruntergeladen wurde.

## //196: Dateiformate für das Handout

Im Business-Umfeld dürfte heute jeder PowerPoint zur Verfügung haben und somit Ihre Präsentation als PowerPoint-Datei öffnen können. Er kann sie aber auch verändern oder daraus klauen. Deswegen werden Präsentationen gern als pdf-Dokument versendet. Um aus Ihrer PowerPoint-Datei ein pdf-Dokument zu erstellen, brauchen Sie die entsprechende Software, den Adobe Acrobat Writer. Er kostet zirka 300 Euro. Das Konvertieren ins pdf-Format wird auch von Internet-Providern wie T-Online angeboten.

Doch überlegen Sie, ob das wirklich erforderlich ist. Eine Fälschung Ihres Vortrags können Sie nicht verhindern, selbst wenn Sie nur Papier austeilen. Doch: Wer sollte etwas fälschen und wie kritisch wären die Auswirkungen? Wahrscheinlicher ist es, dass sich jemand bei Ihnen bedient und Teile Ihres Vortrags in seinen eigenen übernimmt. Wenn er korrekt vorgeht, gibt er Sie als Quelle an. Das kann durchaus in Ihrem Interesse sein, denn Sie haben in ihm einen Multiplikator gewonnen.

**Hinweis:** Genaue Kontrolle darüber, was wer mit Ihrer PowerPoint-Datei anstellen darf, bietet Ihnen PowerPoint 2003 mit *IRM, Information Rights Management*. IRM ist Teil von Office 2003 und für alle Office-Dokumente verfügbar. Sie können im Dokument nicht nur festlegen, wer darin ändern darf, sondern auch das Ausdrucken, Kopieren und Übernehmen einschränken. Sie können sogar verhindern, dass Ihr Dokument per E-Mail an Personen weitergeleitet wird, die nicht von Ihnen freigegeben wurden. Zusätzlich können Sie ein *Expiration Datum* festlegen. Nach Ablauf des Datums kann Ihr Dokument nicht mehr geöffnet werden.

Diese Einschränkungen können Sie in PowerPoint 2003 unter *Datei – Berechtigungen* einstellen. Doch jeder, der eine mit IRM geschützte Datei nutzen darf, muss dafür entweder Office 2003 oder zumindest die Software *Windows Rights Management Client* installiert haben. Letztere gibt es als kostenlosen Download von *www.microsoft.de*.

## Weitere Präsentationsmedien

► Ihre Präsentation ist mittlerweile sehr professionell: Sie enthält bewegte und unbewegte Grafiken, Fotos mit verschiedenen Effekten, Sound, Film und Internetseiten. Je perfekter sie jedoch wird, umso mehr hat das Publikum den Eindruck, nur einen Film zu sehen. Und Sie geben den Live-Sprecher vorne am Rednerpult. Schalten Sie daher zwischendurch auf andere Medien um, um sich selbst mehr in den Vordergrund zu bringen und Ihrer Präsentation mehr Authentizität zu geben.

Im einfachsten Fall schalten Sie die Leinwand einfach dunkel. Das geht, indem Sie im Präsentationsmodus die Taste B für Black drücken. Jetzt können Sie eine Anekdote erzählen oder kurz vom Thema abweichen.

Eine sehr gute Möglichkeit, Spannung zu erzeugen und das Publikum im Wortsinne mitzunehmen, ist, die Medien zu wechseln.

## b@w //197: Flipchart parallel einsetzen

In einer Gruppe bis etwa 30 Personen können Sie das Flipchart einsetzen. Schreiben Sie aber nicht meterweise Text darauf. Das hält nur auf, sieht eventuell wüst aus und Sie kehren dem Publikum den Rücken zu. Bereiten Sie stattdessen einige Flipchart-Seiten vorab vor:

- Schreiben Sie die Agenda der Veranstaltung oder die Gliederung Ihres Vortrags auf das Flipchart. Dann hat jeder Teilnehmer sie ständig vor Augen und Sie können während Ihres Vortrags immer darauf zurückkommen und erledigte Punkte abhaken. So weiß jeder, an welchem Punkt Sie sich gerade befinden.

- Legen Sie vor Ihrer Präsentation auf einem Blatt eine Abbildung, etwa eine Schemazeichnung, an, die Sie coram publico am Flipchart komplettieren.

- Sie können auch am Flipchart animationsähnliche Effekte erzeugen: Blättern Sie die Seiten von hinten kommend auf, also umgekehrt als sonst üblich. Seite 2 liegt damit vor Seite 1 und überdeckt diese. Der Trick: Seite 2 ist kein vollständiges Blatt, sondern überdeckt z. B. nur die rechte Hälfte von Seite 1. Damit sehen Sie nach Aufdecken von Seite 2 den bekannten, linken Inhalt von Seite 1 und den neuen Inhalt von Seite 2. Durch solches teilweise Überdecken können Sie Grafiken oder Tabellen nach und nach aufbauen und schrittweise verändern.

- Schreiben Sie Ihre Kernaussage oder Ihre Aufforderung an das Publikum auf das Flipchart und decken Sie diese zu passender Gelegenheit beim Vortrag auf. Lassen Sie die Seite auch nach Ihrem Vortrag auf dem Flipchart aufgedeckt hängen! Denn: Wahrscheinlich benutzen die nachfolgenden Referenten das Flipchart nicht – und Ihr Punkt bleibt so auch während der nachfolgenden Vorträge für alle optisch präsent.

- Benutzen Sie das Flipchart um offene Fragen, Anregungen oder Kritikpunkte aus dem Publikum zu notieren. Das zeigt, dass Sie die Punkte ernst nehmen und bearbeiten wollen. Nehmen Sie am Ende Ihres Vortrags diese Flipchart-Seite demonstrativ mit!

Einen sehr originellen Effekt können Sie erzielen, wenn Sie am Flipchart stehen und dort Seiten umblättern, die gleichzeitig auf einem »Leinwand-Flipchart« erscheinen. Mit »Leinwand-Flipchart« ist einfach die Zeichnung eines Flipchart-Ständers in PowerPoint gemeint. In der Zeichnung sind die gleichen Charts enthalten, die Sie am echten Flipchart benutzen.

**Hinweis:** Wenn Sie den Effekt nutzen wollen, finden Sie eine Flipchart-Zeichnung im Internetworkshop zu diesem book@web. Diese können Sie einfach nutzen.

**Abb. 90:** Flipchart-Zeichnung in PowerPoint, synchron zu Ihrer Flipchart-Präsentation.

## //198: Poster hängen lassen

Hängen Sie Poster auf, wenn Sie nicht auch noch ein Flipchart nutzen wollen. Darauf kann die Agenda sein, die Sie vorher groß auf einem Plotter ausgedruckt haben. Es kann eine Zeichnung sein, die Sie erläutern, oder ein Bild Ihres Produkts. Wichtig ist, dass Sie in Ihrem Vortrag auf das oder die Poster deutlich Bezug nehmen.

Weiterer Vorteil: Es bleibt wahrscheinlich während nachfolgender Vorträge hängen und ruft den Teilnehmern die ganze Zeit über Ihren Vortrag in Erinnerung.

## //199: Moderationskarten an der Pinnwand nutzen

Mit vorbereiteten Moderationskarten können Sie eine Abbildung am Flipchart oder einer Pinnwand nach und nach vor dem Publikum entwickeln. Es gibt diese Karten als Rechtecke, Kreise, Ellipsen oder Wolken. Damit Sie nicht umständlich mit Nadeln hantieren müssen, können Sie die Kartenrückseiten vorher mit geeignetem Klebespray versehen. Alternativ gibt es flache Magnete, die gut an Metalltafeln und auch dem Flipchart haften.

Wenn Sie Ihre Abbildung live fertig entwickelt haben, wechseln Sie wieder zu PowerPoint und zeigen dort eine Folie mit der gleichen Abbildung, um daran die Kernaussagen zusammenzufassen. So erzeugen Sie einen fließenden Übergang zwischen den Medien.

## //200: Kamera für Vergrößerungseffekte

Steht eine Kamera zur Verfügung, deren Bild auf die Leinwand projiziert werden kann? Bei großen Konferenzen ist das meist kein Problem. Aber auch die bei einigen Beamern vorhandene Dokumenten-Kamera oder eine Webcam können Sie in Ihren Vortrag einbauen.

Benutzen Sie die Kamera, um groß auf der Leinwand zu zeigen, was Sie live auf der Bühne präsentieren: Ihr Produkt oder Details davon, das Display des Handys mit einem neuen Service, die Schlagzeile aus der Zeitung, eine Pflanze oder sogar ein Tier, Ihre Fähigkeit als Hütchen-Spieler oder Ihren Orden für gute Vorträge.

**Hinweis:** Auch wenn Ihnen keine Kamera zur Verfügung steht, nehmen Sie etwas zum Vorzeigen mit und bereiten Sie eine Folie vor, die das Objekt zeigt. Wenn Sie zum Beispiel eine Zeitung mit einer interessanten Schlagzeile hochhalten, lassen Sie gleichzeitig die Folie mit der Schlagzeile auf der Leinwand erscheinen.

## //201: Interaktives Whiteboard zur Präsentationssteuerung

Auf ein übliches Whiteboard können Sie schreiben und bei geeigneter Beschichtung auch gut projizieren. Whiteboards sind heute Standard in den meisten Konferenzräumen. Seit einiger Zeit sind auch interaktive Whiteboards am Markt erhältlich, zum Beispiel von Hitachi, die eine interessante Zusatzfunktion haben: Sie lassen sich wie Touch-Screens verwenden. Über Berührung des Whiteboards steuern Sie Ihren Computer. Wenn Sie eine PowerPoint-Präsentation auf das Whiteboard projizieren, brauchen Sie eingefügte Hyperlinks auf der Projektion nur berühren, um deren Funktion auszuführen. Sie wirken wie ein Magier, der seine Präsentation interaktiv aus dem Hut zaubert. Durch passende Animationseffekte können Sie das noch verstärken.

**Hinweis:** Es ist auch möglich, auf das interaktive Whiteboard zu schreiben und das Geschriebene abzuspeichern oder zu drucken. Dafür können Sie die mitgelieferte Software vom Whiteboard-Anbieter oder die entsprechenden Funktionen im Microsoft-Betriebssystem *Windows XP-Tablet Edition* nutzen. Wenn Sie mit PowerPoint 2003 arbeiten, können Sie sogar die Notizen vom Whiteboard direkt in die gezeigte Folie übernehmen (Tipp //112).

Für große Konferenzen sind interaktive Whiteboards nicht geeignet, weil deren Größe auf etwa 1,50 m x 1,20 m beschränkt ist. Allerdings hätten Sie bei deutlich größeren Flächen auch Probleme, die Hyperlinks mit der Hand zu erreichen.

# Präsentationen planen, erstellen und halten

Jetzt sind Sie so gut gerüstet, was Techniken, Einsatzmöglichkeiten und wirkungsvolle Kniffe betrifft. Und dann kommt das, was man fast in jedem Unternehmen kennt – und was Sie vielleicht zum Flattern bringt: die operative Hektik:

- Sie müssen für Ihre Firma wieder eine konkrete Präsentation vorbereiten und halten.
- Sie wissen noch nicht recht, was Sie inhaltlich überhaupt vorbringen und wie Sie argumentieren wollen.
- Selbstverständlich ist wenig Vorbereitungszeit vorhanden – hätten Sie doch nur früher damit angefangen!
- Sie möchten vor Ihrem Publikum einen guten Eindruck machen.
- Dafür brauchen Sie nicht nur eine gute Präsentation, Übung und Erfahrung und eine ruhige Redner-Stimme, sondern auch eine stimmige Umgebung, einen guten Raum, funktionierende Technik.

Wie Sie das alles gleichzeitig und in kurzer Zeit schaffen? Mit guter Planung und den folgenden Tricks und Tipps.

## Präsentation planen

► Am Anfang der Vortragsentwicklung steht eine kreative, manchmal schmerzhafte Phase: »Was will ich eigentlich präsentieren? Was ist mein Ziel? Welche Argumente und Informationen habe ich?« Ihnen schweben vielleicht ein paar Bildfetzen vor, aber noch nicht der fertige Film.

Bei Vorträgen im Business-Umfeld geht es meist darum, etwas zu »verkaufen«. Sei es ein Produkt extern zum Kunden oder intern zu Ihren Vertriebsmitarbeitern, sei es eine Idee an Ihre Kollegen, sei es eine Strategie zum Vorstand oder sei es es eine Information an ein wissenschaftliches Fachpublikum. Außerdem wollen auch Sie sich als Vortragender »verkaufen«, möglichst positiv darstellen und weiterempfehlen.

Wenn Sie den »Verkaufs«-Gedanken im Hinterkopf behalten, ist die Struktur Ihrer Präsentation schon ziemlich klar: Sie entspricht in Aufbau und Argumentation einem guten »Verkaufsgespräch«. Ab hier ist es eigentlich auch nicht mehr schwer, den Vortrag zu entwickeln. Denn es gibt prinzipiell nur zwei Methoden: Top-down und Bottom-up.

Top-down bedeutet, dass Sie zunächst eine Gliederung entwickeln und die Gliederungspunkte dann verfeinern und ausbauen. Bottom-up ist der umgekehrte Weg: Sie beginnen mit den Aussagen, die Sie machen wollen, und fassen sie in eine sinnvolle Gliederung zusammen. In der Praxis wird sich nach aller Erfahrung eine Mischform ergeben.

Wie auch immer Sie vorgehen: Ihre Präsentation wird nur ein wenn auch sehr wichtiger und initialer Teil eines Verkaufs- oder Überzeugungsprozesses sein, der durch weitere Verhandlungen begleitet wird. Über Verhandlungstechniken im Allgemeinen informiert Sie ein anderes Buch aus der book@web-Reihe: »Sie bekommen nicht, was Sie verdienen, sondern was Sie verhandeln« von Hermann Scherer.

## //202: Top-down: von der Gliederung zu den Aussagen

Sie wollen Ihrer Geschäftsführung ein Konzept erläutern und die Einwilligung erhalten. Dafür gibt es eine erprobte Gliederung. Sie passt für die meisten Business-Präsentationen, bei denen Sie Ihr Publikum von einem Produkt oder einer Idee überzeugen wollen.

- *Management-Summary:* Eine Seite, die die fünf folgenden Punkte vorstellt und zu jedem Punkt eine oder zwei Kernaussagen umfasst.

- *Ausgangslage:* Wie ist die aktuelle Situation und wo liegt das Problem, das gelöst werden soll? Aber Achtung: Greifen Sie »beim Problem« niemals einen Kollegen persönlich an. Vermeiden Sie Schuldzuweisungen: Vermitteln Sie Probleme als »Herausforderungen«, die es zu meistern gilt – und für die Sie eine Lösung haben.

- *Ziel:* Welches Ziel soll erreicht werden? Das Ziel sollte sich aus der Unternehmensstrategie ableiten lassen oder jedem offensichtlich sein wie »Kosteneinsparungen«. Wenn Sie widerspruchslos über den Punkt »Zieldefinition« kommen, sind Sie schon auf dem Weg zum Erfolg.

- *Maßnahmen:* Jetzt kommt Ihre Lösung. Das ist der Hauptteil Ihres Vortrags. Was muss getan werden, damit das Ziel erreicht wird? Seien Sie hier möglichst konkret. Zeigen Sie eine Roadmap, einen Wegeplan: Was soll in welchen Schritten zu welchen Terminen erfolgen? Wenn Sie ein Produkt präsentieren, konzentrieren Sie sich auf die Produkteigenschaften, die exakt dem Ziel dienen.

- *Kosten:* Um Ihr Konzept umzusetzen, brauchen Sie wahrscheinlich Ressourcen: Budget, Mitarbeiter, Know-how, IT-Wissen. Listen Sie das auf und stellen Sie dem nach Möglichkeit die eingesparten Kosten gegenüber! So erhalten Sie eine Business-Case-artige Betrachtung, die Manager überzeugt.

- *Ergebnis:* Wie sieht die Welt aus, nachdem Ihr Konzept realisiert sein wird? Fassen Sie am Ende noch einmal die positive Vision, den Nutzen für die Entscheider zusammen.

Auf Basis dieser Gliederung können Sie Punkte und Unterpunkte hinzufügen. Machen Sie dies, wie in Tipp //213 begründet, am besten zunächst in Microsoft Word und nicht gleich in PowerPoint. Betrachten Sie dabei die Gliederung als Hilfe und nicht als Dogma.

Alternativ – oder als Ergänzung dazu – können Sie Ihren Vortrag nach einer zeitlichen Dramaturgie aufbauen und so eine spannende Story erzählen. Angenommen, Sie haben einen wichtigen Kunden gewonnen und sollen jetzt beim Vertriebs-Kick-off vortragen, wie Ihnen das gelungen ist. Sie wollen Ihre Vertriebskollegen richtig packen. Dann zählen Sie nicht abstrakt einzelne Punkte auf, wie »der Kunde ist«, »der Kundennutzen ist«, »Wettbewerber waren«, »der Projektumfang ist«. Sondern stellen Sie die Geschichte im Zusammenhang des zeitlichen Ablaufs dar: »Wir waren beim Kunden und dann hat ...«. Das wirkt viel interessanter, lebendiger und authentischer.

## //203: Bottom-up: von den Aussagen zur Gliederung

Beim Bottom-up-Verfahren überlegen Sie sich, was Sie alles zum Thema sagen könnten, wählen die wichtigsten Punkte aus und gliedern diese anschließend. Mögliche Reihenfolgen für die Gliederung der Hauptpunkte: vom Allgemeinen zum Speziellen, chronologisch oder historisch nach Vergangenheit, Gegenwart, Zukunft. Zur Sammlung der Hauptpunkte können Sie mit Papier oder Kärtchen arbeiten. Mindmaps eignen sich aufgrund des kreativen Anreizes besonders gut dafür, besonders wenn Sie die entsprechende Mindmap-Software benutzen, zum Beispiel von Concept Draw oder Mind Manager.

### Word-Tabellen zur Sammlung und Strukturierung

Ein weiteres praxisbewährtes Verfahren: Nutzen Sie eine Tabelle in Microsoft Word. Darin lassen sich die Punkte gut sortieren. Und Sie können sie am Ende gleich in PowerPoint einfließen lassen. Erstellen Sie dafür eine Word-Tabelle mit zwei Spalten: die erste schmal für eine spätere Nummerierung, die zweite nimmt den Rest der Seitenbreite ein.

Schreiben Sie jeden Gedanken in eine neue Tabellenzeile. Das kann ein möglicher Gliederungspunkt sein, eine Aussage, die Ihnen wichtig erscheint, oder auch eine offene Frage. Sie können sowohl Stichwörter als auch brillante Formulierungen notieren, die Reihenfolge spielt keine Rolle.

Machen Sie diese Tabelle zu Ihrer Sammelleidenschaft: Selbst wenn Ihnen unter der Dusche ein Gedanke kommt, übertragen Sie ihn notfalls auf vor Ort verfügbares Papier und bei nächster Möglichkeit in die Tabelle. So geht Ihnen keine Idee aus Ihrem persönlichen Brainstorming verloren.

Gruppieren Sie anschließend die Ideen, die inhaltlich zusammengehören: Nummerieren Sie dafür die Tabelle in der ersten Spalte so durch, dass zusammengehörende Punkte die gleiche Nummer haben. Vergeben Sie die Nummern in Zehnerschritten, also 10, 20 usw. Es sollten nicht mehr als sechs bis sieben Cluster werden. Im letzten Cluster fassen Sie einfach alle Einzelpunkte zusammen, die nicht unter die anderen Kategorien passen. Jetzt sortieren Sie die Tabelle in Word mit *Tabelle – sortieren* numerisch nach der ersten Spalte – und schon sind Ihre Gedanken in eine Reihenfolge gebracht.

An der Tabelle arbeiten Sie weiter. Wenn ein Argument doch besser in ein anderes Cluster passt, ändern Sie einfach die Nummer und sortieren bei Gelegenheit erneut. So entwickeln Sie nach und nach eine immer klarere Vorstellung, was Sie präsentieren wollen. Wenn dieser Prozess so weit abgeschlossen ist, bringen Sie die Stichpunkte innerhalb eines Clusters noch in eine logische Reihenfolge. Dazu fügen Sie Endziffern ein: Den zuerst zu nennenden Punkt im Cluster 40 nennen Sie 41, den zweiten 42. Zur Nummer 40 setzen Sie eine Cluster-Überschrift. Ein weiteres automatisches Sortieren der Tabelle – und Sie haben Ihren logischen Aufbau erreicht.

Am Ende bringen Sie die Cluster selbst noch in eine logische Reihenfolge. Das geht am besten, indem Sie die Tabelle nach jedem Cluster unterbrechen, d. h., jedes Cluster beginnt in einer neuen Tabelle, und dann die Tabellen passend verschieben. Um zum Verschieben in Word eine ganze Tabelle auf einmal zu markieren, markieren Sie eine beliebige Stelle in der Tabelle und drücken Sie [Alt] 5 mit der »5« aus der Zifferntastatur rechts auf Ihrem Keyboard bei abgeschalteter [NUM]-Funktion.

Abschließend löschen Sie in der Tabelle die Nummerierungsspalte, wandeln die Tabelle in Text um und formulieren die entstandenen Punkte so aus, dass Sie als Überschriften, Haupt- und Unterpunkte direkt in PowerPoint übernommen werden können. Das geht mithilfe von Tipp //213.

## //204: Die Wahrheit sagen

Eigentlich ist »die Wahrheit sagen« eine Selbstverständlichkeit – und kaum jemand im seriösen Business-Umfeld wird bewusst in einer Präsentation die Unwahrheit erzählen. Es geht nur darum, wie viel von der Wahrheit Sie weglassen. Natürlich haben Sie das Recht, die Punkte, die Ihren Standpunkt untermauern und Ihre hohe Leistung zeigen, in den Vordergrund zu stellen. Übertreiben Sie es aber nicht und machen Sie aus Ihrem Vortrag keine Lobhudelei oder Heile-Welt-Veranstaltung. Wenn es relevante kritische Punkte gibt, benennen Sie diese – Sie können sie gleich im Vortrag auch entkräften oder zumindest diskutieren.

- Ihr Kunde erwartet nicht, dass Sie beim Erstgespräch alle Nachteile Ihres Produktes betonen. Das würde ihn wohl eher irritieren. Aber Sie müssen ihn zur rechten Zeit auch über kritische Aspekte informieren, um eine vertrauensvolle und langfristige Zusammenarbeit zu ermöglichen. Wenn er kritische Aspekte von Ihnen selbst erfährt, haben Sie es auch in der Hand, den Prozess zu steuern.

- Ihre Mitarbeiter haben ein Recht, die für Ihre Arbeit relevanten Informationen offen und ehrlich zu erfahren. Nur so können sie ihre - das heißt auch: Ihre – Arbeit gut machen. Verkaufen Sie Mitarbeiter und Kollegen nicht für dumm, sie sind es genauso wenig wie Sie selbst.

- Fähiges Management zeichnet sich auch dadurch aus, Schwächen und Probleme zu managen. Beurteilen Sie also auch kritische Fragen positiv, denn sie beweisen Interesse an Ihrem Thema und können ein Zeichen für die Qualität des Managements sein. Wie Sie hingegen mit unfairen Fragen umgehen können, rät Ihnen Tipp //233.

## //205: Risiken und Nebenwirkungen

Sachliche Richtigkeit und Brillanz Ihrer Rhetorik sind aber nur zwei Erfolgsfaktoren für Ihre Präsentation: Vergessen Sie nicht die emotionale Ebene! Erscheinen Sie zu smart oder besserwisserisch, kann die Stimmung im Publikum gegen Sie umschlagen, auch wenn Sie in allen Ihren Punkten »Recht haben«.

Kalkulieren Sie ein, dass Sie Ihren Vortrag nicht nur für die Geschäftsführung halten werden, sondern dass er auch die Menschen begeistern oder zumindest überzeugen soll, die mit der Umsetzung betraut sind. Die müssen Sie auf Ihre Seite bringen. Gewinnen Sie bereits im Vorfeld einige wichtige Beteiligte als Unterstützer, die bei der Diskussion auf Ihrer Seite stehen. Und: Überfahren Sie niemanden mit Ihren Vorschlägen, schätzen Sie Ihr Publikum.

Bei sehr hierarchisch geprägten Unternehmen ist eine einmal in der Geschäftsführung gehaltene Präsentation Ihr Mandat für die Umsetzung auf der operativen Ebene. Formulieren Sie Ihre Präsentation auch in Details dann so klar, dass Sie damit Ihren Standpunkt bei der späteren Umsetzung durchsetzen können.

## //206: Arbeiten Sie nicht zu viel am Inhalt

»Arbeiten Sie nicht zu viel am Inhalt« – das predigt auch Peter Urs Bender, einer der internationalen Topreferenten, in seinen Seminaren. Der von der Presse als »Business-Präsentations-Guru« bezeichnete Schweizer argumentiert, dass man seine Vorbereitungszeit nicht so sehr auf das WAS, sondern das WIE konzentrieren soll. Außer natürlich, man ist mit dem Thema selbst noch nicht vertraut. Dieser Tipp folgt den Regeln der Rhetorik, nach denen Stimme, Tonfall, Freundlichkeit zu 87 % über den verbalen Eindruck entscheiden, der sachliche Inhalt nur zu 13 % (siehe Fischer, Claudia: telefonsales, GABAL, 2003).

Wenn Sie sich in Ihrem Thema gut auskennen, werden Sie zügig die Inhalte beisammen haben. Damit ist die kreative Phase noch nicht abgeschlossen! Lassen Sie die Tipps der vergangenen Kapitel Revue passieren. Blättern Sie das Buch noch mal durch und überlegen Sie, welche Visualisierungsmethoden, Animationen oder multimedialen Möglichkeiten sich für Ihre Präsentation einsetzen lassen.

## //207: Technisches Umfeld der Veranstaltung klären

Um auch an ungewohntem Ort und mit fremdem Equipment professionell präsentieren zu können, klären Sie mit dem Kongress-Veranstalter die folgenden fünf Punkte:

- Häufig wird ein Veranstalter Sie vorab um die Präsentationsdatei bitten, damit er alle Vorträge auf einem gemeinsamen Präsentations-PC kopieren kann. Fragen Sie in diesem Fall nach der eingesetzten PowerPoint-Version. Bei Version 97 oder darunter sollten Sie überlegen, Ihre Teilnahme abzusagen, denn das zeugt nicht von der Professionalität des Veranstalters. Bei Version 2000 achten Sie darauf, dass Sie viele Animationen nicht nutzen können (Tipp //123). Bei Version XP oder 2003 können Sie uneingeschränkt arbeiten, wobei 2003 kaum Erweiterungen bietet (Anhang 2).

- Fragen Sie auch, wie die Folien weitergeklickt werden. Machen Sie das als Referent direkt selbst oder müssen Sie jedes Weiterklicken jemandem ansagen, der dann für Sie klickt? In diesem Fall verzichten Sie auf per Mausklick animierte Folien, sonst nerven Sie alle Teilnehmer mit dem ständigen Ansagen des nächsten Klicks. Verzichten Sie auch auf Hyperlinks.

- Stehen Ihnen am Rednerpult Maus und Tastatur zur Verfügung? Dann können Sie in Ihrem Vortrag bei Bedarf von der vorgegebenen Folienreihenfolge recht einfach abweichen und sich frei in Ihrer Präsentation bewegen, wie Ihnen Tipp //225 zeigen wird. Die Tastatur können Sie auch gut brauchen, wenn Sie aus Ihrer Präsentation heraus andere Anwendungen aufrufen und dort Eingaben machen wollen.

- Wenn Sie auf Internetseiten verweisen (Tipp //182), müssen Sie unbedingt klären, ob ein Onlineanschluss verfügbar ist und in welcher Art (ISDN, DSL, W-LAN, LAN).

- Stehen Ihnen weitere Medien zur Verfügung, wie Kamera, Flipchart, eine Pinnwand oder gar ein interaktives Whiteboard, die Sie in Ihre Präsentation einplanen können (Tipp //197 bis //201)? Kann Sound von Ihrem PC auf den Verstärker übernommen werden?

**Hinweis:** Auf die Angaben des Veranstalters können Sie sich nicht unbedingt verlassen, manchmal wissen sie nicht über alles Bescheid. Mittels schlauer Fragetechnik können Sie sich etwas mehr Sicherheit verschaffen. Statt »Benutzen Sie PowerPoint Version XP?« fragen Sie »Welche PowerPoint-Version benutzen Sie?«. Wenn möglich, seien Sie entsprechend früher am Ort und überprüfen Sie die Angaben.

## Präsentation erstellen

► Nach der strukturellen Planung des Vortrages geht es an das Erstellen der Folien. In der Praxis ist das meist ein iterativer Prozess: Während Sie die Folien erstellen, kommen Ihnen noch zusätzliche Ideen – also passen Sie auf, dass Sie sich nicht verzetteln und Ihr Vortrag zu lang wird. Im Folgenden einige Tipps, die Ihnen Zeit bei der Erstellung sparen und Ihre Arbeit rationalisieren sollen.

### //208: Ergiebige Quellen aufspüren

Am meisten Zeit und Arbeit ersparen Sie sich beim Erstellen von Folien, indem Sie nicht alles neu machen, sondern vorhandenes Material übernehmen:

- Zunächst Ihre eigenen früheren Vorträge. Wenn Sie die Tipps im Kapitel »Grafik erstellen und einsetzen« beherzigt haben, sind Ihre Folien änderungsfreundlich entwickelt, sodass sie sich einfach recyceln lassen. Gewöhnen Sie sich deshalb an, Ihre Präsentationsdateien so zu bezeichnen und zu speichern, dass Sie sie schnell wiederfinden.

- Es gibt in Ihrem Unternehmen sicher Standardpräsentationen, Präsentation von Messen oder Kongressen. Meist finden Sie eine ganze Reihe davon im Firmen-Intranet.

- Sammeln Sie Präsentationsdateien, die Sie aus verschiedenen Quellen erhalten. Die Ihnen per E-Mail zugeschickt wurden oder auf Kongressen als elektronisches Handout verteilt wurden. Vielleicht sind dort gelungene Argumentationen oder gute grafische Abbildungen enthalten. Wenn Sie daraus etwas entnehmen, sollten Sie natürlich die Quelle angeben und im Zweifelsfall beim Autor nachfragen, ob er mit der Übernahme und Veröffentlichung einverstanden ist.

**Betriebssystem-Suche nutzen**

Beim Suchen nach einer Datei hilft das Windows Betriebssystem-Menü *Start – Suche*. Damit lässt sich zum Beispiel nach einer Datei suchen, die eine bestimmte Zeichenfolge enthält, oder nach PowerPoint-Dateien unter *.ppt. Noch spezifischer lässt sich die Suche unter den Office-Anwendungen, also auch PowerPoint, mit *Datei – Öffnen – Extras – Suchen* gestalten. Die Funktion ist allerdings etwas unhandlich. In der neuesten Office-Version 2003 steht mit dem neuen Befehl *Datei – Dateisuche* eine verbesserte Suchmöglichkeit zur Verfügung.

## //209: Vorhandene PowerPoint-Quellen einfügen

Das Übernehmen von Folien oder Folienobjekten aus fremden Präsentationen kann jedoch zum Horror werden, wenn Sie es mit dem üblichen Kopieren und Einfügen oder über das Menü *Einfügen*

– *Folien aus Datei* machen. In der Originaldatei sieht die Folie gut aus, aber beim Kopieren verändern sich Schriften und Farben in einer Weise, dass Sie alles nacharbeiten müssen. Die Ursachen dafür sind die unterschiedlichen Folienmaster. In Tipp //23 bis //28 und //31 bis //33 ist das genau beschrieben.

**Ein Geheimtipp:** Markieren Sie auf der Ursprungsfolie den Teil, den Sie übernehmen wollen, und speichern Sie ihn mit *Kopieren* in den Zwischenspeicher. Fügen Sie ihn dann in Ihrer Präsentation mit *Bearbeiten – Inhalte Einfügen – als Bild* ein. So haben Sie ganz schnell den gewünschten Teil unverändert in Ihre Präsentation übernommen.

Dieses Verfahren hat noch einen weiteren Vorteil: Oft brauchen Sie das übernommene Objekt für Ihre Präsentation in verkleinerter oder vergrößerter Form. Da Sie den Part als Bild eingefügt haben, lässt sich das sehr einfach machen (Tipps //4 und //157). Die Schriftgrößen im Bild werden stufenlos mit vergrößert oder verkleinert.

Es gibt aber auch Nachteile: Zum einen gehen Ihnen natürlich gegebenenfalls vorhandene Animationen verloren. Zum anderen können Sie an dem Objekt nichts mehr ändern, außer, Sie übermalen den vorhandenen Text. Besser ist es in diesem Fall, zunächst im Original alle erforderlichen Anpassungen vorzunehmen und es dann, wie beschrieben, zu kopieren.

## //210: Weitere Quellen übernehmen

Gute Quellen zur Übernahme von Grafiken und Objekten mit dem Kopieren und Einfügen sind oft Excel-, Word- und pdf-Dokumente:

- Aus Excel können Sie durch einfaches Kopieren und Einfügen Diagramme auf Ihre Folie übernehmen. In Excel finden Sie auch Landkarten. Übernommene Diagramme lassen sich in PowerPoint-Zeichnungen umwandeln (Tipp //77).

- Wenn Sie aus Microsoft Word Tabellen übernehmen, geht das auch mit einfachem Kopieren und Einfügen. Meist brauchen Sie die Tabelle auf der PowerPoint-Folie größer, damit sie lesbar ist. Beim Vergrößern der Tabelle in PowerPoint werden die Stärke der Tabellenlinien und die Schriftgröße allerdings nicht mit angepasst. Machen Sie daher die Tabellenlinien bereits in Word etwas kräftiger. Die Schriftgröße können Sie in PowerPoint leicht vergrößern: Markieren Sie die Tabelle und klicken Sie auf das Icon [Schriftart vergrößern] oben in der Format-Symbolleiste (Abb. 3). Notfalls benutzen Sie den im vorigen Tipp beschriebenen Weg über *Bearbeiten – Inhalte Einfügen – als Bild*.

- Auch aus pdf-Dokumenten können Sie Teile entnehmen, sofern Ihnen nicht der Ersteller des Dokuments jeden Zugriff gesperrt hat. Im Acrobat-Reader und damit natürlich auch im Acrobat-Writer finden Sie in den oberen Symbolleisten zwei Icons mit den Bezeichnungen *Textauswahl-Werkzeuge* und *Grafik-Auswahl Werkzeuge*. Wenn die Werkzeuge aktiviert sind, können Sie markierte Bereiche mit [Strg] C in den Zwischenspeicher übernehmen und in PowerPoint einfügen.

- Mit dem Acrobat-Writer können Sie zusätzlich die Bilder aus einem pdf-Dokument in ein übernehmbares Format, wie png (Tipp //156), extrahieren. Wählen Sie dazu *Datei – exportieren – Bilder – extrahieren als – png-Dateien*. Damit extrahieren Sie alle Bilder. Da sie wahrscheinlich nicht alle Bilder des pdf-Dokuments benötigen, verkleinern Sie das pdf-Dokument vorher auf den benötigten Umfang. Die dafür notwendigen Befehle finden Sie im Acrobat-Writer unter dem Menü *Dokument*.

## //211: Zielgruppenorientierte Folien

Wenn Sie regelmäßig Vorträge halten, werden Sie schnell ein kleines Archiv Ihrer Vorträge aufbauen. So wird es Ihnen gelingen, beim Aufbau neuer Präsentationen 80 % der Folien aus vorhandenen Quellen zeitsparend zu übernehmen und nur 20 % neu entwickeln zu müssen. Mit diesen 20 % müssen Sie das leisten, worauf es ankommt: exakt die Zielgruppe anzusprechen. Die letzten 20 % haben damit 80 % Bedeutung.

Investieren Sie die durch das Übernehmen von Folien gesparte Zeit, um diese 20 % zu entwickeln. Angenommen, Ihre Präsentation behandelt ein neues Produkt, das Sie verkaufen wollen:

- Passen Sie die Titelseite an und nehmen Sie darin Bezug auf Ihren Kunden, das Datum und den Ort der Präsentation und natürlich auch den Namen des Referenten. Ein Logo Ihres Kunden sollte auch auf Ihrer Titelseite erscheinen (Tipp //149). Meist finden Sie es im Internet.

- Passen Sie ebenfalls den Folienmaster an, damit auch in der Fußleiste die genannten Angaben, jedoch ohne Kundenlogo, erscheinen (Tipp //30).

- Gehen Sie alle übernommenen Folien durch. Lässt sich dort irgendetwas kundenspezifisch modifizieren? Zum Beispiel ein allgemein gehaltener Text oder eine allgemein gehaltene Abbildung auf die Belange Ihres Kunden anpassen? Das ist gleichzeitig eine gute gedankliche Vorbereitung für Ihren Termin. Streichen Sie Dinge, die für Ihren Kunden keine Rolle spielen, damit Sie Ihre Präsentationszeit nicht mit Argumenten verbrauchen, die zwar richtig sind, aber Ihren Kunden nicht interessieren.

- Platzieren Sie kundenspezifische Folien mindestens an zwei Stellen Ihres Vortrags, nämlich am Anfang und am Ende. Das sind die Stellen mit dem höchsten Aufmerksamkeitswert.

## //212: Vorsicht: Redundanzen und Widersprüche

Wenn Sie Ihren Vortrag aus unterschiedlichen Quellen zusammengestellt haben, überprüfen Sie ihn genau auf inhaltliche Wiederholungen und – fast noch schlimmer – auf Widersprüche. Leicht können Zahlen oder Wertangaben differieren, weil Sie beispielsweise zu verschiedenen Zeitpunkten erhoben wurden. Das geht aus Ihrem Vortrag aber vielleicht nicht mehr hervor. Aber glauben Sie nicht, dass Sie leichterdings über Widersprüche weggleiten können: Selbst Kleinigkeiten werden von manchen profilsüchtigen Teilnehmern im Publikum gern öffentlich aufgedeckt, um allen zu zeigen, dass sie aufgepasst haben. Wie belanglos der Widerspruch auch war, am Ende bleibt beim Publikum ein negativer Eindruck hängen. Machen Sie Ihren Vortrag »unangreifbar«.

## //213: Von der Gliederung zur Präsentation

Wenn Sie Ihre Präsentation überwiegend neu entwickeln und nur wenig Altmaterial einbauen können, schreiben Sie die Überschriften, Hauptpunkte und Unterpunkte zunächst in Word (Tipp //202 und //203). In Word lässt sich Text effizienter bearbeiten und ändern. Sie müssen noch nicht auf Seitenumbrüche oder Formatierungen achten.

Bevor Sie die Texte in PowerPoint übernehmen, lassen Sie die Rechtschreibprüfung von Word darüber laufen. In PowerPoint ist zwar ebenfalls eine implementiert, diese macht in der Praxis aber gelegentlich Probleme.

Anschließend übernehmen Sie mit Kopieren und Einfügen die Texte aus Word nach PowerPoint und führen dort die benötigten Formatierung durch. Wenn Ihr Folienmaster praxistauglich eingestellt ist (Tipp //21 bis //35), ist das recht schnell gemacht.

**Hinweis:** Noch schneller kommen Sie von Word nach PowerPoint, indem Sie in der Word-Datei den Überschriften, Haupt- und Unterpunkten die Gliederungsebenen *Überschrift 1* bis *3* zuweisen. Das geht am schnellsten mit der Tastenkombination [Alt] 1 bis [Alt] 3. Markieren Sie zum Beispiel den Text eines Hauptpunktes und drücken Sie [Alt] 2.

Wählen Sie als Nächstes in Word das Menü *Datei – Senden an – Microsoft PowerPoint*. Damit erstellen Sie schnell und automatisch eine PowerPoint-Datei, in der die *Überschriften 1* aus Word zu Folienüberschriften werden und die *Überschriften 2* und *3* zu Aufzählungspunkten der ersten und zweiten Ebene. Texte, die nicht als Überschrift, sondern als Fließtext definiert sind, werden nicht nach PowerPoint exportiert. So können Sie einfach in Ihrem Word-Dokument ergänzende Aussagen vorhalten, die Sie als Notizen zu Ihrer Präsentation mitnehmen (Tipp //41).

## //214: Übersichtsfolie automatisch erzeugen

Nach der Titelfolie macht sich eine Übersichtsfolie gut, auf der die Überschriften der Kapitel Ihrer Präsentation aufgeführt sind. Die gleiche Folie können Sie zusätzlich am Ende Ihres Vortrags zur Zusammenfassung nutzen. Bei längeren Vorträgen empfiehlt es sich, die Übersichtsfolie jedem Kapitel voranzustellen und das beginnende Kapitel darauf farblich abzustimmen.

**Übung:** Jetzt werden Sie sehen, ob Sie in Ihrer Präsentation die Überschriften immer ordentlich in den Titeltext-Bereich geschrieben haben. Denn dann kann Ihnen PowerPoint die Übersichtsfolie automatisch erstellen. Gehen Sie dafür in die Foliensortieransicht und markieren Sie die Folien, deren Überschriften in die Übersichtsfolie übernommen werden sollen. Mit gedrückter [Shift]-Taste können Sie mehrere Folien markieren, mit [Strg] A markieren Sie alle Folien.

Klicken Sie jetzt in der Symbolleiste Foliensortierung auf das Icon [Inhaltsfolie] (Abb. 91) – und schon erstellt PowerPoint Ihnen eine Übersichtsfolie. Passen nicht alle Punkte auf eine Folie, werden Fortsetzungsfolien mit dem Zusatz »Fortsetzung« erzeugt.

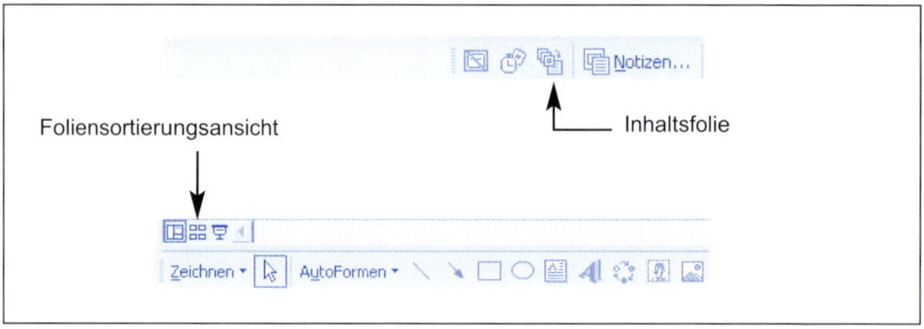


**Abb. 91:** Mit dem Icon [Inhaltsfolie] in der *Foliensortierungsansicht* werden Zeit sparend Übersichtsfolien erstellt.

Die automatisch erzeugten Folien können Sie wie jede andere PowerPoint-Folie weiter bearbeiten. Im Gegensatz zu Inhaltsverzeichnissen in Microsoft Word ist die Übersichtsfolie jedoch keine Feldfunktion. Daher lässt sie sich auch nicht – wie in Word – aktualisieren, sondern muss bei Bedarf neu erstellt werden.

Leider enthält die automatisch erzeugte Übersichtsfolie nicht auch gleich Hyperlinks (Tipp //176 bis //179) zu den aufgeführten Folien. Damit könnten Sie beim Präsentieren direkt von der Übersicht zu bestimmten Kapiteln springen.

**Hinweis:** Aber Sie wissen ja eigentlich schon, wie Sie sich das ermöglichen können! Definieren Sie die Einträge auf der Übersichtsfolie jeweils mit [Strg] K als Hyperlinks. Wählen Sie im Dialogfeld *Hyperlink einfügen* unter *Links zu* das Symbol für *aktuelles Dokument*. Alternativ können Sie auch interaktive Schaltflächen oder andere Objekte zu entsprechenden Hyperlinks machen (Tipp //228).

## //215: Back-up-Folien erstellen und ausblenden

Back-up-Folien sind Folien, die Sie zur Sicherheit in Ihre Präsentation einbauen, aber nur im Bedarfsfall zeigen. Im normalen Ablauf wird eine Back-up-Folie im Präsentationsmodus übersprungen, d. h., die Folie ist *ausgeblendet*. Um das einzustellen, klicken Sie in der Foliensortierungsansicht mit der rechten Maustaste auf die Folie und wählen *Folie ausblenden*.

Überlegen Sie sich Fragen, die aus dem Publikum kommen könnten, und erstellen Sie dafür einige Folien als Back-up. Meist werden das genauere Details zu den Punkten sein, die Sie in Ihrem Vortrag in allgemeinerer Form angesprochen haben. Ins Back-up können Sie auch bereits erstellte Folien aufnehmen, die Sie aus dem Vortrag streichen, um Ihre Redezeit einzuhalten. So sind Sie für alle Eventualitäten gerüstet.

Die Back-up-Folien fügen Sie an das Ende der Präsentation: hinter die Folie, mit der Sie Ihren Vortrag abschließen wollen, und vor denoben erwähnten Übersichtsfolien. Wie Sie im Vortrag mit Back-up-Folien umgehen, verrät Ihnen Tipp //232.

## //216: Das Geheimnis der »magischen Folie 8« b@w

Ein bisschen Zahlenmagie: Die Foliennummer 8 bietet sich als spezielle Back-up-Folie an. Bauen Sie sie ein, wenn zu befürchten ist, dass die Diskussion aus dem Ruder laufen könnte. Oder wenn Sie (bekannte) Teilnehmer erwarten, deren Monologe gefürchtet und nicht zu bremsen sind.

Auf der Folie steht sehr groß und grell blinkend ein Text in der Art »Lassen Sie uns die Präsentation fortsetzen«. Die Folie hat zwei interaktive Schaltflächen: eine Taste, um erforderlichenfalls zusätzlich ein Klingeln oder einen anderen Sound auslösen zu können. Das legen Sie mit *Autoformen – Interaktive Schaltflächen – Sound* mit Auswahl einer passenden Sound-Wiedergabe an.

Die andere Taste kehrt zur zuletzt betrachteten Folie zurück. Sie finden sie unter *Autoformen – Interaktive Schaltfläche – Zurückkehren.*

Diese Folie ist die achte Folie Ihrer Präsentation und ausgeblendet (Tipp //215), wird also im Präsentationsmodus normalerweise übersprungen.

Warum die »8«? Die Zahl »8« kann man sich gut merken; sie beendet auch beim Billard die Diskussion und hat manchmal gar magische Bedeutung – wie in den »Scheibenwelt«-Büchern von Terry Pratchett. Benutzen Sie die »magische Folie 8« als Notbremse, wenn die Diskussion aus dem Ruder läuft. Mehr dazu in Tipp //231.

## //217: Veranstalter? Erstellen Sie zusätzliche Medien

Wenn Sie nicht nur als Referent auftreten, sondern für die Veranstaltung insgesamt verantwortlich sind, müssen Sie neben Ihrer Präsentation noch weitere Medien erstellen. Die folgende Liste soll Ihnen dabei helfen:

- Sammeln Sie alle Vorträge vorab ein, speichern Sie sie auf CD-ROMs und laden Sie sie auf einem gemeinsamen Präsentations-PC/Notebook. Es entfällt der störende und nicht immer risikolose Wechsel, wenn die unterschiedlichen Notebooks der Referenten angeschlossen und hochgefahren werden.

- Erstellen Sie eine Präsentation mit einer Begrüßungsfolie und Folien mit Hinweisen für die Pausen. Stattdessen können Sie in den Pausen auch aufwendigere multimediale Präsentationen ablaufen lassen. In PowerPoint lässt sich das Menü *Bildschirmpräsentation – Bildschirmpräsentation erstellen* einrichten.

- Erstellen Sie die Agenda: zum einen als ein Blatt für jeden Teilnehmer, zum anderen als Poster, die sie später im und vor dem Vortragsraum aushängen können. Der Titel der Veranstaltung und das Logo des Veranstalters gehören mit auf die Agenda und können zusätzlich auf weiteren Postern untergebracht werden. Das Erstellen der Poster setzt voraus, dass Sie im Großformat ausdrucken können. Fragen Sie dazu in Ihrer IT-Abteilung nach. Sie benötigen je nach Zahl der Vortragsräume mindestens drei bis vier Ausdrucke. Die Vorlage selbst können Sie in PowerPoint im Hochformat erstellen.

- Produzieren Sie Hinweisschilder, um die Teilnehmer zu dem Vortragsraum oder den -räumen zu führen. Dazu genügen einfache PowerPoint-Papier-Ausdrucke im DIN-A4-Format und mit großen Blockpfeilen. Auf die Folie gehört sonst nur noch die Kurzbezeichnung der Veranstaltung und die Raumnummer.

- Bereiten Sie eine Teilnehmerliste vor. Machen Sie es den Teilnehmern bequem, indem die Namen der angemeldeten Teilnehmer bereits eingetragen sind und von diesen nur noch abgezeichnet werden müssen. Lassen Sie einige Zeilen frei für unangemeldete Teilnehmer.

- Drucken Sie Namensschilder für die Teilnehmer und Referenten aus: zum Anheften und/oder als Tischkarten.

- Wenn die Teilnehmer Handouts erhalten wollen oder sollen, sind diese ebenfalls vorzubereiten. Auch wenn Sie keine Handouts austeilen, sollten die Teilnehmer zumindest Blöcke und Kugelschreiber vorfinden. Letzte Überlegung: Sollen Broschüren ausgelegt werden?

Wenn Sie das Material zusammengestellt haben, fügen Sie noch einen Klebeband-Abroller und wieder ablösbare Powerstrips® dazu, um die Pfeile und Poster anbringen zu können. Stellen Sie weiterhin sicher, dass alle benötigten Kabel vorhanden sind: Verlängerungsschnur, Mehrfachsteckdose, Video- und Audiokabel, langes ISDN- oder LAN-Kabel.

Bereiten Sie dieses Material frühzeitig vor, dann können Sie es bei entfernten Veranstaltungsorten vorab per Post senden und müssen sich damit nicht abschleppen.

Ihnen bleibt dann nur noch, eine Reserve-CD-ROM mit allen Vorträgen, Ihr Notebook und – sofern vor Ort nicht verfügbar – einen Beamer mitzunehmen.

## Präsentations-Umgebung vorbereiten

► Sie haben es in den vorigen Kapiteln schon bemerkt: Es genügt nicht, nur die Präsentation vorzubereiten. Sie müssen sich auch darum kümmern, dass die räumliche und technische Umgebung stimmen. Dafür hat zwar im Wesentlichen der Veranstalter oder Einladende zu sorgen. Aber auch wenn Sie »nur« Vortragender sind: Letzten Endes sind es doch Sie, der vor dem Publikum steht und sich wegen technischer oder organisatorischer Unzulänglichkeiten blamiert. Der beste Schutz: Gehen Sie vor Ort und vor Ihrem Auftritt die *Checkliste* für den Referenten aus Tipp //219 durch. Falls Sie selbst einen Kongress ausrichten, hilft Ihnen die *Checkliste für den Veranstalter* (Tipp //220) weiter.

## //218: Pack & Go: So ist die Präsentation stets dabei

Wappnen Sie sich gegen jede Art des Ausfalls: Auch wenn Sie die Präsentationsdatei schon vorab an den Veranstalter gesandt haben, nehmen Sie sie auf jeden Fall nochmals zum Kongress mit. Am besten gleich Ihr ganzes Notebook und zusätzlich einen externen Datenträger, wie CD-ROM, Memory-Stick oder Diskette. Speichern Sie die Datei als normale PowerPoint-Datei mit der Dateiendung *ppt*.

Überprüfen Sie, ob auf dem Präsentations-PC (und Ihrem eigenen Notebook) neben Ihrer Präsentationsdatei eventuell erforderliche firmenspezifische Schriftzeichen (Tipp //16) und verbundene Sound- oder Videodateien (Tipp //175) gespeichert sind.

### Pack & Go und Viewer: nicht immer fehlerfrei

Dabei soll Ihnen unter PowerPoint 2000 und 2002 der Befehl *Datei – Pack & Go* helfen. Der entsprechende Assistent ist selbsterklärend, aber mit Vorsicht zu genießen. Er komprimiert alles in eine gemeinsame Datei in einem speziellen Format. Diese können Sie, wenn alles klappt, mithilfe der ebenfalls ladbaren Viewer-Software *Projektor* auf jedem PC zeigen. »Wenn alles klappt« bedeutet: Verzichten Sie besser darauf.

Unter PowerPoint 2003 wurde der *Pack-and-Go*-Assistent durch den Befehl *Datei – Verpacken für CD* abgelöst, dem Sie sich eher anvertrauen können. Er kopiert alle für die Präsentation benötigten Dateien in ein Directory, das Sie anschließend auf CD brennen können. Sie können auch sicherstellen, dass alle Schriftarten korrekt eingebunden werden: Aktivieren Sie das Kontrollkästchen *Eingebettete True Type Schriftarten* unter *Datei – Verpacken für CD – Optionen*. Präsentieren Sie aber nicht von der CD aus, sondern laden Sie den CD-Inhalt auf den Präsentationsrechner. Da CD-Laufwerke viel langsamer als Festplatten-Laufwerke sind, kann Ihre Präsentation direkt von CD ins Stocken geraten. Das Überspielen auf die Platte können Sie sich sparen, wenn Sie einen Memory-Stick einsetzen.

In PowerPoint 2003 gibt es ebenfalls einen *Viewer*, der die Präsentation auf jedem PC auch ohne PowerPoint ermöglichen soll. Gleichzeitig sollte er in der Lage sein, die diversen Versions-Probleme zum Beispiel bei Animationen (Tipp //123) zu lösen. Leider leistet der Viewer genau das nicht. Animierte Diagramme oder Organigramme bereiten ihm Schwierigkeiten und viele Animationseffekte, besonders in der Kategorie *hervorgehoben* (Tipp //126), funktionieren nicht korrekt. Manchmal fehlen sogar Grafikelemente. Den Viewer können Sie unter *Datei – Verpacken für CD* mitladen. Falls Sie ihn benutzen wollen, schauen Sie sich mit ihm vorab Ihre Präsentation genau an, um unliebsame Überraschungen beim Vortrag zu vermeiden. Besser ist es in jedem Fall, wenn auf dem Präsentations-PC die vollständige PowerPoint-Software zur Verfügung steht.

**Hinweis:** Wenn Sie sich auf einen Viewer einlassen, verzichten Sie am besten ganz auf Animation – und dann auch gleich auf die Nutzung eines Präsentations-PCs. Überraschen Sie Ihr Publikum, indem Sie am Beamer einen der nur Zigarettenschachtel-großen Pocket-PCs anschließen. Passende Lösungen dafür sind *Presenter to Go* von *Margi* oder *FlyJacket* von *LiveView*. Wer braucht ein mehrere Kilogramm schweres Notebook, wenn er seine Präsentation quasi in der Jackentasche mitbringen kann? Denken Sie aber daran, ein Netzteil mitzunehmen, denn eine längere Präsentation verbraucht reichlich Strom.

Nehmen Sie zusätzlich Ihre Präsentation als Folienausdruck mit. Falls die ganze PC- und Beamertechnik nicht richtig funktioniert oder gerade während Ihrer Präsentation ausfällt, können Sie dann immer noch über einen Overheadprojektor präsentieren.

Und denken Sie beim Packen auch an weiteres Zubehör: einen Laser-Pointer oder eventuell weitere Objekte, die Sie dem Publikum live zeigen wollen.

## //219: Checkliste für den Referenten

Sind Sie als Referent zu einer Veranstaltung eingeladen, führen Sie vor Beginn der Veranstaltung oder in einer Pause folgenden Kurz-Check durch (Abb. 92):

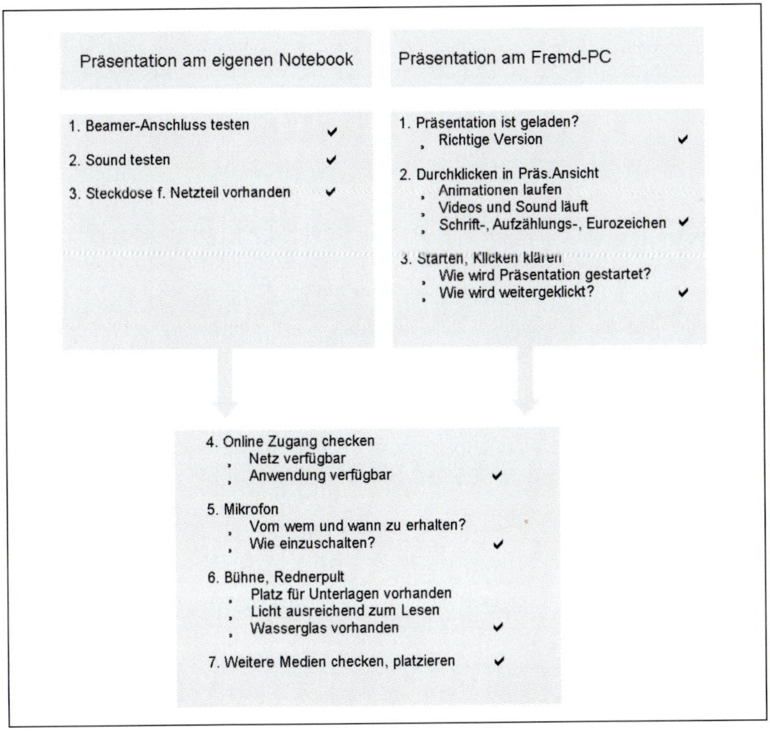


**Abb. 92:** Checkliste für den Referenten.

Wenn Sie Ihr eigenes Notebook für die Präsentation mitbringen, müssen Sie es zu Beginn Ihres Vortrags installieren. Da gibt es auch einiges zu testen:

- *Beamer:* Ist der Anschluss am Beamer in Ordnung? Wenn Teile Ihrer Folie auf dem vom Beamer projizierten Bild fehlen, müssen Sie die Auflösung Ihres Notebooks dem Beamer anpassen.

- *Sound:* Lässt sich, sofern erforderlich, Sound vom Notebook über die Verstärkeranlage abspielen? Stellen Sie am Notebook die gewünschte Lautstärke ein.

- *Steckdose:* Gibt es eine freie Steckdose, um das Netzteil Ihres Notebooks anzuschließen? Sie sollten nicht im Batteriemodus präsentieren, weil dann die Stromspar-Funktionen Ihres Notebooks Ihre Präsentation stören könnten. Im schlimmsten Fall geht Ihnen sogar der Strom aus. Verlassen Sie sich nicht auf die Kapazitätsanzeige Ihres Notebooks.

Wenn Ihre Präsentation auf einem Präsentations-PC zusammen mit den anderen Vorträgen geladen ist, sparen Sie die Installation Ihres Notebooks zu Beginn Ihres Auftritts. Dafür müssen Sie jedoch vorab Ihre Präsentation genauer unter die Lupe nehmen:

- *Präsentation vorhanden:* Ist Ihre Präsentation, und zwar die richtige Version, tatsächlich geladen? Falls nicht, haben Sie ja Ihre Präsentationsdatei und Ihr Notebook zur Sicherheit mitgebracht (Tipp //218). Legen Sie die Präsentationsdatei auf dem Windows-Desktop ab, damit Sie sie schnell finden und durch Doppelklick starten können.

- *In Präsentationsansicht prüfen:* Klicken Sie auf dem Präsentations-PC vor Ihrem Auftritt Ihre Präsentation in der Präsentationsansicht durch, nicht in der einfachen Normalansicht. Nur so erkennen Sie zuverlässig, ob alle Animationen richtig laufen oder ob es Probleme wegen unterschiedlicher PowerPoint-Versionen und fehlender Komponenten gibt. Sind auch die Aufzählungszeichen korrekt? Erscheint, sofern benötigt, das Euro-Zeichen?

- *Starten und Klicken:* Wie starten Sie Ihre Präsentation, wenn Sie auftreten? Wie funktioniert das Weiterklicken der Präsentation?

Ob Sie vom eigenen Notebook oder über einen fremden PC präsentieren, die nächsten Schritte sind identisch.

- *Onlinezugang:* Funktioniert der gegebenenfalls erforderliche Onlinezugang? Wenn Sie online auf Anwendungen im Netz zugreifen, stellen Sie zur Sicherheit nochmals telefonisch sicher, dass die Anwendung für die Dauer Ihrer Präsentation sicher läuft.

- *Mikrofon:* Falls Sie ein Mikrofon erhalten, von wem und wann? Und wo ist der Einschalter?

- *Bühne, Rednerpult:* Wie sieht Ihr »Arbeitsplatz« aus? Wo finden Sie Platz, um Ihre Unterlagen sicher abzulegen? Reicht das Licht, damit Sie Ihre Notizen lesen können? Gibt es Stolperfallen? Gibt es ein Glas Wasser in der Nähe?

- *Weitere Medien:* Stehen weitere Medien bereit, zum Beispiel ein Flipchart mit funktionierenden Stiften? Wenn Sie neben der PowerPoint-Präsentation zusätzliche Medien wie Poster verwenden (Tipp //197 bis //200), platzieren Sie sie bereits jetzt.

Nach und nach setzt sich eine neue Variante durch: Die Präsentation erfolgt zwar am Präsentations-PC, aber die erforderliche PowerPoint-Datei wird dafür nicht vorab installiert. Der Referent bringt seinen Vortrag auf einen Memory-Stick mit, der in den USB-Port des Präsentations-PC gesteckt wird. Die Geschwindigkeit reicht aus, die Datei direkt auszuführen.

## b@w //220: Checkliste für den Veranstalter

Wenn Sie für die gesamte Vortragsveranstaltung verantwortlich sind, dann hilft Ihnen die Checkliste in Abb. 93, um Pannen während der Präsentation zu vermeiden und einen professionellen Eindruck zu machen. Nutzen Sie die Liste auch, wenn es sich nur um eine interne Präsentation vor einigen Kollegen handelt; Sie können dann einige Punkte überspringen, haben aber so sichergestellt, dass alles gut vorbereitet ist.

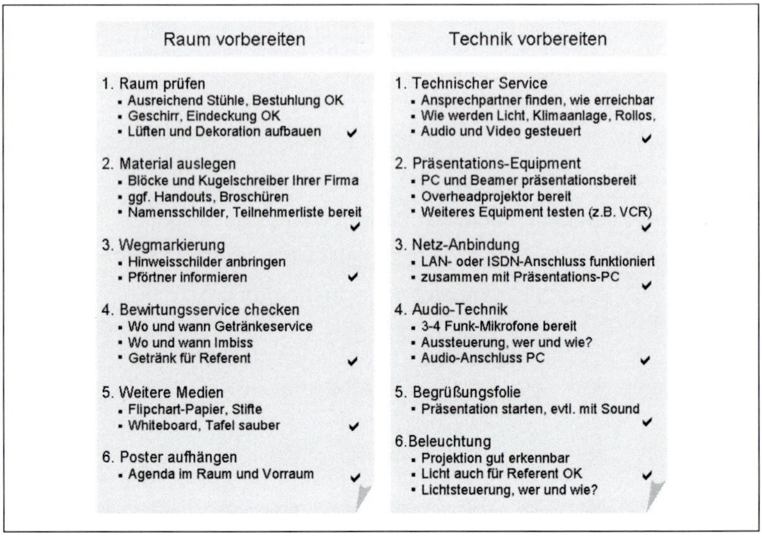


**Abb. 93:** Checkliste für den Veranstalter, aufgeteilt auf zwei Mitarbeiter.

Am rationellsten arbeiten Sie zu zweit: Während einer sich um den Raum und die Umgebung kümmert, bereitet der andere die Technik vor.

**Hier zunächst die Punkte für den Raum:**

- *Raum prüfen:* Ist der Raum in Ordnung? Vielleicht müssen Sie noch Stühle nachbestellen oder Abfall und Geschirr der vorangegangenen Veranstaltung entfernen. Lüften Sie den Raum. Ist alles wunschgemäß eingedeckt und dekoriert? Eventuell haben Sie eigene Dekorationsmittel dabei, die Sie jetzt aufbauen möchten. Denken Sie auch an ausreichend Gläser für die Referenten.

- *Material für Teilnehmer:* Legen Sie das Material für die Teilnehmer aus, zumindest Blöcke und Kugelschreiber. Wenn Ihre Veranstaltung in einem Hotel stattfindet, lassen Sie das Hotelpersonal das machen. Aber achten Sie darauf, dass Werbeträger Ihrer Firma und nicht des Hotels ausgelegt werden. Halten Sie Namensschilder und die Teilnehmerliste bereit.

- *Wegmarkierung:* Bringen Sie die vorbereiteten Hinweisschilder an. Sagen Sie unbedingt dem Pförtner und den Empfangsdamen Bescheid, wo Ihre Veranstaltung stattfindet.

- *Bewirtungsservice:* Stellen Sie sicher, dass der Getränkeservice im Raum während der Pausen erfolgt. Nach der Mittagspause werden gebrauchte Tassen und Gläser ersetzt. Sagen Sie den Teilnehmern genau, wann und wo es einen Imbiss gibt.

- *Weitere Medien:* Falls es ein Flipchart gibt, sind genügend leere Seiten aufgelegt und funktionieren die Stifte? Sind Tafel oder Whiteboard gewischt und liegen dort die richtigen Stifte bereit?

- *Poster:* Bringen Sie die vorbereiteten Poster mit der Agenda und dem Titel der Veranstaltung im Raum und im Vorraum an. Kleben Sie eines der Poster außen an die Eingangstür des Raums.

**Vorbereitung der Technik:**

- *Technischer Service:* Klären Sie, wer Ihr technischer Ansprechpartner im Haus ist und wie man ihn schnell erreichen kann. Lassen Sie sich von ihm zeigen, wie Licht, Klimaanlage, Rollos, Audio und das Präsentationsequipment gesteuert werden. Gehen Sie mit ihm die folgenden Punkte durch.

- *Präsentationsequipment:* Stellen Sie sicher, dass Beamer und PC/Notebook mit den vorab eingesammelten Vorträgen angeschlossen und präsentationsbereit sind. Stimmen Auflösung und Farbeinstellung des Beamers? Ist Audio am PC angeschlossen? Funktioniert der als Back-up vorgesehene Overheadprojektor? Achten Sie darauf, dass der Overheadprojektor nicht die Sicht auf die Leinwand behindert oder gar im Beamer-Strahl steht und seinen Schatten auf die Leinwand wirft.

- *LAN- oder ISDN-Anschluss:* Falls Sie oder einer der Referenten live aus dem Netz präsentieren wollen, prüfen Sie: Funktioniert der bereitgestellte LAN- oder ISDN-Anschluss – und zwar zusammen mit dem PC, an dem vorgeführt werden soll?

- *Audio-Technik:* Wenn Mikrofone erforderlich sind, brauchen Sie wenigstens vier Stück. Heute sind Funkmikrofone Standard. Ein Mikrofon ist für den Moderator, eines für Fragen aus dem Publikum. Dies können Handmikrofone sein. Für die Referenten sollten zwei Krawattenmikrofone bereitstehen. Dann kann der nächste Referent bereits sein Mikrofon »anziehen«, während der Vorgänger noch vorträgt. So entfällt der Striptease auf der Bühne beim Mikrofonwechsel.

- *Begrüßungsfolie:* Wenn Sie mit allen Einstellungen und Tests an PC und Beamer fertig sind, starten Sie Ihre vorbereitete Begrüßungsfolie (Tipp //217).

- *Beleuchtung:* Stellen Sie die Beleuchtung so ein, dass man das Bild auf der Leinwand gut erkennen kann, ohne dass es zu dunkel ist. Zwischen den Vorträgen, während der Diskussion und in den Pausen machen Sie das Licht wieder heller.

Nach der Veranstaltung vergessen Sie nicht, alles wieder mitzunehmen. Mit einem Dank an alle Helfer hinterlassen Sie einen guten Eindruck.

## Präsentation halten

► Es ist so weit. Ihr Auftritt vor Publikum. Ihr Fokus soll auf der Interaktion mit den Teilnehmern liegen – Sie sind nicht der Sklave Ihres Vortrags. Damit Sie auf das Publikum eingehen können, müssen Sie gelegentlich von Ihrer festgelegten Folienreihenfolge abweichen. Hier hat die Präsentation am Beamer gegenüber dem Auflegen ausgedruckter Folien einen Nachteil: Sie ist weniger flexibel. Sie haben das sicher schon gesehen: Viele Vortragende fangen wild zu hantieren an, wenn sie wegen einer Zwischenfrage oder einer Wiederholung die geplante Folienreihenfolge verlassen müssen.

Richtig schlimm wird das bei animierten Folien. Wenn der Vortragende sich ein paar Folien vor- oder zurückbewegen möchte, muss das Publikum erst den Ablauf aller Animationen auf diesen Folien erdulden. Schnell ist dann einmal zu viel geklickt und beim Erreichen der gewünschten Folie wird auch diese übersprungen.

Die folgenden Praxis-Tipps helfen Ihnen daher, sich jederzeit problemlos in Ihrer Präsentation bewegen zu können und immer die richtige Folie parat zu haben.

## //221: Letzte Aktualisierungen vornehmen

Noch kurz vor Start können Sie in Ihrer Präsentation letzte Aktualisierungen vornehmen, um sich dem Veranstaltungsverlauf anzupassen.

- Widerspricht eine Aussage auf Ihrer Folie der Aussage auf der Folie Ihres gerade vortragenden Kollegen? Das passiert gern bei Zahlen. Ändern oder streichen Sie den Punkt in Ihrem Vortrag – oder heben Sie ihn gerade heraus, wenn das Ihrer Argumentation zuträglicher ist.

- Ist der Veranstaltungsverlauf so, dass Sie besser eine Folie entfernen oder eine Folie aus dem Back-up (Tipp //215) in Ihren Präsentationsteil übernehmen sollten? Es macht keinen professionellen Eindruck, wenn Sie Ihre Folien bei der Präsentation mit der Bemerkung »Das haben Sie schon von meinem Kollegen gehört« schnell weiterblättern.

- Wollen Sie auf die Aussage eines Vorredners Bezug nehmen? Das kann ein schöner Einstieg für Ihre Präsentation sein. Dann können Sie noch schnell eine Folie erstellen, die diese Aussage enthält. Vielleicht haben Sie auch gerade auf dem Kongress noch etwas Spannendes und Neues erfahren. Nehmen Sie das noch auf einer Präsentationsfolie auf – und alle wundern sich, dass Sie das offenbar schon seit langem wussten.

Am flexibelsten lassen sich Aktualisierungen vornehmen, wenn Sie von Ihrem eigenen Notebook vortragen. Sonst eignet sich gegebenenfalls eine Kaffee- oder Mittagspause, Ihren Vortrag auf dem Präsentations-PC noch auf den neuesten Stand zu bringen.

## //222: Schnellstart Ihrer Präsentation

Selbstverständlich ist der PC oder das Notebook, von dem Sie präsentieren, schon hochgefahren, bevor Sie die Bühne betreten. Sie öffnen Ihre Präsentationsdatei vom Desktop. Jetzt müssen Sie »nur« noch zur 1. Folie blättern und die Präsentationsansicht aktivieren.

Statt dafür umständlich mit der Maus zu hantieren, drücken Sie einfach die Taste [F5]. Mit [F5] wechseln Sie in den Präsentationsmodus, und zwar immer ab der ersten Folie, egal auf welcher Folie Sie vorher waren.

## //223: Umgang mit dem Mikrofon

Bei Gruppen bis etwa 50 Teilnehmer können Sie ohne Mikrofon auskommen. Sie müssen jedoch deutlich lauter sprechen als im Normalfall. Bei mehr Teilnehmern werden Sie nicht zum Schreihals: Verlangen Sie ein Mikrofon! Wenn Sie die Wahl zwischen Krawatten- und Handmikrofon haben, wählen Sie das Krawattenmikrofon. Es wird am Anzugkragen oder an der Krawatte angesteckt und lenkt Sie am wenigsten bei der Präsentation ab. Beim Handmikrofon dagegen müssen Sie sich auf das Mikrofon konzentrieren. Wenn Sie parallel noch Notizen in der Hand halten, die Maus oder einen Laserpointer benutzen wollen, sind akrobatische Fähigkeiten gefragt.

**Hinweis:** Achten Sie beim Krawattenmikrofon auf zweierlei:

- Drehen Sie Ihren Kopf nicht zur Seite, um auf die Leinwand zu schauen. Wenn das erforderlich wird, drehen Sie den ganzen Oberkörper. Ihr Hals darf sich nur im kleinen Winkel bewegen, sonst hört man Sie nicht mehr.
- Schalten Sie das Mikro nach der Präsentation sofort aus oder geben Sie es ab. Ansonsten kann es ausgesprochen peinlich werden, wenn das Publikum Ihr anschließendes Gespräch mit einem Kollegen auf der Toilette mitbekommt.

## //224: Der richtige Standort für den Redner

Große Ereignisse werfen Ihre Schatten voraus. Das sollten Sie aber nicht. Oft stellen sich Vortragende in den Lichtstrahl des Beamers und merken es nicht einmal. Damit werfen Sie einen Schatten auf die projizierte Folie. Selbst wenn diese lesbar bleibt, zerstört das den Gesamteindruck der Folie und lenkt die Teilnehmer ab.

Was sie aber noch mehr ablenkt, ist der Teil der Folie, der auf Ihren Körper projiziert ist. Mit einem projizierten »?« auf der Stirn oder gar weiter unten lösen Sie unfreiwillig Komik aus. In jedem Fall aber macht die Projektion Ihre ganze elegante Kleidung zunichte. Sie hätten gleich im Kittel auftreten können.

## //225: Navigation in den Folien

Navigieren mit der Tastatur: Mit den Tasten *Neue Zeile, Leerzeichen* und *Bild nach unten* kommen Sie im Präsentationsmodus auf die nächste Folie. Das Gleiche geht mit der linken Maustaste, besonders praktisch mit der Funkmaus.

Wenn Sie eine Folie zurückgehen wollen, navigieren Sie mit der

*Rücktaste* oder der Taste *Bild nach oben*. Mit der (Funk)-Maus ist das komplizierter: rechte Maustaste drücken und im erscheinenden Menü *Zurück* wählen.

Nicht in der Onlinehilfe dokumentiert, aber sehr nützlich: Mit den Tasten *Ende* bzw. *Pos1* können Sie auch im Präsentationsmodus an die letzte bzw. erste Folie springen.

**Hinweis:** Oft werden Sie aber eine Folie mitten in Ihrem Vortrag ansteuern wollen. Sie können jede beliebige Folie anspringen, selbst eine ausgeblendete (Tipp //215)! Geben Sie im Präsentationsmodus einfach deren Nummer an und drücken Sie auf die [Enter]-Taste. Dafür müssen Sie natürlich wissen, welche Nummer die Folie hat. Nehmen Sie den Übersichtsausdruck oder eine kurze Liste mit zum Rednerpult. Es macht Eindruck, wenn Sie bei jeder Frage mühelos die richtige Folie parat haben. Die benötigte Liste können Sie leicht automatisch erzeugen:

## //226: Nummer einer gesuchten Folie wissen

Stellen Sie im Menü *Drucken* im Dialogfeld unter dem Punkt *Drucken* die *Gliederungsansicht* ein. Sie erhalten eine Liste mit Foliennummern, Überschriften und gegebenenfalls weiteren Unterpunkten. Die Unterpunkte blähen die Liste nur auf, es reichen die Überschriften. Dafür müssen Sie die Gliederung vor dem Drucken reduzieren:

In PowerPoint 2000 gehen Sie dafür mit dem Icon [Normalansicht] (Abb. 7) in die Normalansicht, bei der links im Bild der Gliederungsbereich erscheint. Klicken Sie mit der rechten Maustaste auf eine freie Stelle in diesem Bereich und wählen Sie im Kontextmenü *Gliederung reduzieren*.

Ab PowerPoint 2002 müssen Sie, je nach Einstellung, doppelt auf das Icon [Normalansicht] klicken (Abb. 7). Wählen Sie das Registerblatt *Gliederung* aus. Klicken Sie mit der rechten Maustaste auf eine freie Stelle auf dem Registerblatt und wählen Sie im Kontextmenü *Gliederung reduzieren*.

**Hinweis:** Alternativ können Sie die Gliederung auch durch *Datei – Senden an – Microsoft Word – Nur Gliederung* erstellen. Vorteil: Sie können die Gliederung in Word noch nachbearbeiten. Zum Beispiel nur die wichtigsten Seiten aufnehmen, die Schriftgröße erhöhen oder das Papierformat der Liste verkleinern. Notizen in der Größe von Karteikarten sind für eine Präsentation besser geeignet als große DIN-A4-Seiten. Allerdings werden die Foliennummern nicht in die Word-Liste übernommen; diese müssen Sie manuell nachtragen.

## //227: Folienübersicht einblenden

Was tun, wenn Sie keine Liste dabeihaben? Dann können Sie sich im Präsentationsmodus direkt die Titel aller Folien anzeigen lassen und mit der Maus die gewünschte Folie auswählen. Drücken Sie dafür während der Präsentation die rechte Maustaste und wählen Sie im *Gehe zu – Foliennavigator* oder *Gehe zu – Nach Titel*. Die Ergebnisse der Anzeigen sind ähnlich. Damit PowerPoint die Titel anzeigen kann, müssen diese ordentlich im Titelbereich der Folien stehen. Und: Hier geht Ihr »magischer Nimbus« verloren, denn Sie müssen viel mit der Maus herumnavigieren.

## //228: Hyperlinks sinnvoll zum Navigieren nutzen

Mit Hyperlinks (Tipp //176 bis //180) können Sie innerhalb Ihrer Präsentation beliebig verzweigen. Deshalb finden sich in manchen Präsentationen jede Menge interaktiver Schaltflächen, die beim Klicken zur vorigen, nächsten, ersten, letzten oder einer bestimmten Folie führen.

Es geht auch einfacher: Fügen Sie als letzte Folie Ihrer Präsentation eine Inhaltsübersicht ein und definieren Sie die einzelnen Einträge darin als Hyperlink zum jeweiligen Kapitelanfang. Wenn Sie dann auf ein bestimmtes Kapitel springen wollen, drücken Sie im Präsentationsmodus einfach die [Ende]-Taste im Ziffernfeld Ihrer Tastatur. Das führt Sie mit einem Tastendruck auf Ihre Inhaltsfolie. Navigieren Sie über die dort enthaltenen Hyperlinks auf das gewünschte Kapitel.

Wenn Sie über den normalen Präsentationsablauf die Übersichtsfolie am Ende erreichen, können Sie deren Inhalt zur Zusammenfassung Ihres Vortrags nutzen. Wenn Sie das nicht wollen, beenden Sie Ihren Vortrag schon eine Folie davor und zeigen Sie zum Beispiel die Folie mit Ihren Kontaktdaten.

## //229: Animationen mit Gestik nachvollziehen

Ihre Folie ist animiert und von unten wächst in einem Säulendiagramm eine Säule hervor. Sie können das Wachstum der Säule mit der Hand nachvollziehen, indem Sie gleichzeitig und im gleichen Tempo die Hand heben. Das wirkt, als ob Sie die Säule hochziehen. Das Gleiche können Sie für Objekte machen, die von rechts, links oder oben einfliegen. Statt die Hand zu nehmen, können Sie auch etwas dezenter nur den Kopf in die entsprechende Richtung bewegen.

Mit dieser Gestik betonen Sie zusätzlich Ihre Animation. Aber: Überbetonen Sie nicht! Heben Sie sich den Effekt für Aussagen auf, die Sie inhaltlich besonders hervorheben wollen.

## //230: Präsentation vorübergehend ausblenden

Manchmal ist es gut, wenn Ihrem Publikum schwarz vor Augen wird. Nämlich dann, wenn eine Zwischenfrage gestellt wird, für die Sie keine geeignete Folie dabeihaben, wenn Sie Zusatzinformationen oder eine Anekdote einflechten wollen: Dann sollten Sie die Präsentation vorübergehend ausblenden.

Damit machen Sie dem Zuschauer klar, dass Ihre Aussage nicht im direkten Zusammenhang mit der zuletzt gezeigten Folie steht. Zum anderen bringen Sie sich als Vortragenden wieder stärker in den Vordergrund, weil das Publikum nicht mehr auf die Leinwand, sondern auf Sie schaut.

Schalten Sie dafür aber nicht den Monitorausgang Ihres PCs oder gar den Beamer ab. Das kann zur Folge haben, dass Sie nach der Unterbrechung Ihre Präsentation nicht ohne weiteres fortsetzen können. Drücken Sie stattdessen einfach die Taste B: Damit erzeugen Sie einen schwarzen Bildschirm, mit W einen weißen. Durch nochmaliges Drücken der jeweiligen Taste erscheint wieder Ihre Folie.

Sie können das risikolos selbst mitten in einem Animationsablauf machen. Er wird in der Ausführung angehalten und anschließend fortgesetzt.

Während der Ausblendphase sollten Sie natürlich ausgesucht freundlich schauen und jetzt besonders Blickkontakt zum Publikum halten.

## b@w //231: Wenn die Diskussion aus dem Ruder läuft

Wenn im Publikum eine längere Diskussion ausbricht, die nicht in Ihrem Interesse ist, unterbinden Sie das. Die Leute klauen nicht nur Ihre Zeit, sie machen Ihre Präsentation kaputt.

Wenn es Ihnen nicht gelingt, allein mit der Stimme das Thema wieder an sich zu ziehen, kann Ihnen zum einen der GABAL-Verlag und zum anderen PowerPoint helfen. Im GABAL-Verlag ist ebenfalls in der book@web-Reihe »Stimmtraining – und plötzlich hört jeder zu« von Patric P. Kutscher erschienen, auch mit Internetworkshop. Und vor Ort ist PowerPoint Ihr Verbündeter, denn jetzt kommt die in Tipp //216 vorbereitete magische Folie 8 zum Einsatz.

Tippen Sie 8 [Return] und die Folie erscheint. Falls ein Verstärker angeschlossen ist, können Sie zusätzlich durch Klicken der Sound-Taste klingeln. Nutzen Sie die hoffentlich entstehende Gesprächspause, um das Wort zu ergreifen. Sie können argumentieren, dass Sie die Diskussion an dieser Stelle zunächst unterbrechen wollen, um Ihre Präsentation fortzusetzen. Wenn man dann das ganze Bild habe, könne man die Diskussion fortsetzen. Eigentlich kann dagegen niemand etwas haben; es sei denn, er will Sie bewusst angreifen. Wie Sie mit solchen Zeitgenossen umgehen, steht im letzten Tipp.

Jetzt ist es wichtig, dass Sie ohne langes Suchen in der Präsentation wieder an die Stelle zurückkommen, wo Sie unterbrochen wurden. Dafür haben Sie die Zurückkehren-Taste auf der Folie 8 untergebracht. Mit ihr kehren Sie auf die Folie zurück, die vor dem Eintippen der 8 zu sehen war.

## //232: Umgang mit unfairen Fragen

Manche Referenten bleiben bei der Beantwortung von Einwänden viel zu lange sachlich – auch wenn schon längst klar ist, dass es dem Kontrahenten nicht um Sachargumente geht, sondern um Angriff. Kein Argument, keine Antwort wird bei ihm Akzeptanz finden. Auf der Sachebene können Sie nicht mehr gewinnen. Im Gegenteil, Sie reiten sich immer weiter rein und verstricken sich womöglich in Widersprüche, werden jedenfalls vorgeführt.

Wenn Sie in eine solche Situation geraten, hilft nur eins: Schießen Sie freundlich zurück. Wohl Ihnen, wenn Sie schlagfertig eine saftige Antwort auf eine unfaire Frage parat haben und diese mit charmantem Lächeln zelebrieren. Damit haben Sie das Duell zumindest für den Augenblick für sich entschieden. Vielleicht haben Sie damit sogar erreicht, dass der Kontrahent Sie auf gleicher Augenhöhe akzeptiert. Wenn nicht, auch egal. Sie haben in ihm ja keinen Freund verloren.

Schlagfertigkeit können Sie trainieren, und Sie können sich in jedem Fall ein paar Standards angewöhnen:

- Jemand macht einen unsachlichen Zwischenruf, alles lacht. Der Zwischenrufer hat sich auf Ihre Kosten profiliert. Fragen Sie einfach nach, als ob Sie es nicht verstanden hätten: »Wie bitte?« Vielleicht reicht das schon und der Zwischenrufer macht gleich einen Rückzug: »War nicht zur Sache, Tschuldigung.« Bei der Wiederholung ist nämlich die Pointe alt und die Luft raus. Falls er seinen Spruch doch wiederholt, fragen Sie noch mal höflich: »Wie bitte?« Spätestens jetzt steht der Zwischenrufer als dumm da, weil er offensichtlich auf einer Ebene agiert, auf der er Sie nicht erreichen kann, weil Sie nur auf richtige Argumente reagieren.

- Es ist auch in Ordnung, wenn Sie gar nicht reagieren, drüber weggehen. Manchmal hinterlässt der Zwischenruf bei Ihnen aber doch einen für das Publikum erkennbaren Einschlag, einen Moment der Unsicherheit. Dann müssen Sie reagieren. Wenn Ihnen nichts Subtileres einfällt, dann reicht ein »Kompliment, intelligente Anmerkung« mit erkennbar ironischem Unterton.

- Weitere mögliche Antworten sind: »Was soll das? Das bringt uns nicht weiter, Sie nicht, mich nicht, die Gruppe nicht.« »Netter Scherz, zurück zur Sache.« »Herr X, das ist doch gar nicht Ihr Stil.« Bleiben Sie dabei freundlich. Oder setzen Sie bewusst einen emotionalen Deckel drauf: »Entschuldigung, aber das ist Quatsch.«

Entspannen Sie die Situation, indem Sie den Blickkontakt zum Kontrahenten vermeiden. Natürlich wollen Sie sehen, wie Ihre Entgegnung bei ihm einschlägt. Das fasst dieser aber als nonverbale Aufforderung auf, weiter zu kontern. Blickkontakt ist eine Kampfansage, der Sie aus dem Wege gehen.

Meist sind Fragen jedoch nicht bösartig gemeint, sondern ein Beweis für das Interesse Ihres Publikums. Und damit kommen wir zum letzten Tipp.

## //233: Umgang mit fairen Fragen

Selbstverständlich gehen Sie mit Fragen und auch mit kritischen Einwänden sachlich, ehrlich und freundlich um. Wenn Sie sehr sicher sind, können Sie sogar bewusst Einwände provozieren – natürlich nur solche, die Sie hervorragend beantworten können. Ein gutes Argument, als Antwort auf einen Einwand vom Publikum benutzt, wirkt stark. Viel stärker, als wenn Sie das Argument normal im Rahmen Ihres Vortrags abspulen.

Für Interessensfragen aus dem Publikum haben Sie, wie in Tipp //215 beschrieben, Ihrer Präsentation einige Back-up-Folien beigefügt. Damit können Sie zumindest die antizipierten Fragen und Einwände replizieren – und dank Ihrer Liste können Sie die benötigte Folie sofort aus dem Hut zaubern.

Fragen, die Sie nicht gleich beantworten können, Kritikpunkte und Anregungen schreiben Sie erkennbar auf. Das Publikum muss den Eindruck bekommen, dass diese Punkte nicht verloren gehen. Sie können dafür ein Flipchart nutzen (Tipp //197) oder – bei PowerPoint 2003 und passendem Eingabemedium (Pen oder interaktives Whiteboard) – direkt in die Folie schreiben (Tipp //112). Schneller geht es, wenn Sie einen Mitarbeiter im Publikum platzieren und ihn laut bitten, solche Punkt zu notieren.

**Sie wissen ja:** Sie verkaufen immer auch sich selbst – mit einem guten letzten Eindruck.

# b@w Anhang 1: Animationseffekte

► In der Tabelle sind zur Übersicht alle Animationseffekte von PowerPoint XP aufgelistet. Sie sind identisch mit den Effekten in PowerPoint 2003. Die letzte Spalte führt an, welche Wirkung der Effekt beim Präsentieren auf einer Vorgängerversion (PowerPoint 97 oder 2000) hat. Alle *Eingangs-*, *Hervorgehoben-* und *Ausgangseffekte* betrachten Sie bequem in einer PowerPoint Datei, die Ihnen im Internetworkshop zu diesem book@web zur Verfügung steht.

| | Kategorie | Stufe | Effektbezeichnung | Wirkung in ppt 97–2000 |
|---|---|---|---|---|
| 1 | Eingangseffekt | Einfach | Auflösen | Auflösung |
| 2 | | | Einfliegen | Text |
| 3 | | | Erscheinen | Erscheinen |
| 4 | | | Karo | Erscheinen |
| 5 | | | Keil | Kein Effekt/Erscheinen |
| 6 | | | Kurzer Blick | Verkürzt |
| 7 | | | Plus | Erscheinen |
| 8 | | | Schachbrett | Erscheinen |
| 9 | | | Teilen | Schließen/Öffnen |
| 10 | | | Zufällig | (Zufällig) |

| | | | | |
|---|---|---|---|---|
| 11 | | | Blenden | Blenden |
| 12 | | | Einmaliges Aufblitzen | Einmal blinken |
| 13 | | | Hineinkriechen | Llangsam |
| 14 | | | Kasten | Einblenden |
| 15 | | | Kreis | Erscheinen |
| 16 | | | Linien | Linien |
| 17 | | | Rad | Kein Effekt/Erscheinen |
| 18 | | | Streifen | Diagonal |
| 19 | | | Wischen | Rollen |
| 20 | | Spezial | Ausdehnen | Erscheinen |
| 21 | | | Verblassend drehen | Erscheinen |
| 22 | | | Verblassen | Erscheinen |
| 23 | | | Verblassendes Zoom | Erscheinen |
| 24 | | Angemessen | Absteigend | Erscheinen |
| 25 | | | Beruhigend | Erscheinen |
| 26 | | | Erhebend | Erscheinen |
| 27 | | | Komprimieren | Erscheinen |

| | | | | |
|---|---|---|---|---|
| 28 | | | Wachsen + Bewegen | Erscheinen zeichenw. |
| 29 | | | Zentriert auflösen | Erscheinen |
| 30 | | | Aufsteigend | Erscheinen |
| 31 | | | Entfalten | Erscheinen zeichenw. |
| 32 | | | Farbschreibmaschine | Erscheinen |
| 33 | | | Strecken | Dehnen |
| 34 | | | Wirbeln | Erscheinen |
| 35 | | | Zoom | Zoom |
| 36 | | Aufregend | Abspann | Erscheinen |
| 37 | | | Drehen | Rotieren |
| 38 | | | Falten | Erscheinen |
| 39 | | | Gekrümmt nach oben | Erscheinen |
| 40 | | | Lichtgeschwindigkeit | Erscheinen |
| 41 | | | Sausen | Erscheinen zeichenw. |
| 42 | | | Schnipser | Erscheinen zeichenw. |
| 43 | | | Spirale | Spirale |
| 44 | | | Sprossenrad | Erscheinen |

| | | | | |
|---|---|---|---|---|
| 45 | | | Bumerang | Erscheinen |
| 46 | | | Faden | Erscheinen |
| 47 | | | Fegen | Erscheinen zeichenw. |
| 48 | | | Gleiten | Erscheinen |
| 49 | | | Lupe | Erscheinen |
| 50 | | | Schlinge | Erscheinen |
| 51 | | | Schwimmen | Kein Effekt/Erscheinen |
| 52 | | | Springen | Kein Effekt/Erscheinen |
| 53 | Hervorgeh. | Einfach | Füllfarbe ändern | Kein Effekt |
| 54 | | | Rotieren | Kein Effekt |
| 55 | | | Schriftfarbe ändern | Kein Effekt |
| 56 | | | Schriftschnitt ändern | Kein Effekt |
| 57 | | | Vergrößern/Verkl. | Kein Effekt |
| 58 | | | Linienfarbe ändern | Kein Effekt |
| 59 | | | Schriftart ändern | Kein Effekt |
| 60 | | | Schriftgröße ändern | Kein Effekt |
| 61 | | | Transparent | Kein Effekt |

| | | | | |
|---|---|---|---|---|
| **62** | | Spezial | Blitzlicht | Kein Effekt |
| **63** | | | Brush bei Unterstr. | Kein Effekt |
| **64** | | | Durchtränken | Kein Effekt |
| **65** | | | Farbvermischung | Kein Effekt |
| **66** | | | Komplementärfarbe | Kein Effekt |
| **67** | | | Kontrastfarbe | Kein Effekt |
| **68** | | | Vertikales Highlight | Kein Effekt |
| **69** | | | Brush bei Farbe | Kein Effekt |
| **70** | | | Deutlicher Blitz | Kein Effekt |
| **71** | | | Erhellen | Kein Effekt |
| **72** | | | Farbwellen | Kein Effekt |
| **73** | | | Komplementärfarbe 2 | Kein Effekt |
| **74** | | | Verdunkeln | Kein Effekt |
| **75** | | Angemessen | Flimmern | Kein Effekt |
| **76** | | | Schimmer | Kein Effekt |
| **77** | | | Mit Farbe zunehmend | Kein Effekt |
| **78** | | | Schwanken | Kein Effekt |

| | | | | |
|---|---|---|---|---|
| 79 | | Aufregend | Blinken | Kein Effekt |
| 80 | | | Fett anzeigen | Kein Effekt |
| 81 | | | Welle | Kein Effekt |
| 82 | | | Druckwelle | Kein Effekt |
| 83 | | | Stilbetonung | Kein Effekt |
| 84 | Beenden | Einfach | Auflösend hinaus | Kein Effekt |
| 85 | | | Blickend hinaus | Kein Effekt |
| 86 | | | Hinausfliegen | Kein Effekt |
| 87 | | | Kasten | Kein Effekt |
| 88 | | | Kreis | Kein Effekt |
| 89 | | | Linien | Kein Effekt |
| 90 | | | Rad | Kein Effekt |
| 91 | | | Streifen | Kein Effekt |
| 92 | | | Verschwinden | Kein Effekt |
| 93 | | | Zufällig | Kein Effekt |
| 94 | | | Blenden | Kein Effekt |
| 95 | | | Einmaliges Aufblitzen | Kein Effekt |

| | | | | |
|---|---|---|---|---|
| **96** | | | Karo | Kein Effekt |
| **97** | | | Keil | Kein Effekt |
| **98** | | | Langsam hinaus | Kein Effekt |
| **99** | | | Plus | Kein Effekt |
| **100** | | | Schachbrett | Kein Effekt |
| **101** | | | Teilen | Kein Effekt |
| **102** | | | Wischen | Kein Effekt |
| **103** | | Spezial | Verblassen | Kein Effekt |
| **104** | | | Verblassendes Zoom | Kein Effekt |
| **105** | | | Verblassend drehen | Kein Effekt |
| **106** | | | Zusammenziehen | Kein Effekt |
| **107** | | Angemessen | Abschwächen | Kein Effekt |
| **108** | | | Aufsteigend | Kein Effekt |
| **109** | | | Entfalten | Kein Effekt |
| **110** | | | Reduzieren | Kein Effekt |
| **111** | | | Wachsen & Bewegen | Kein Effekt |
| **112** | | | Zentriert auflösen | Kein Effekt |

| | | | | |
|---|---|---|---|---|
| 113 | | | Absteigend | Kein Effekt |
| 114 | | | Dehnen | Kein Effekt |
| 115 | | | Farbschreibmaschine | Kein Effekt |
| 116 | | | Untergehen | Kein Effekt |
| 117 | | | Wirbeln | KeinEffekt |
| 118 | | | Zoom | Kein Effekt |
| 119 | | Aufregend | Abspann | Kein Effekt |
| 120 | | | Drehen | Kein Effekt |
| 121 | | | Falten | Kein Effekt |
| 122 | | | Gekrümmt n. unten | Kein Effekt |
| 123 | | | Lichtgeschwindigkeit | Kein Effekt |
| 124 | | | Sausen | Kein Effekt |
| 125 | | | Schnipser | Kein Effekt |
| 126 | | | Spirale hinaus | Kein Effekt |
| 127 | | | Sprossenrad | Kein Effekt |
| 128 | | | Bumerang | Kein Effekt |
| 129 | | | Faden | Kein Effekt |

| | | | | |
|---|---|---|---|---|
| 130 | | | Fegen | Kein Effekt |
| 131 | | | Gleiten | Kein Effekt |
| 132 | | | Lupe | Kein Effekt |
| 133 | | | Schlinge | Kein Effekt |
| 134 | | | Schwimmen | Kein Effekt |
| 135 | | | Springen | Kein Effekt |
| 136 | Bew.-Pfad | Einfach | Achteck | Kein Effekt |
| 137 | | | Fußball | Kein Effekt |
| 138 | | | Halbmond | Kein Effekt |
| 139 | | | Karo | Kein Effekt |
| 140 | | | Parallelogramm | Kein Effekt |
| 141 | | | Stern mit 4 Ecken | Kein Effekt |
| 142 | | | Stern mit 6 Ecken | Kein Effekt |
| 143 | | | Träne | Kein Effekt |
| 144 | | | Fünfeck | Kein Effekt |
| 145 | | | Gleichs. Dreieck | Kein Effekt |
| 146 | | | Herz | Kein Effekt |

| | | | | |
|---|---|---|---|---|
| 147 | | | Kreis | Kein Effekt |
| 148 | | | Quadrat | Kein Effekt |
| 149 | | | Sechseck | Kein Effekt |
| 150 | | | Stern mit 5 Ecken | Kein Effekt |
| 151 | | | Stern mit 8 Ecken | Kein Effekt |
| 152 | | | Trapez | Kein Effekt |
| 153 | | Linien & Kurven | Abnehmende Welle | Kein Effekt |
| 154 | | | Bogen nach oben | Kein Effekt |
| 155 | | | Bogen nach unten | Kein Effekt |
| 156 | | | Diagonal nach unten r. | Kein Effekt |
| 157 | | | Kurvig nach links | Kein Effekt |
| 158 | | | Links | Kein Effekt |
| 159 | | | Nach oben | Kein Effekt |
| 160 | | | Nach o. rechts drehen | Kein Effekt |
| 161 | | | Nach unten | Kein Effekt |
| 162 | | | Rechts | Kein Effekt |
| 163 | | | Sinusschwingung | Kein Effekt |

| | | | | |
|---|---|---|---|---|
| **164** | | | S-Kurve 2 | Kein Effekt |
| **165** | | | Spirale links | Kein Effekt |
| **166** | | | Treppen nach unten | Kein Effekt |
| **167** | | | Welle | Kein Effekt |
| **168** | | | Bogen nach links | Kein Effekt |
| **169** | | | Bogen nach rechts | Kein Effekt |
| **170** | | | Diagonal nach oben r. | Kein Effekt |
| **171** | | | Herzschlag | Kein Effekt |
| **172** | | | Kurvig nach rechts | Kein Effekt |
| **173** | | | Links aufprallen | Kein Effekt |
| **174** | | | Nach oben drehen | Kein Effekt |
| **175** | | | Nach r. unten drehen | Kein Effekt |
| **176** | | | Nach unten drehen | Kein Effekt |
| **177** | | | Rechts aufprallen | Kein Effekt |
| **178** | | | S-Kurve 1 | Kein Effekt |
| **179** | | | Spirale | Kein Effekt |
| **180** | | | Spirale rechts | Kein Effekt |

| | | | | |
|---|---|---|---|---|
| 181 | | | Trichter | Kein Effekt |
| 182 | | | Zickzack | Kein Effekt |
| 183 | | Spezial | Acht übereinander | Kein Effekt |
| 184 | | | Erdnuss | Kein Effekt |
| 185 | | | Horizontale Acht | Kein Effekt |
| 186 | | | Invertiertes Quadrat | Kein Effekt |
| 187 | | | Kurviges Quadrat | Kein Effekt |
| 188 | | | Neutron | Kein Effekt |
| 189 | | | Plus | Kein Effekt |
| 190 | | | Vertikale Acht | Kein Effekt |
| 191 | | | Bohne | Kein Effekt |
| 192 | | | Gepunkteter Stern | Kein Effekt |
| 193 | | | Invertiertes Dreieck | Kein Effekt |
| 194 | | | Kurviger Stern | Kein Effekt |
| 195 | | | Kurviges X | Kein Effekt |
| 196 | | | Pinselstrich | Kein Effekt |
| 197 | | | Säge | Kein Effekt |
| 198 | | | Zwei Schleifen | Kein Effekt |

# Anhang 2: PowerPoint-Versionen

► Das Buch geht auf die PowerPoint-Versionen 2000, XP (= 2002) und 2003 ein. Da eröffnen sich drei wichtige Fragen:

- Worin unterscheiden sich die Versionen?
- Was ist neu im Vergleich zur jeweiligen Vorgängerversion?
- Lohnt sich der Wechsel?

Alle im Folgenden genannten Neuerungen sind in diesem Buch behandelt. Die //-Angaben verweisen auf die entsprechenden Tipps.

### PowerPoint 2000

Wenn Sie bisher mit der PowerPoint-Version 97 gearbeitet haben und auf die Version 2000 umsteigen, erwarten Sie die folgenden neuen Features:

- *Animierte GIFs* liefen in PowerPoint 97 nicht ab. Ab PowerPoint 2000 können Sie damit Bewegung in Ihre Präsentation bringen: //148.
- Die *ClipArt-Galerie* ist deutlich erweitert. Sie sind nicht mehr nur auf die überbeanspruchten Screen-Beans angewiesen, wenn Sie nach ClipArts suchen. Neben Bildern sind auch Sounds und Filme, d. h. animierte GIFs, verfügbar: //151.
- PowerPoint-Präsentationen lassen sich im *html-Format* speichern und damit auch im Web mit einem Browser betrachten: //160. Die Möglichkeiten dazu werden in den Nachfolgeversionen weiter ausgebaut. Ab Version 2002 bleiben auch Klänge und die meisten Animationseffekte erhalten.

- Das Einbauen von *Animationen* wird durch ein verbessertes Dialogfeld übersichtlicher. Zusätzliche Animationseffekte gibt es allerdings nicht. Die kommen erst, mit einer vollständig neu entwickelten Nutzer-Oberfläche, in Version 2002. Mehr über Animationen finden Sie in diesem Buch in Kapitel 4 »Bringen Sie Bewegung ins Spiel« ab Tipp //111.

- Die neue *Normalansicht* zeigt Ihnen neben der Folie jetzt gleichzeitig auch die Gliederung und Notizen. Das mag gut gemeint sein, raubt aber für die normale Arbeit unnötig Platz. In der Nachfolgeversion ist das wieder geändert: //11.

- Als *Aufzählungszeichen* können Sie auch Bilder verwenden. 150 punktähnliche Bildsymbole und sogar Videoclips stehen dafür zur Verfügung. Erwarten Sie aber nicht zu viel davon: //27.

- Zwar nur eine Kleinigkeit, aber eine praktische Erleichterung. Zum Starten des Präsentationsmodus mit der ersten Folie muss man nicht mehr mit der Maus hantieren. Es genügt das Tippen auf [F5]: //222.

Beim Umstieg von PowerPoint 97 auf eine Nachfolgeversion können Sie die Version 2000 getrost überspringen und gleich auf XP (2002) wechseln. Diese Version enthält signifikantere Erweiterungen. Mit Version 2003 können Sie sich Zeit lassen. Version 2002 und 2003 werden im Folgenden beschrieben.

**PowerPoint XP = PowerPoint 2002**

PowerPoint XP, auch PowerPoint 2002 genannt, bietet wesentliche Erweiterungen gegenüber PowerPoint 2000. Die in der Praxis wichtigsten sind in diesem Buch ausführlich behandelt:

- Beim Thema *Benutzerdefinierte Animation* hat sich sehr viel getan. Sie können nicht nur Objekte in verschiedenster Form erscheinen oder verschwinden lassen. Sie können sie auch von einem Punkt zum anderen bewegen. Die Oberfläche für die Steuerung und Synchronisierung wurde deutlich verbessert. Die Anzahl der verfügbaren Effekte hat sich verzehnfacht. Leider wurden die Bezeichnungen der bereits in früheren Versionen enthaltenen Effekte verändert, was den Umstieg erschwert. Dem Thema *Animation* ist ein eigenes Kapitel gewidmet, siehe dort //126 bis //130 und Anh. 1.

- Damit Textfolien mit wenig Aufwand animiert werden können, gibt es die neue Funktion *Animationsschema*. Statt über die individuellen benutzerdefinierten Animationen zu gehen, lassen sich damit rund 60 voreingestellte Animationen abrufen: //114.

- Es gibt einige neue Diagramm-Typen. Gut gelungen sind dabei die *Organigramme,* die nun Bestandteil der Zeichenwerkzeuge von PowerPoint sind: //79 bis //84.

- Die *ClipArt-Galerie* hat sich verdoppelt und die Nutzer-Oberfläche verbessert: //151.

- Warum nicht Fotos als PowerPoint-Datei präsentieren? Die neue Funktion *Fotoalbum* erleichtert das: //160.

- Durch Fotos in Präsentationen kann der Speicherplatzbedarf explosionsartig steigen. Das lässt sich jetzt mit dem neuen Befehl *Bild komprimieren* auf ein angemessenes Niveau reduzieren: //161.

- Jetzt lässt sich nicht nur eine vollständige Folie, sondern auch eine einzelne Grafik auf der Folie in unterschiedlichen Formaten, z. B. als *gif,* speichern. Das erleichtert die Wiederverwendung grafischer Elemente in PowerPoint und anderen Anwendungen: //37.

- Bei PowerPoint 2000 erscheint beim Öffnen in der *Normalansicht* das Gliederungsfenster am linken Bildschirmrand und raubt unnötig Platz. In PowerPoint XP (2002) kann der Anwender das nach seinen Wünschen einstellen: //11.

Insgesamt lohnt sich der Umstieg auf PowerPoint XP (2002). Dieses Buch hilft Ihnen, die neuen Möglichkeiten für sich zu nutzen.

**PowerPoint 2003**

Seit dem vierten Quartal 2003 gibt es PowerPoint 2003. Augenfällig sind zunächst die neu gestalteten Icons, die sich am Design von Windows XP anlehnen. Die Symbole in den Icons sind dabei gleich geblieben, so findet man sich leicht wieder zurecht. Das liegt allerdings auch daran, dass PowerPoint 2003 nur wenig Neues zu bieten hat:

- Beim Präsentieren stehen Ihnen jetzt Textmarker und zusätzliche Stifte zur Verfügung. Notizen, die Sie damit im Präsentationsmodus machen, können in der Datei erhalten bleiben. Damit können Sie Anmerkungen und Fragen direkt auf der Folie mitschreiben. Das ist sinnvoll, wenn Sie auf einem Tablett-PC oder mit einem interaktiven Whiteboard präsentieren: //112, //201, //232.

- Zusätzliche Medienformate werden unterstützt. Videos lassen sich während der Präsentation im Vollbildmodus zeigen: //174.

- Mittels *Information Right Management* (IRM) können Sie genaue Rechte zur Nutzung Ihrer Präsentation festlegen: Wer darf was mit oder in Ihrer Präsentation? Sie können sogar ein Expiration-Datum festlegen: Nach Ablauf des Datums kann Ihre Datei nicht mehr geöffnet werden. Wenn Sie IRM nutzen, muss es auch auf dem Zielrechner installiert sein, sonst geht gar nichts: //196.

- Um Ihre Präsentation auf anderen Rechnern ablaufen zu lassen, genügt es nicht immer, nur die Präsentationsdatei mitzunehmen. Der dafür in früheren Versionen enthaltene *Pack-and-Go-Assistent* wurde durch das bessere *Verpacken für CD ersetzt*. Der ebenfalls weiterentwickelte Powerpoint-Viewer ist weiterhin mit Vorsicht zu genießen: //218.

- Das Suchen nach Dateien, die zum Beispiel eine bestimmte Zeichenfolge enthalten, hat sich vereinfacht: //208.

In der Office Suite 2003, zu der PowerPoint 2003 gehört, stellt Microsoft eine Reihe von Funktionen zur Verfügung, die die Kommunikation und Zusammenarbeit untereinander erleichtern sollen. Besonders erwähnenswert ist die Unterstützung von XML als Standard-Dateiformat in Word, Excel und Access – allerdings nicht für PowerPoint. Als genormtes Dateiformat ermöglicht XML es, Daten viel einfacher aus anderen Anwendungen zu übernehmen oder in anderen Anwendungen zu nutzen. Das kann den Umstieg auf Office 2003 insgesamt interessant machen. Betrachtet man den Wechsel allein unter dem Standpunkt neuer Möglichkeiten von PowerPoint, lohnt sich der Umstieg jedoch nicht.

# Anhang 3: Internet-Links

► Im Internet finden Sie zum einen Material für Ihre Vorträge, wie ClipArts, Fotos oder Sounds. Zum anderen auch eine Reihe von Seiten, die sich mit PowerPoint selbst beschäftigen und technische Hilfe oder Zusatzprodukte anbieten.

Die folgende Linkliste gibt den aktuellen Stand zum Zeitpunkt der Drucklegung des Buches wieder. Eine regelmäßig aktualisierte Liste steht Ihnen im Internetworkshop zu diesem book@web unter *www.book-at-web*.de zur Verfügung. Von dort aus können Sie die Links direkt ausführen, ohne sie abtippen und eingeben zu müssen.

**www.book-at-web.de**

Die *book@web*-Seite enthält einen Internetworkshop zu diesem Buch mit vielen direkt praxisnahen Beispielen, die Sie übernehmen können. Da Sie zur exklusiven Closed User Group gehören, benötigen Sie Ihr Passwort. Dieses finden Sie auf Seite 5 und auf der vorderen Innenklappe dieses Buches.

| | |
|---|---|
| **office.microsoft.com/germany** | *Microsofts* Übersichtsseite über Office-Tools im Web. Links zu allen weiteren Support-Funktionen. |
| **www.add-in-world.com** | Deutschsprachige Seite mit Add-ins für Microsoft-Office von *SmartTools Publishing*. Vorlagen und Hintergrundmuster für PowerPoint enthält *Compadre*. Geschäftsgrafiken in *Amigo 2000*. |
| **www.bitbetter.com** | Die Heimat der bekannten *Screen-Beans* bietet neben ClipArts jede Menge Informationen und Hilfsmittel zu PowerPoint. |
| **www.soniacoleman.com** | Tutorials (Anleitungen), Templates (Mustervorlagen), Downloads und Galerie für PowerPoint hat *Digital Studio*. Besonders hilfreich die PowerPoint NewsGroup mit der Frequently-Asked-Question(FAQ)-Seite der häufigsten Fragen. Diese finden Sie unter Tutorials. |
| **www.crystalgraphics.com** | Zusätzliche multimediale Effekte in PowerPoint »to energize your presentation« *bietet Crystal Graphics*. |
| **www.clipartguide.com** | Auf ClipArts spezialiserte Suchmaschine *The Whole Internet Guide To Clipart*. |

| | |
|---|---|
| **www.indezine.com** | *Indezine* von Geetesh Banja gilt als eine der umfassendsten PowerPoint-Seiten im Netz. Viele Berichte und Links mit Suchmaschine. |
| **www.mvps.org/skp** | Die derzeit umfassendste Page aller *MVP*-Seiten zu PowerPoint. Viele freie und kommerzielle Add-ins. Umfangreiche FAQ-Seite. |
| **www.mvps.org** | MVPs sind *Most Valuable Professionals*. Das sind rund 1200 von Microsoft ausgezeichnete Experten für Microsoft-Produkte. Deren Internetseiten enthalten oft Tipps und Services und sind über die MVP-Homepage zu finden. Neben einer Linksammlung gibt es eine MVP-Suchmaschine. |
| **www.masterbits.de** | Masterbits nennt sich »die Sound Company« und verkauft umfangreiche Sammlungen mit Geräuschaufnahmen auf CD-ROM. |
| **www.powerpointanswers.com** | *Powerpoint answers* liefert Antworten auf PowerPoint-Fragen, was auch sonst? |

| | |
|---|---|
| **www.tushar-mehta.com** | *Tushar Mehta* ist ein auf Excel spezialisierter Experte (MVP). Seine Seite hat aber auch einen PowerPoint-Bereich. |
| **www.google.de** | Die bekannte *Google*-Suchmaschine hat eine eigene Sektion für Bilder. Mit deutlich über 400 Millionen Einträgen ist diese sicher die umfassendste. |
| **www.clipart.com / www.arttoday.de** | Als größte Grafikressource mit weit über einer Million ClipArts bezeichnet sich *ArtToday*. Dort gibt es auch Fotos und rund 5.000 Sounds. Gebührenpflichtige Mitgliedschaft, die Probesuche ist kostenlos. |
| **www.rdpslides.com** | Ergänzende Software und Informationen zu PowerPoint bietet die *Steve-Rindsberg*-Seite. Mit Suchmaschine im umfangreichen FAQ-Bereich. |

# Index

**Angegeben sind jeweils die Tipp-Nummern**

**Angegeben sind jeweils die Tipp-Nummern**

**Angegeben sind jeweils die Tipp-Nummern**

**Angegeben sind jeweils die Tipp-Nummern**

**Angegeben sind jeweils die Tipp-Nummern**

**Angegeben sind jeweils die Tipp-Nummer**

**Angegeben sind jeweils die Tipp-Nummern**

**Angegeben sind jeweils die Tipp-Nummern**

# GABAL More success for you

**internet – quick & easy**
*128 Seiten*
*ISBN 3-89749-253-9*

**telefonsales**
*128 Seiten*
*ISBN 3-89749-288-1*

**telefonpower**
*128 Seiten*
*ISBN 3-89749-175-3*

**busiquette – korrektes verhalten im job**
*128 Seiten*
*ISBN 3-89749-289-X*

**nutzen bieten – kunden gewinnen**
*144 Seiten*
*ISBN 3-89749-254-7*

**powerpräsentation mit powerpoint**
*330 Seiten*
*ISBN 3-89749-365-9*

karriere
Just do it
Arbeiten bei US-Multis in Deutschland
Plus: 1.000 freie Jobs
Reif für die Insel
Zirkel der Macht
MOBBING-TERRO
IN DEUTSCHLAND